FORMEL SEB

SEBASTIAN UND DIE SILBERPFEILE

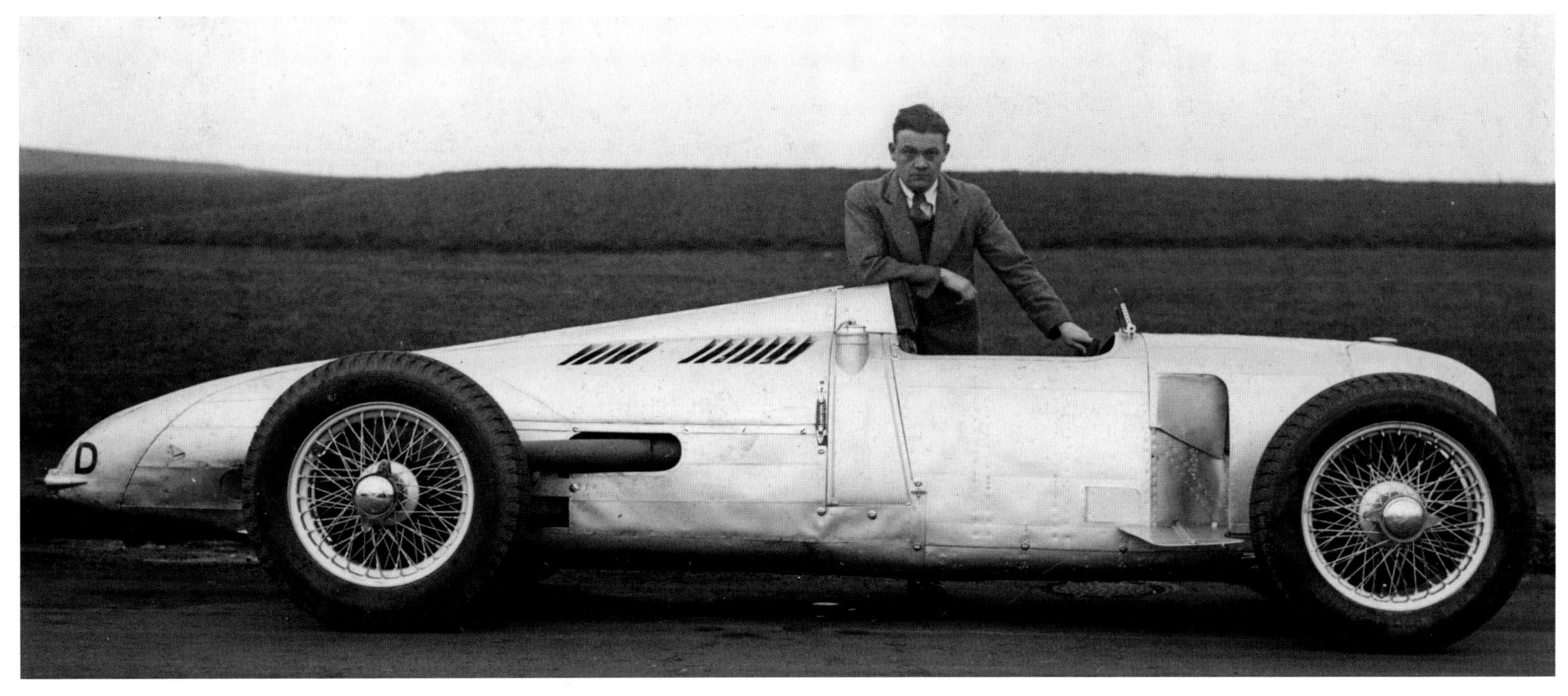

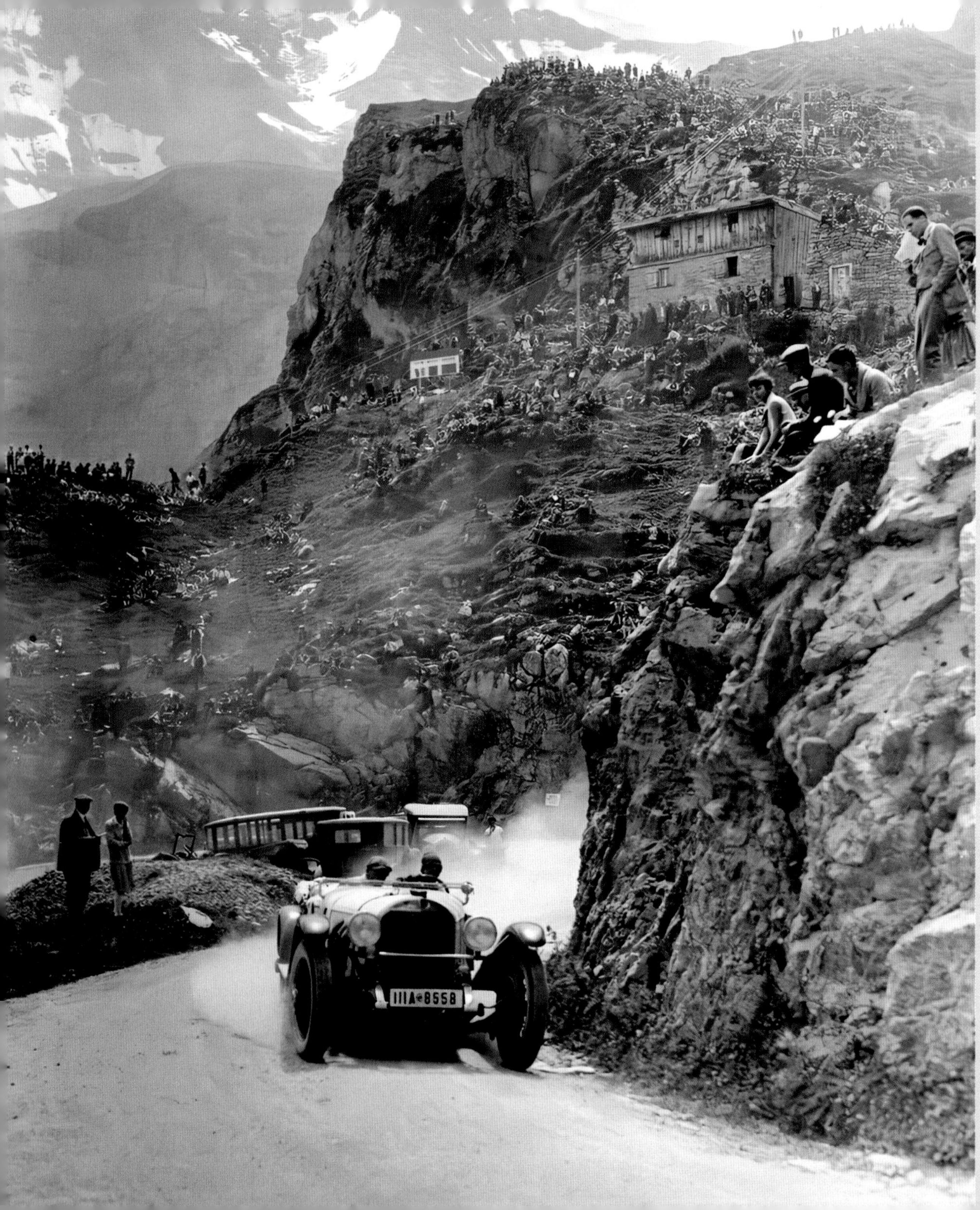

AUTO-BIOGRAPHIE

Familie Sebastian hütet einen Bilderschatz, der ihren Ur-Onkel Wilhelm als Mechaniker, Rennfahrer und Rennleiter mit all den Fahrergrößen seiner Zeit zeigt. Bilder mit einem ganz eigenen Blick auf den großen Mythos der Silberpfeile. Was würde der Ur-Onkel darüber erzählen, wenn er heute noch am Leben wäre?
Dieses Buch hat genau zugehört und entführt uns in die vergangene Welt von Wilhelm Sebastian.

IMPRESSUM

Gesamtherstellung: Verlag Waldkirch
Satz und Gestaltung: Dietrich Conrad, Verena Kessel

ISBN 978-3-86476-179-9

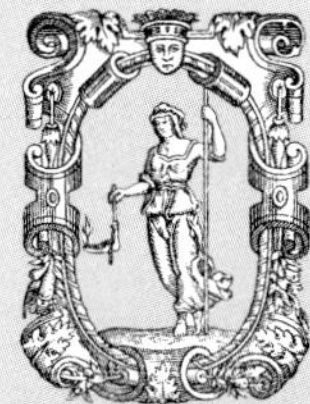
Seit 1542

Verlag Waldkirch KG
Schützenstraße 18
68259 Mannheim
Telefon 0621-129 15 60
Fax 0621-129 15 99
E-Mail: verlag@waldkirch.de
www.verlag-waldkirch.de

© Verlag Waldkirch Mannheim, 2023
Alle Rechte vorbehalten. Nachdruck, auch auszugsweise, nur mit ausdrücklicher Erlaubnis des Verlags.

mannopolis.com

Formel Seb

Sebastian und die Silberpfeile

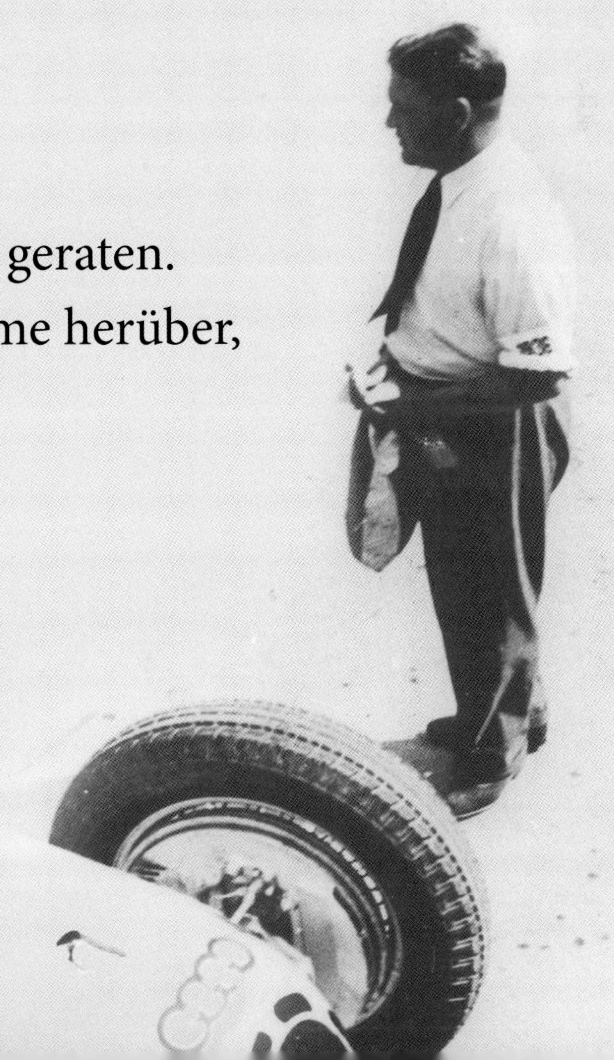

Die Geschichten drohten in Vergessenheit zu geraten.
Aber noch reichte uns die Vergangenheit die Arme herüber,
noch konnten wir sie fassen.

(Gebrüder Grimm)

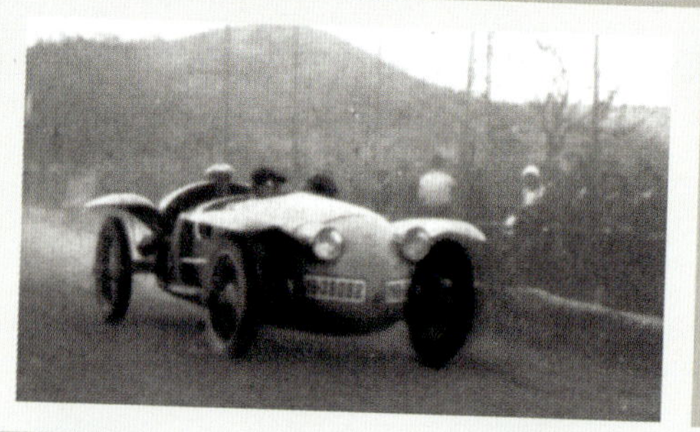
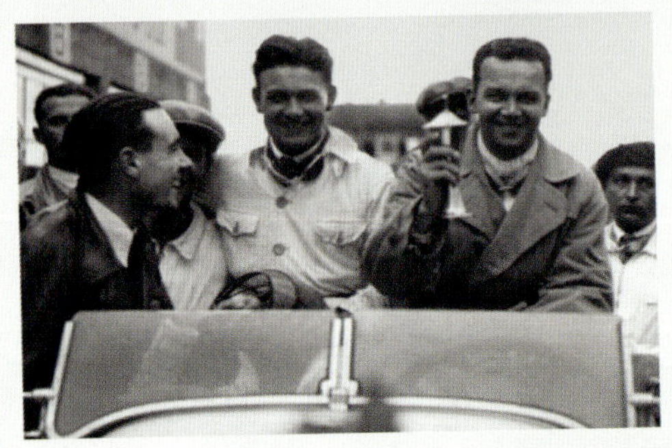
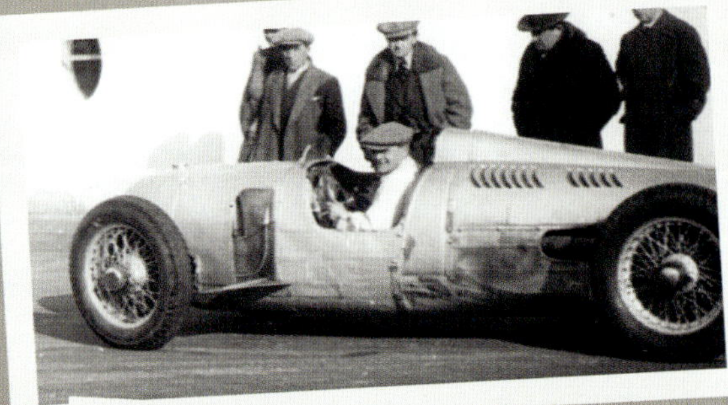
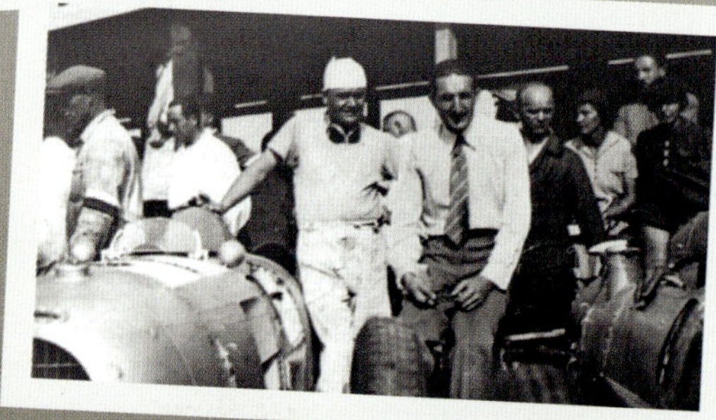

Von oben nach unten:
Solitude 1925, GP Deutschland 1931,
Tests 1934, Brünn 1934

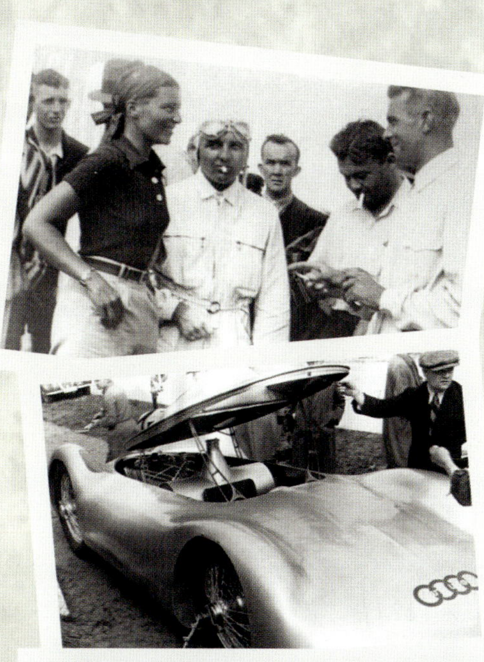

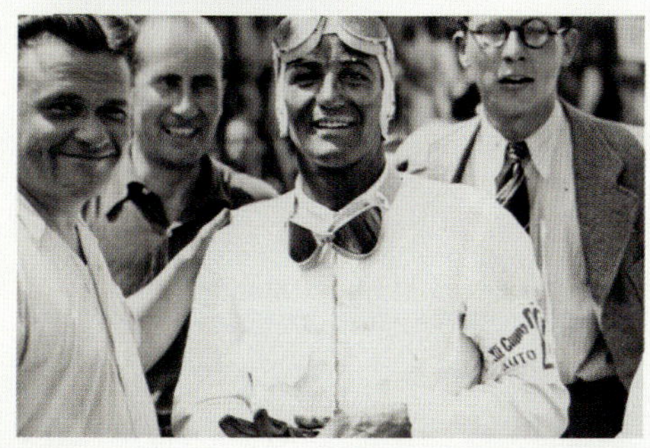

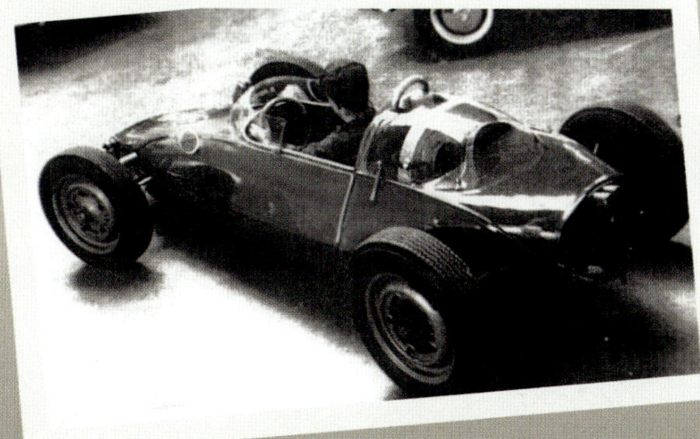

Von oben nach unten:
Südafrika 1937, AVUS 1937, Pescara 1937, WISEB 1965

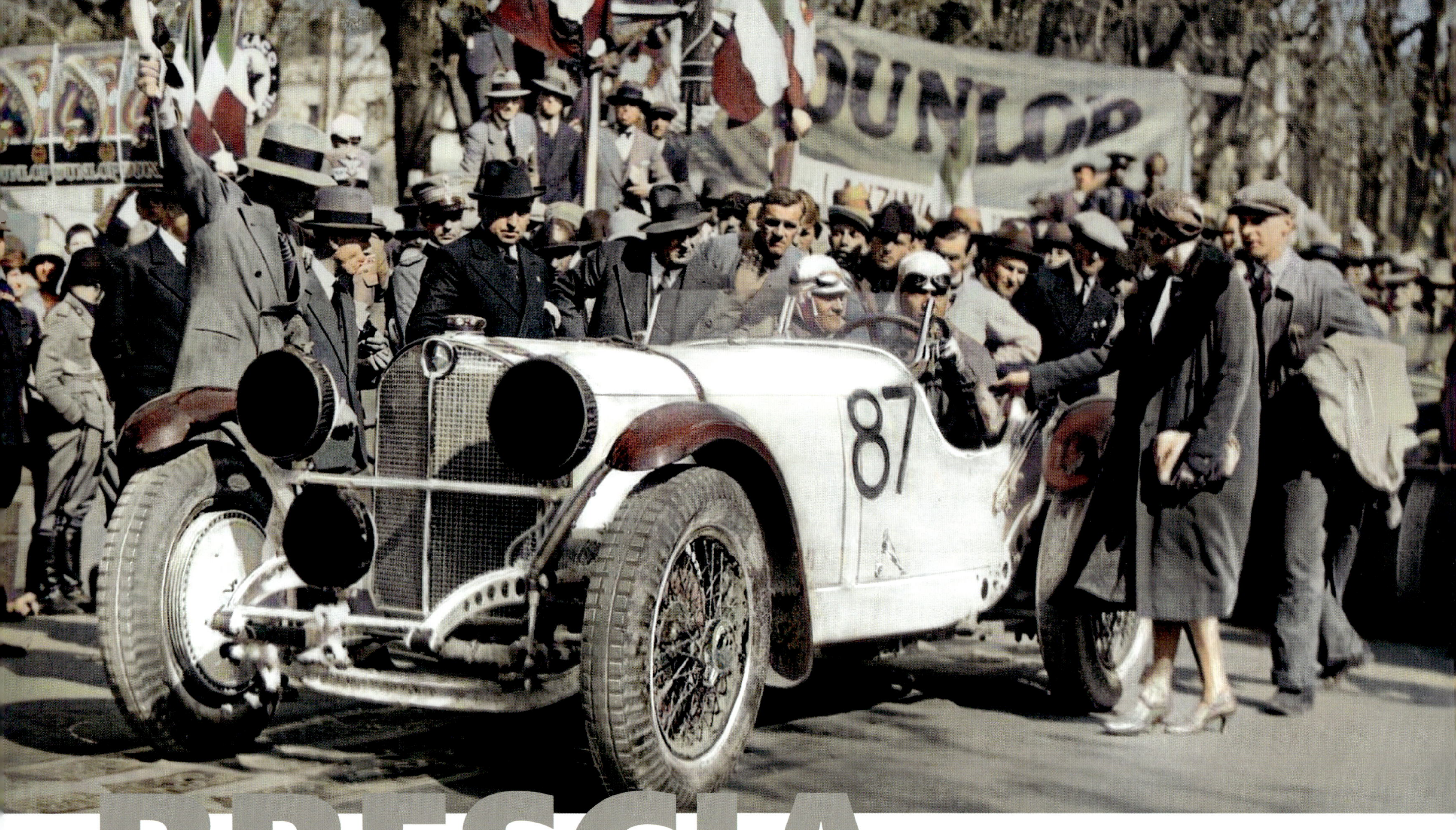

BRESCIA 1931

Letzte Sekunden vor dem Start: Wilhelm winkt Frau Caracciola zu

RITT DURCH ITALIEN

Wilhelms Hand ist verbrannt und sie tut höllisch weh. Beim letzten Stopp musste alles schnell gehen und er machte Bekanntschaft mit dem heißen Auspuffrohr. Neben ihm sitzt Rudolf Caracciola, der wohl bekannteste Rennfahrer Deutschlands. Wilhelm Sebastian ist sein „Schmiermaxe" bei der Mille Miglia, einem Sechzehn-Stunden-Rennen quer durch Italien. Ihr MERCEDES-BENZ ist so wendig wie ein Schiff, aber er ist sehr schnell und Caracciola hat damit schon etliche Rennen gewonnen. Letztes Jahr fuhr er hier auf den sechsten Platz und auch heute wird es nicht leicht werden. Nuvolari, Varzi, Campari, die gesamte italienische Rennfahrerelite ist angetreten, insgesamt sind es fast 100 Teilnehmer.

Mille Miglia bedeutet 1600 Kilometer im Renntempo durch Städte und Dörfer mit tausend Kurven und tausend Gefahren. Die Straßen sind nicht wirklich abgesperrt und immer wieder kommt es zu tödlichen Unfällen. Wobei der Begriff „Straße" nicht ganz zutrifft, meist sind es nur unbefestigte Staubpisten. Unzählige Zuschauer haben die beiden schon eingenebelt. Gespräche sind während ihres Freiluft-Ritts fast unmöglich bei dem Motorenlärm und einer schrillen Kompressor-Sirene, die schon von Weitem zu hören ist. Aber viel zu besprechen gibt es ohnehin nicht. Zu sehr muss sich Caracciola auf die Strecke konzentrieren, denn es wird langsam dunkel.

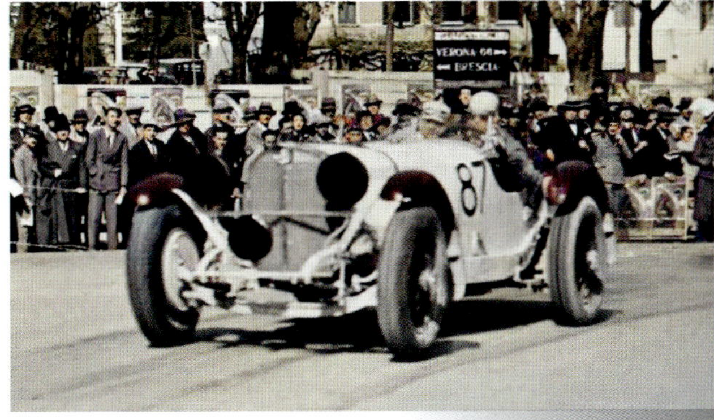

Oben: Start auf der Viale Rebuffone in Brescia am 11.04.1931
Unten: Wilhelm, Caracciola und die Staubmaschine
Folgeseiten: Szenen aus der Mille Miglia 1931
(die Nachtaufnahmen sind retuschiert)

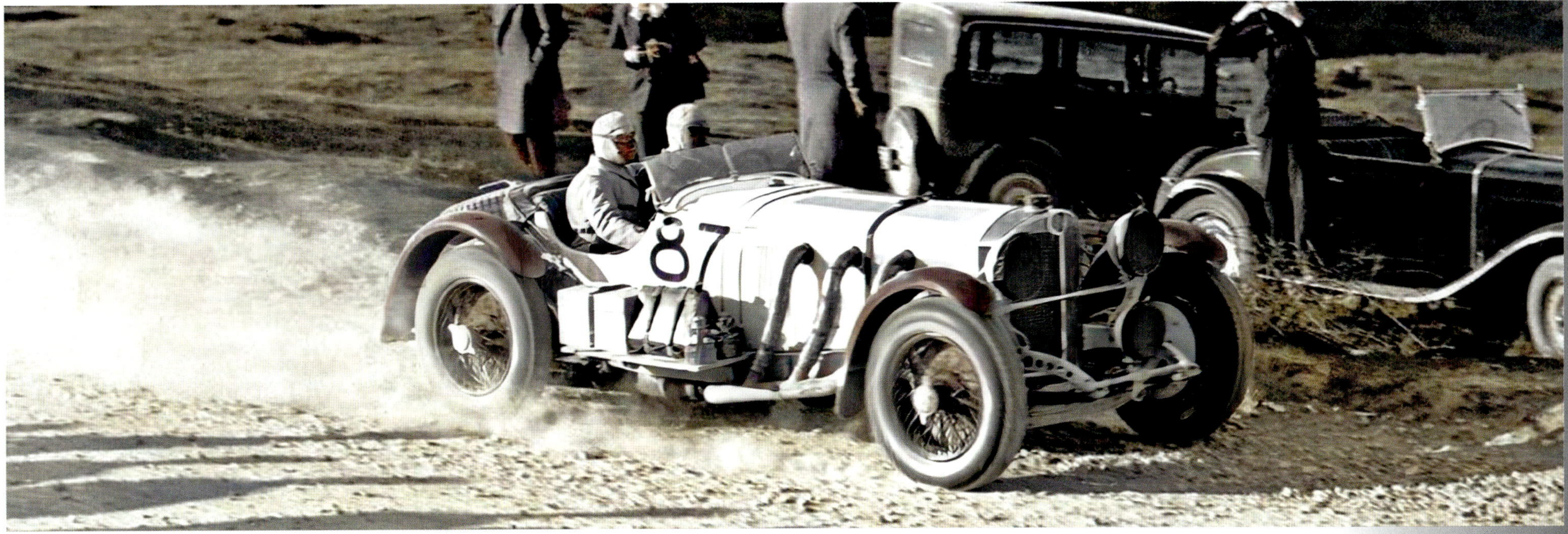

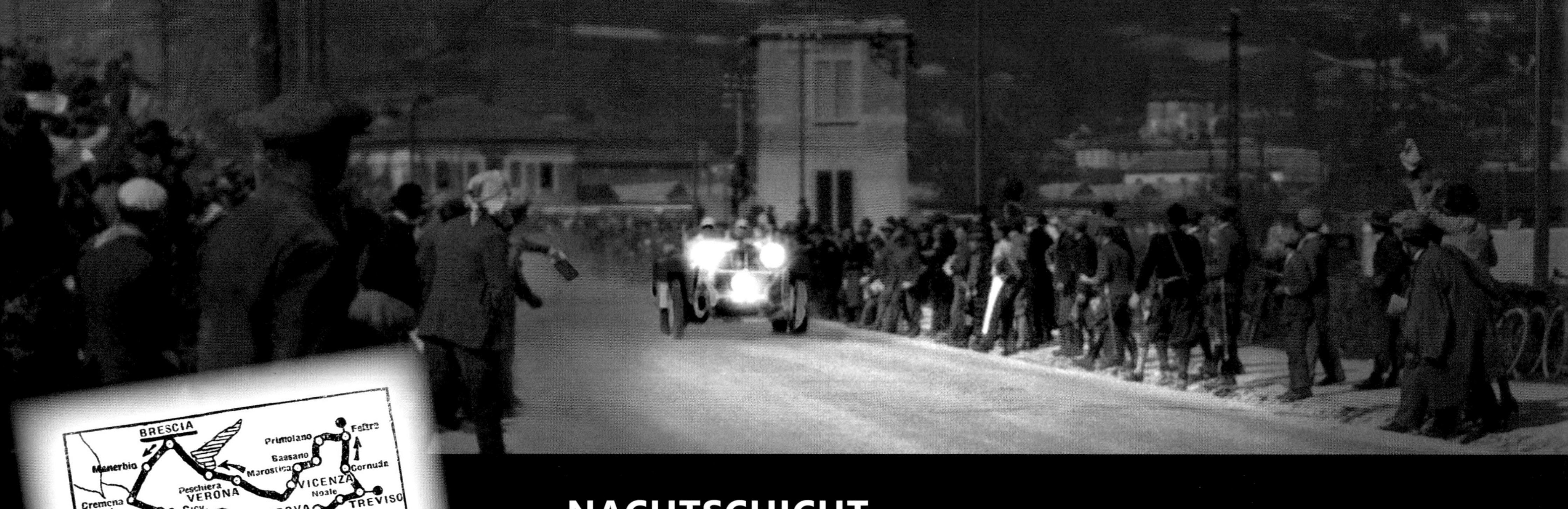

NACHTSCHICHT

Selbst der Zusatzscheinwerfer reicht nicht aus, um die Straße vernünftig auszuleuchten. Caracciola scheint das aber nichts auszumachen. Er hetzt den Wagen sicher durch die Dunkelheit. Kurz vor Rom werden sie von entgegenkommenden Lichtern geblendet und müssen die Fahrt verlangsamen. Eine Gruppe von Autofahrern hat sich auf die Strecke verirrt- Mille Miglia eben. Sie rasen weiter in die Nacht und können auf einen Wettbewerber aufschließen. Als Caracciola zum Überholen ansetzt, bekommen sie plötzlich jede Menge Staub ins Gesicht. Der Wagen vor ihnen streift offenbar mit Absicht den Straßenrand, um Dreck aufzuwirbeln. Erst als sie eine Ortschaft erreichen, wird die Sicht besser. Caracciola versucht vorbeizuziehen, aber die Zuschauer stehen viel zu dicht am Straßenrand. Kaum haben sie die letzten Häuser hinter sich, geht es auch schon wieder los mit dem Staub. Caracciola riskiert alles, lässt den Motor aufheulen und schießt blind vorbei. Geschafft, er verabschiedet sich mit extra staubigen Grüßen. Bald erreichen sie das hell erleuchtete Rom und werden von Tausenden empfangen. Da alle Teilnehmer zeitversetzt gestartet sind, weiß man nie genau, an welcher Stelle man gerade liegt. Aber es ist ohnehin ein ungeschriebenes Rennfahrergesetz, dass der Erste in Rom nicht die Mille Miglia gewinnt. Jetzt beginnt der vielleicht schwierigste Teil des Rennens. Mitten in der Nacht gehts durch die Berge, über rutschige Schotter-Kurven, die nicht gesichert sind. Überall drohen tiefe dunkle Schluchten. Die Erschöpfung macht sich langsam bemerkbar, aber in jedem Gebirgsdorf werden sie aufgemuntert von jubelnden Zuschauern. Plötzlich sind beide wieder blitzwach. Der Kompressor gibt sonderbare Geräusche von sich und der Wagen zieht nicht mehr richtig. Caracciola fährt rechts ran und Wilhelm macht sich mit der Taschenlampe über den Motorraum her. Der Fehler ist schnell gefunden, das Gas-Gestänge ist beschädigt. Wilhelm muss improvisieren und beeilt sich so gut er kann. Ein Scheinwerferkegel nach dem anderen zieht vorbei. Wilhelm könnte schreien. Ganz anders Caracciola, der die Ruhe selbst ist. Nach endlosen Minuten wirft Wilhelm das Werkzeug wieder in den Kasten und springt in den Wagen. Gerade mal Mitternacht und die Aufholjagd beginnt jetzt erst richtig. Endlich erreichen sie die flache Küste mit ihren ruhigen geraden Straßen. Vielleicht etwas zu ruhig, jedenfalls merkt Wilhelm, wie Caracciola mit dem Schlaf kämpft. Er rückt zu ihm herüber und hilft beim Lenken. Keine gute Idee. Als er vor einem Bahnübergang das Lenkrad wieder an Caracciola übergeben will, kommt es fast zu einer Katastrophe. Der Wagen schleudert und sie verfehlen nur knapp eine Mauer. Caracciola lässt den Wagen ausrollen. Er findet es Wahnsinn, weiterzufahren und möchte aufgeben. Es folgt der Auftritt von Wilhelm Sebastian. Er beschwört Caracciola, dass es eher Wahnsinn wäre, jetzt aufzuhören. Sekundenlang herrscht Stille, bis Caracciola sich für die „Dusche" bedankt und losfährt. Als ob nichts gewesen wäre, holt er wieder das Letzte aus sich und dem Wagen heraus.

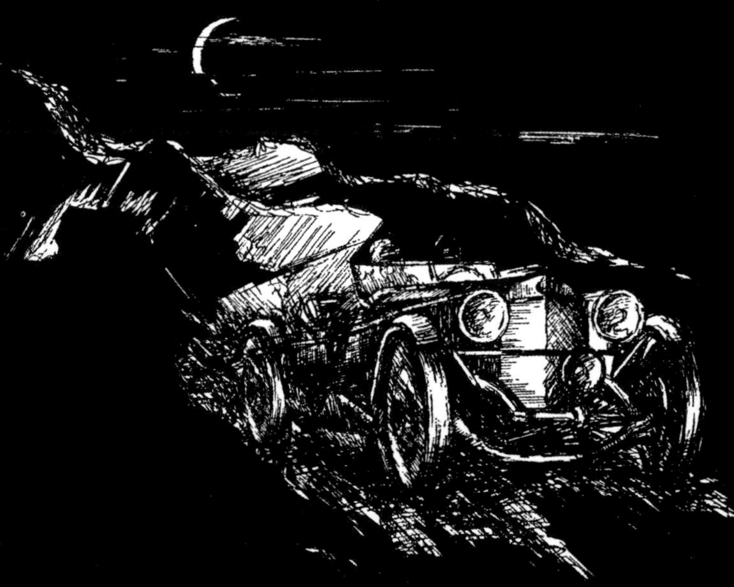

Diese Nacht will einfach nicht enden. Wenigstens erreichen sie jetzt das beleuchtete Depot in Bologna. Reifen wechseln, tanken, neue Rennbrille und weiter, ein Drittel der Strecke liegt noch vor ihnen. Die kerzengeraden Straßen kommen dem Wagen sehr entgegen und der kühle Fahrtwind hält sie wach. Wahrscheinlich können sie viel Zeit gut machen, aber so richtig weiß das niemand. Kaum nähern sie sich dem Golf von Venedig, zieht auch schon der berüchtigte Nebel auf. Hin und wieder sind Menschen an der Fahrbahn erkennbar mit unheimlichen Schatten, die im Nebel umkippen. Nach und nach klart die Sicht wieder auf und Caracciola versucht, die verlorene Zeit wieder gut zu machen. Für den letzten Abschnitt war ohnehin geplant, das Tempo zu erhöhen. Sie können Arcangeli überholen, der kurz nach ihnen gestartet ist. Nach über 12 Stunden geht es immer noch um Minuten und Sekunden. Dabei sind sie völlig übermüdet. Plötzlich springt ein Verrückter auf die Straße und winkt wie der Teufel. Erst jetzt bemerken sie, dass hier ihr letztes Depot ist. Caracciola muss stark bremsen, beinahe wären sie daran vorbeigefahren. Zum Glück hat ihr Mechaniker am Depot sofort reagiert, als er hörte, dass sie nicht langsamer werden. Wilhelm macht sich mit dem Kupferhammer über die Radmuttern her, um die Räder zu wechseln. Der Boxenstopp verläuft blitzschnell und sie können das Ziel in Brescia jetzt förmlich riechen. Da erreichen sie auch schon den letzten Kontrollpunkt. Der Streckenposten lässt sich unendlich viel Zeit und beinahe kommt es zum Streit, um den Stempel ins Kontrollbuch zu bekommen.

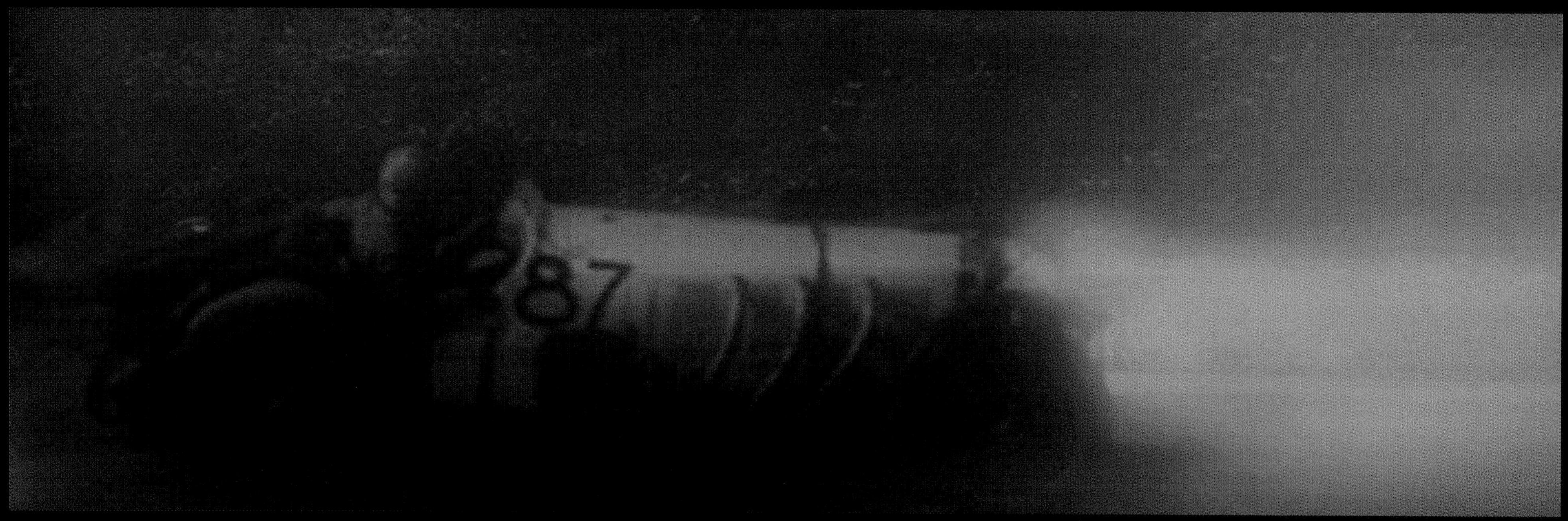

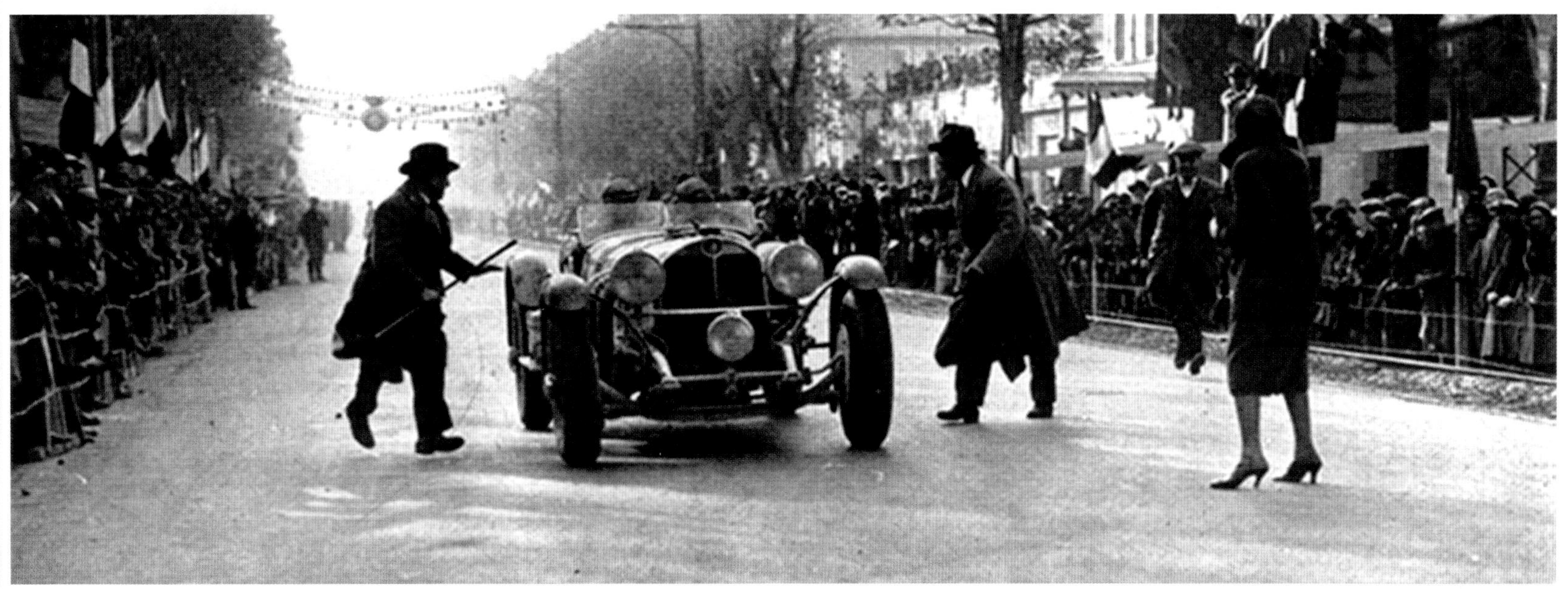

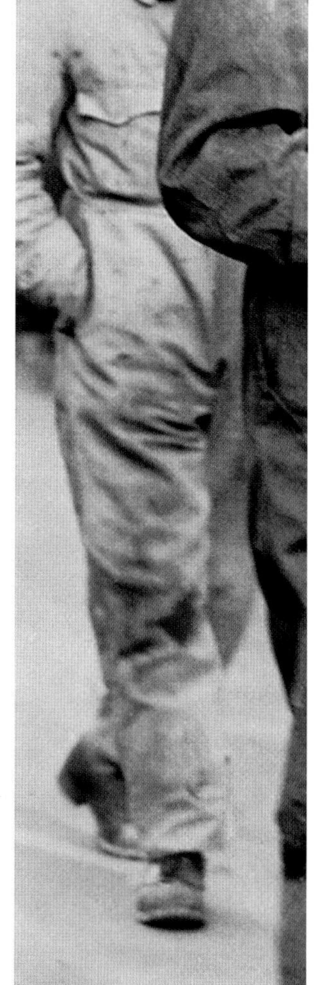

PRIMO

Endlich wird es etwas heller, von den anderen Teilnehmern ist allerdings weit und breit nichts zu sehen. Nur wenige Kilometer sind noch zu fahren, als es plötzlich einen Schlag macht, der Wagen vibriert und ausbrechen will. Caracciola bringt ihn gerade noch rechtzeitig zum Stehen: ein Reifenschaden kurz vor dem Ziel. Es folgt ein filmreifer Auftritt im Zeitraffer. Caracciola kümmert sich um den Wagenheber und Wilhelm drischt wie ein Besessener auf die Radmutter ein. Fertig, keine Zeit für Details, sie springen in den Wagen und lassen das alte Rad einfach liegen.

Es ist früh am Morgen, als sie in Brescia eintreffen, aber die ganze Stadt scheint schon auf den Beinen zu sein, um den Teilnehmern einen großartigen Empfang zu bereiten. „Primo" jubelt ihnen die Menge zu, als sie über die Ziellinie fahren. Sie werden bereits von Frau Caracciola und Wilhelms Chef Neubauer erwartet, der ihnen zuruft, dass sie gewonnen hätten. Neubauer führt einen verrückten Tanz auf und Frau Caracciola verpasst ihrem Mann einen dicken Willkommenskuss. Wilhelm bekommt auch einen und er weiß gar nicht, wie ihm geschieht.

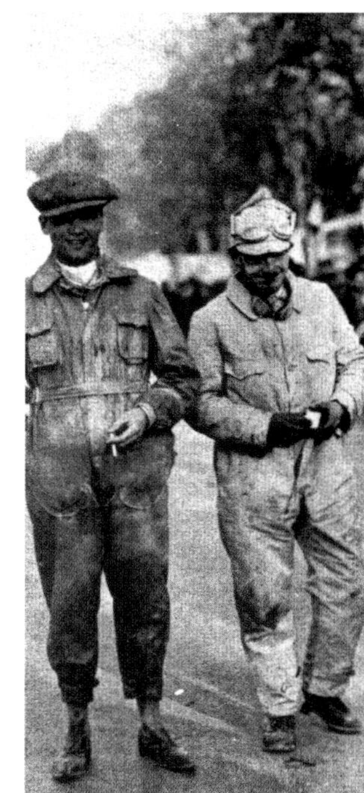

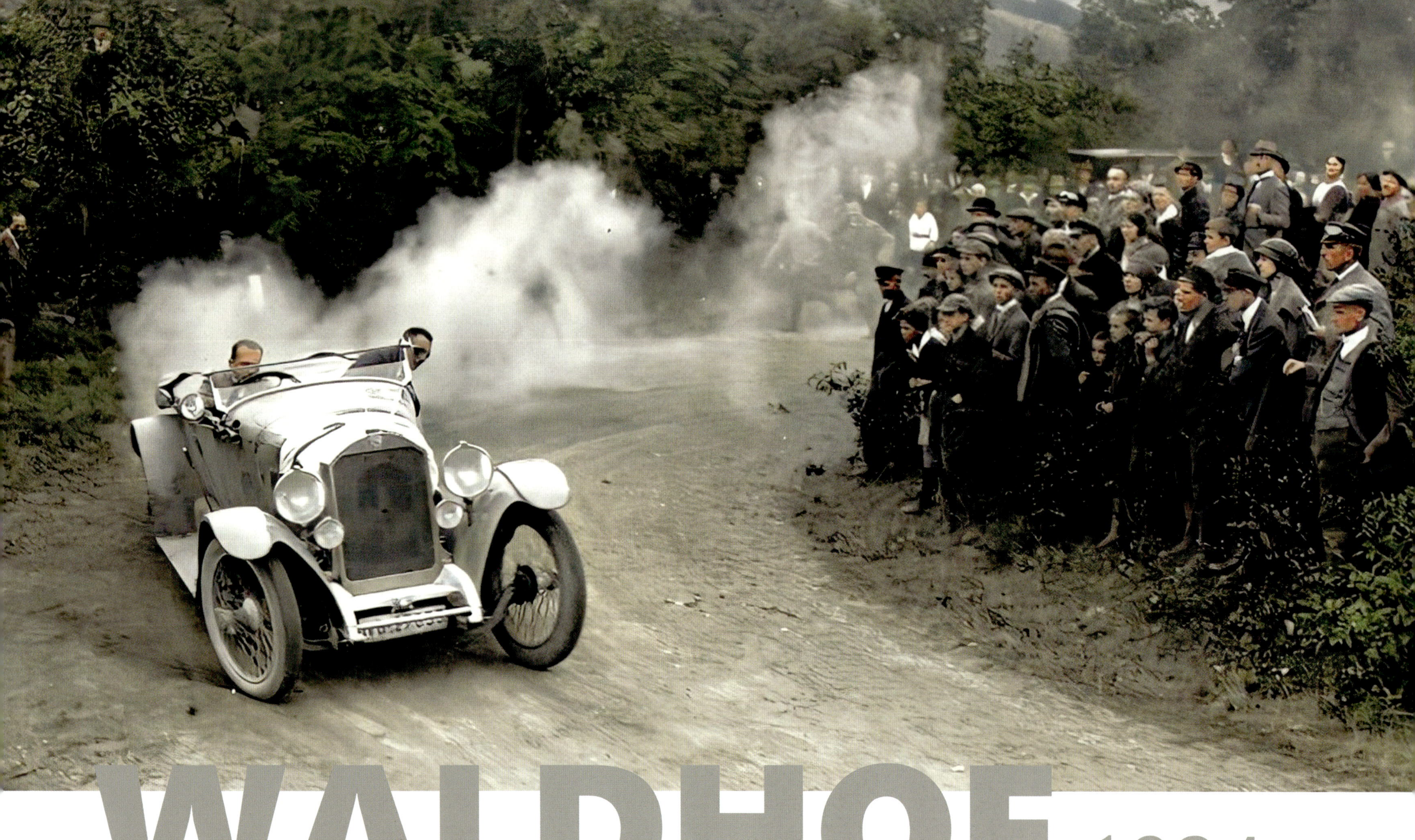

WALDHOF 1924

Drift mit Gymnastikeinlage: Deutsche Dauerprüfungsfahrt mit Walb

ES WAR EINMAL

Eigentlich fängt die Geschichte am 17. Januar 1903 an, als Wilhelm in Mannheim-Waldhof zur Welt kommt. Er ist gerade zehn Jahre alt, als er seinen Vater verliert. Eine Katastrophe für die Mutter und ihre drei Söhne. Bald müssen sie umziehen in die Hubenstraße 6. Wilhelms großer Bruder Josef hilft seiner Mutter so gut er kann, bis der Weltkrieg ausbricht und er zum Militär eingezogen wird. Wilhelm und sein jüngerer Bruder Ludwig müssen früh lernen, auf eigenen Beinen zu stehen. Ludwig interessiert sich genauso wie Wilhelm für alles Technische und möchte gerne Lokomotivführer werden. Könnte aber auch sein, dass er Fußballer wird, denn jede freie Minute hält er seine „Fußball-Straßenmeisterschaften" ab. Da es keine Gummi- oder Lederbälle gibt, wird improvisiert mit selbstgebastelten Bällen aus Lumpen. Wilhelms Beruf ist hingegen schon entschieden. Mit 14 Jahren beginnt er eine Mechaniker-Lehre bei BENZ & CIE. Mitten im Krieg ist das ein großes Glück, denn er verdient etwas Geld und bekommt regelmäßig zu essen. So gut es geht, hilft er seiner Familie. Die Ausbildung bei BENZ mit eigener Lehranstalt ist eine der modernsten in ganz Deutschland. Sogar zur Gewerbeschule darf er gehen, zur Kurfürstenschule in den Mannheimer Quadraten, in C6.

Nach dem Krieg kommt es zu größeren Unruhen in der Firma, da viele Leute entlassen werden müssen. Ständig gibt es Streiks und Aussperrungen. Wilhelm kann nur froh sein, dass seine Ausbildung weitergeht. Nach und nach geht es mit dem Unternehmen wieder bergauf und Wilhelm wird nach seinem Gesellenabschluss 1920 übernommen. Ludwig eifert ihm nach und tritt eine Lehre bei BENZ an. So beginnen die Zwanzigerjahre für die beiden.

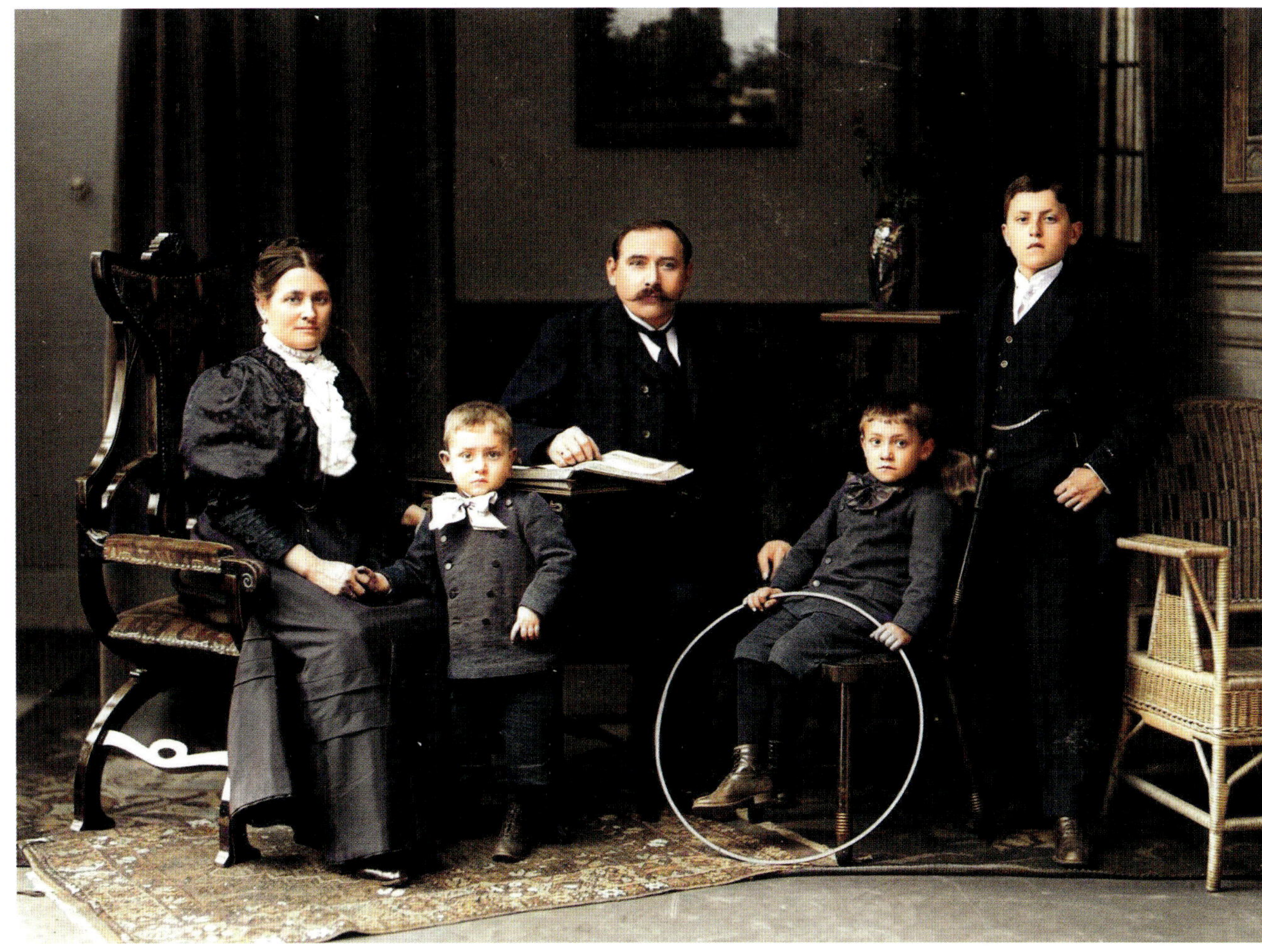

Die Familie Sebastian um 1910
Von links nach rechts: Lina, Ludwig, Xaver, Wilhelm (mit Spiel-Reifen), Josef
Linke Seite: Walb mit einem 16/50 BENZ, wohl beim Hohe Wurzel-Bergrennen nahe Wiesbaden.

BENZ & CIE

Für Wilhelm erfüllt sich ein Gesellen-Traum. Er kommt zur Versuchsabteilung. Dort werden die neusten Entwicklungen getestet und seit Kurzem sogar Rennwagen gebaut. Leiter der Versuchsabteilung ist Willy Walb aus Heidelberg. Ein großherziger Ingenieur, der von sich und seiner Abteilung größten Einsatz fordert. Das letzte große BENZ-Rennen ist zehn Jahre her, Walb muss daher mit seinem Team ganz von vorn anfangen. Sie tasten sich mit überarbeiteten Serienfahrzeugen an das Thema heran. Premiere ist 1921 beim AVUS-Rennen in Berlin. BENZ holt sich einen Klassensieg, ein toller Erfolg.

Nur Grand Prix-Rennen sind weiterhin unerreichbar, denn deutsche Hersteller sind nach dem Krieg für internationale Rennen gesperrt und BENZ verfügt zudem über keine Grand Prix Wagen. Aber dann überschlagen sich die Ereignisse. Zur Eröffnung der Strecke in Monza 1922 wird ein Grand Prix ausgeschrieben, bei dem erstmals wieder deutsche Teams erlaubt sind. BENZ meldet gleich drei Wagen an und beginnt mit der Konstruktion. Entwicklungschef Hans Nibel wagt einen ganz neuen Ansatz, bei dem sich der Motor hinter dem Fahrer befindet. Die Grundidee zu diesem „Tropfenwagen" stammt von Edmund Rumpler. Nibel erkennt die großen Vorteile, die ein solches Konzept für einen Rennwagen mit sich bringt. Das Ganze wird in BENZ-typischer Leichtbauweise umgesetzt – vom Rahmen bis zum Lenkrad ist alles durchlöchert wie ein Schweizer Käse. In der Versuchsabteilung sind alle mächtig stolz darauf, bei der Entwicklung eines Grand Prix-Wagens dabei zu sein, dazu noch mit diesem völlig neuartigen Aufbau. Konstrukteur Max Wagner und Walb arbeiten eng zusammen, um in wenigen Monaten einen Prototypen auf die Beine zu stellen. Walb beginnt mit den Testfahrten. Leider muss er feststellen, dass der Wagen nicht ausgereift genug ist, um in Monza teilnehmen zu können. Auch Konkurrent DAIMLER zieht seine Nennung zurück. Umso größer ist die Überraschung, dass eine andere Mannheimer Firma in Monza startet. „HEIM & Cie" des Ex-BENZ-Rennfahrers Franz Heim vertritt Deutschland mit seinen „Rennzigarren", die aber letztlich chancenlos bleiben. Derweil galoppiert in Deutschland die Inflation davon. Das Geld ist immer weniger wert und etliche Firmen werden in den Ruin getrieben. Auch BENZ ist schwer betroffen, aber das Grand Prix-Projekt darf weitermachen. Drei Wagen werden fertiggestellt und sollen schon im Mai 1923 beim Großen Preis von Deutschland zeigen, was sie können. Inflationsbedingt wird die Veranstaltung jedoch abgesagt und der erhoffte Test unter Rennbedingungen fällt aus. Unbeeindruckt stellt Rennleiter Walb sein Team für Italien zusammen und dann ist es amtlich: Wilhelm kommt als Zwanzigjähriger mit nach Monza.

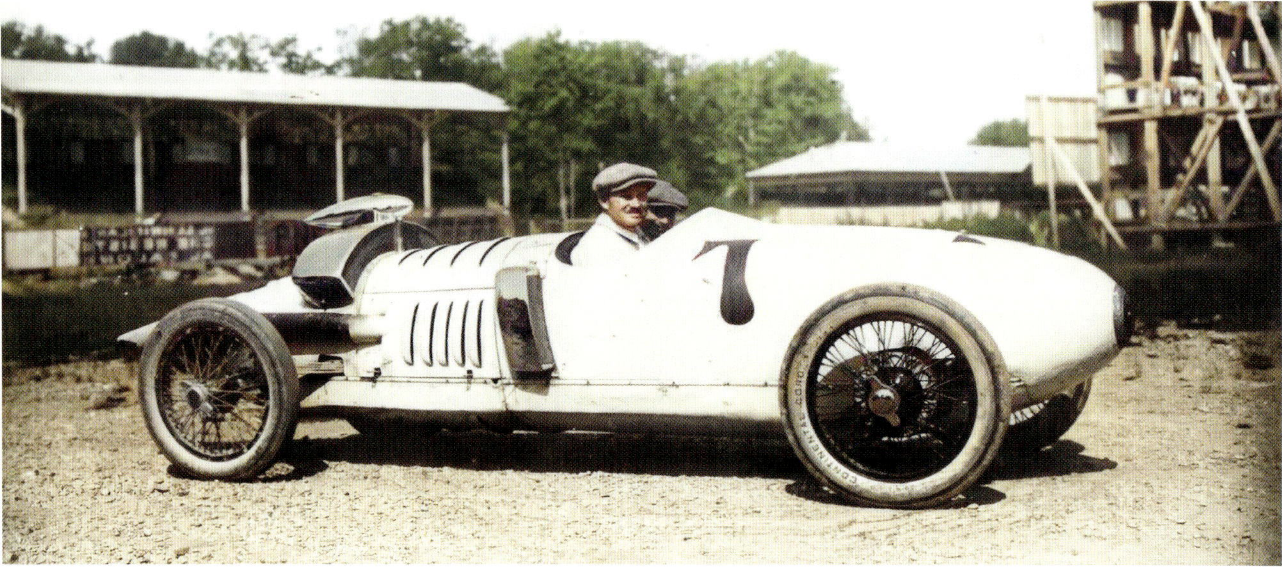

BENZ-Pilot Franz Hörner beim Training in Monza. Sein Beifahrer Egon Werle stirbt zwei Jahre später an einer mysteriösen Vergiftung bei der Russlandfahrt. Gut erkennt man die windschnittige Tropfenform des Wagens. Das bahnbrechende Mittelmotor-Prinzip ist die Vorlage für alle heutigen Formel-1-Boliden. Rechte Seite: Minoia im Rennen

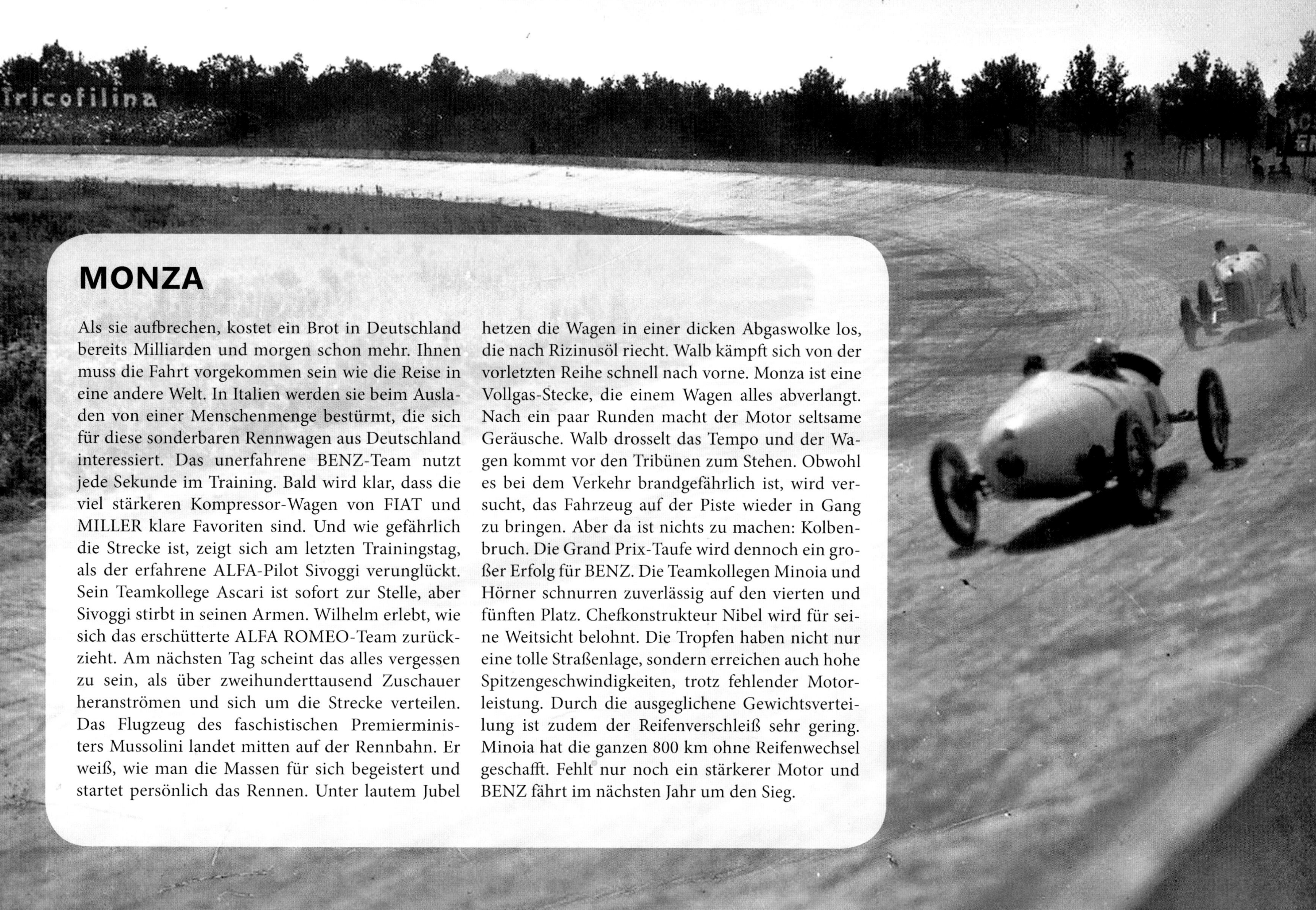

MONZA

Als sie aufbrechen, kostet ein Brot in Deutschland bereits Milliarden und morgen schon mehr. Ihnen muss die Fahrt vorgekommen sein wie die Reise in eine andere Welt. In Italien werden sie beim Ausladen von einer Menschenmenge bestürmt, die sich für diese sonderbaren Rennwagen aus Deutschland interessiert. Das unerfahrene BENZ-Team nutzt jede Sekunde im Training. Bald wird klar, dass die viel stärkeren Kompressor-Wagen von FIAT und MILLER klare Favoriten sind. Und wie gefährlich die Strecke ist, zeigt sich am letzten Trainingstag, als der erfahrene ALFA-Pilot Sivoggi verunglückt. Sein Teamkollege Ascari ist sofort zur Stelle, aber Sivoggi stirbt in seinen Armen. Wilhelm erlebt, wie sich das erschütterte ALFA ROMEO-Team zurückzieht. Am nächsten Tag scheint das alles vergessen zu sein, als über zweihunderttausend Zuschauer heranströmen und sich um die Strecke verteilen. Das Flugzeug des faschistischen Premierministers Mussolini landet mitten auf der Rennbahn. Er weiß, wie man die Massen für sich begeistert und startet persönlich das Rennen. Unter lautem Jubel hetzen die Wagen in einer dicken Abgaswolke los, die nach Rizinusöl riecht. Walb kämpft sich von der vorletzten Reihe schnell nach vorne. Monza ist eine Vollgas-Stecke, die einem Wagen alles abverlangt. Nach ein paar Runden macht der Motor seltsame Geräusche. Walb drosselt das Tempo und der Wagen kommt vor den Tribünen zum Stehen. Obwohl es bei dem Verkehr brandgefährlich ist, wird versucht, das Fahrzeug auf der Piste wieder in Gang zu bringen. Aber da ist nichts zu machen: Kolbenbruch. Die Grand Prix-Taufe wird dennoch ein großer Erfolg für BENZ. Die Teamkollegen Minoia und Hörner schnurren zuverlässig auf den vierten und fünften Platz. Chefkonstrukteur Nibel wird für seine Weitsicht belohnt. Die Tropfen haben nicht nur eine tolle Straßenlage, sondern erreichen auch hohe Spitzengeschwindigkeiten, trotz fehlender Motorleistung. Durch die ausgeglichene Gewichtsverteilung ist zudem der Reifenverschleiß sehr gering. Minoia hat die ganzen 800 km ohne Reifenwechsel geschafft. Fehlt nur noch ein stärkerer Motor und BENZ fährt im nächsten Jahr um den Sieg.

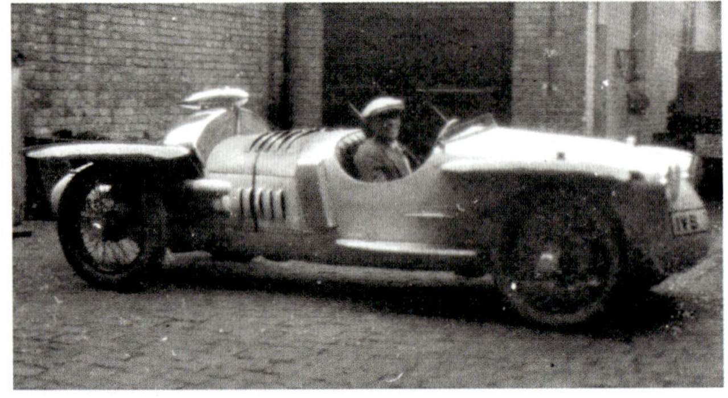

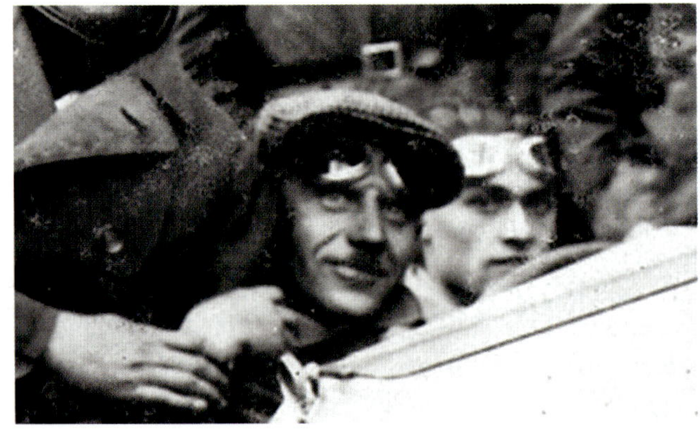

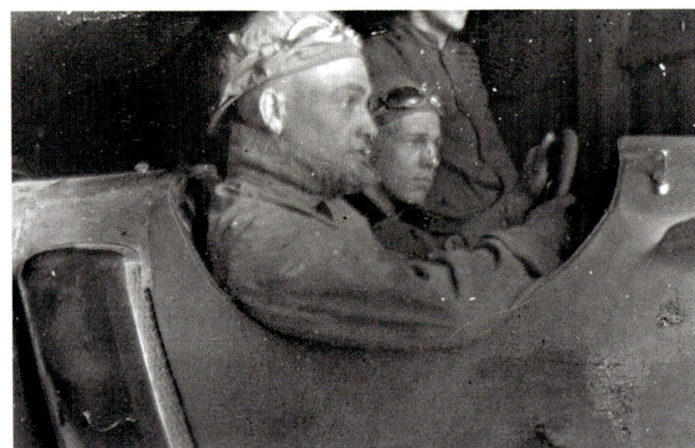

Von oben nach unten: Wilhelm mit der Tropfen-Sportwagenvariante; als Walbs Beifahrer (rechts); selbst am Steuer (Vordergrund)

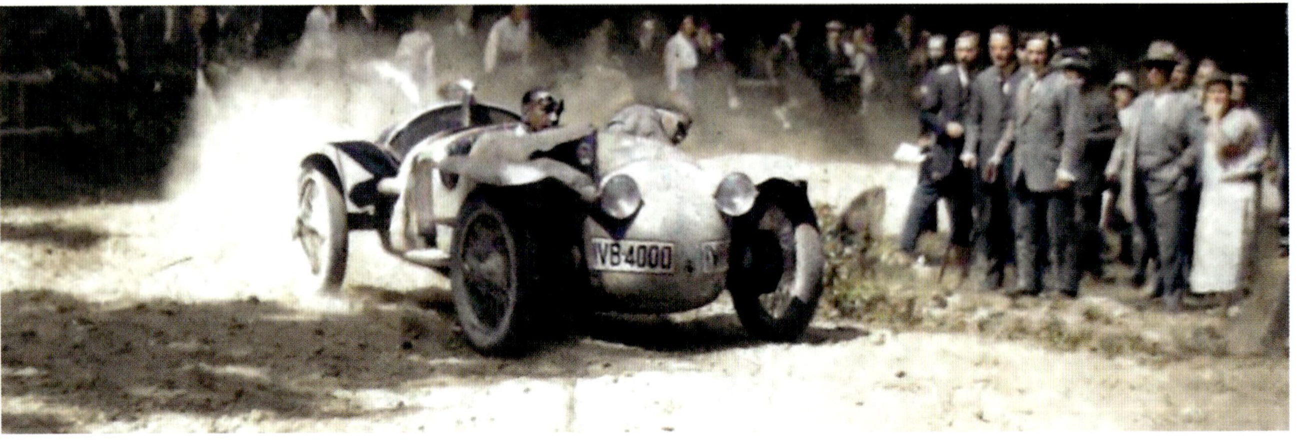

Mit Walb beim Königstuhl-Bergrennen 1924

SPORT-TROPFEN

Die Freude über den Erfolg in Monza hält leider nicht lange an. BENZ kämpft ums Überleben und Anfang 1924 kommt es zu einer Elefanten-Verlobung mit dem ebenfalls angeschlagenen Konkurrenten DAIMLER. Die „Interessengemeinschaft DAIMLER-BENZ" entsteht und die Rennaktivitäten beider Firmen werden zusammengelegt. Nibel muss die Abteilung an den DAIMLER-Technikvorstand Ferdinand Porsche abgeben, der lieber eigene Grand Prix-Wagen konstruiert, als die erfolgreichen Tropfenwagen seines Gegenspielers zu nutzen. Die Mannheimer Abteilung wird verkleinert. Eigentlich wollte Wilhelms Bruder Ludwig nach seiner Gesellenprüfung in die Versuchsabteilung wechseln, aber das ist leider völlig unmöglich. Die Tropfen werden nur noch bei lokalen Sportwagen-Rennen eingesetzt. Wilhelm begleitet Walb weiterhin als Beifahrer. Ein Höhepunkt ist das Königstuhlrennen in Heidelberg, bei dem auch andere Mannheimer Automobilmarken antreten wie HEIM, RHEMAG, BENZ-SÖHNE oder RABAG-BUGATTI. Wilhelms Familie und Freunde sind gekommen und mischen sich unter die vielen Tausend Zuschauer, die sich um die Strecke versammelt haben. Walb enttäuscht sie nicht. Mit neuem Streckenrekord wird Beifahrer Wilhelm von ihm ins Ziel gerast. Sie sind sogar schneller als der Favorit Rosenberger mit seinem Kompressor-MERCEDES. Im Ziel werden sie von Carl Benz empfangen, für alle ein ganz besonderes Erlebnis. In der weiteren Saison starten die beiden auch mit ganz normalen BENZ-Tourenwagen, aber mit ihrem Tropfen ist das Duo Walb-Sebastian in seiner Klasse praktisch unschlagbar.

ROSENBERGER

Die Tropfen-Erfolge wecken großes Interesse bei MERCEDES-Fahrer Rosenberger. In der Saison 1925 bekommt er die Gelegenheit, einige Rennen mit dem Tropfen zu bestreiten. Wilhelm wird ihm als Mechaniker und Beifahrer zur Seite gestellt. Rosenberger ist ein vermögender Kaufmann aus Pforzheim, ein ehemaliger Weltkriegs-Pilot und humorvoller Draufgänger, der vom Rennvirus schwer infiziert ist. Bei ihrem Training zum Schwarzwald-Bergrennen erlebt Wilhelm seinen ersten Unfall, aber sie gewinnen dennoch mit Bestzeit, ebenso das Sportwagen-Rennen „Rund um die Solitude". Schon eine Woche später starten sie beim Herkules-Bergrennen in der Nähe von Kassel. Ihr Tropfen ist im Rahmen der Möglichkeiten verbessert worden und bewährt sich mit neuem Streckenrekord. Rosenberger ist begeistert von dem Fahrerlebnis und hält den Tropfen für die Vorlage zu einem „ultimativen Rennwagen". Wie sich das anfühlt, hat die „Motor-Kritik" in einem Fahrbericht beschrieben: *„Mit 140 km sind wir auf den Sommerweg und wieder herunter, mit hundert haben wir hundertfünfziggrädige Kurven außen genommen, gebremst, dass die Steine aufstieben, und nicht um einen Millimeter wich der Wagen von der Richtung ab. Dabei steuert er sich leichter als irgendein anderer Wagen. Es gibt bestimmt keinen Wagen mehr auf der ganzen Welt, der dieses Straßenhaftvermögen, diese bombenfeste Lage besitzt."*

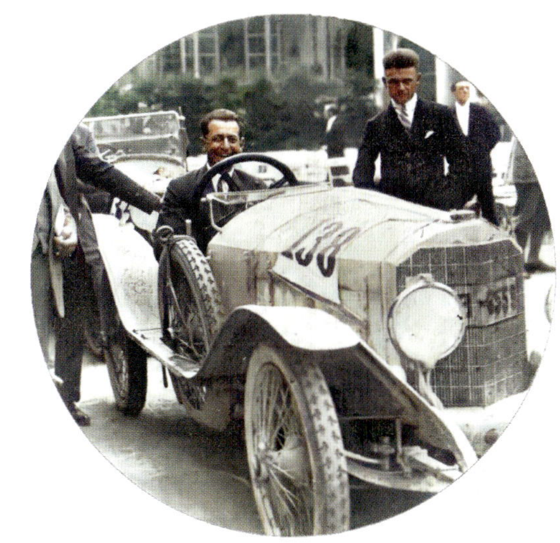

Wilhelm rückt von zu Hause aus und kommt bei Rosenberger in Pforzheim unter, so gut verstehen sich die beiden. Er muss seine Mutter beruhigen, dass Rosenberger verheiratet sei, zwei Kinder hätte und „wie eine Nonne" fahren würde. Die beiden erleben alle Höhen und Tiefen des Rennsports. Vor dem Eifelrennen fängt ihr BENZ-Tropfenwagen Feuer. Im Taunusrennen versagt die Kupplung ihres MERCEDES und der Wagen landet im Graben. Dafür gewinnen sie in Wiesbaden und sind in Baden-Baden die „effektiv schnellsten Turnierfahrer". Zum Saisonende führt Wilhelm die Tropfen-Siegesserie mit Walb fort. Bei Technik-Vorstand Porsche haben die siegverwöhnten Tropfen-Wagen dennoch keine Zukunft. Anfang 1926 werden sie endgültig auf Eis gestellt. Bis auf zwei Museumsexemplare landen schließlich alle bei einem Schrotthändler. Die „Motor-Kritik" schreibt dazu: „Ich habe den Eindruck, dass hier etwas Lebendes begraben wurde".

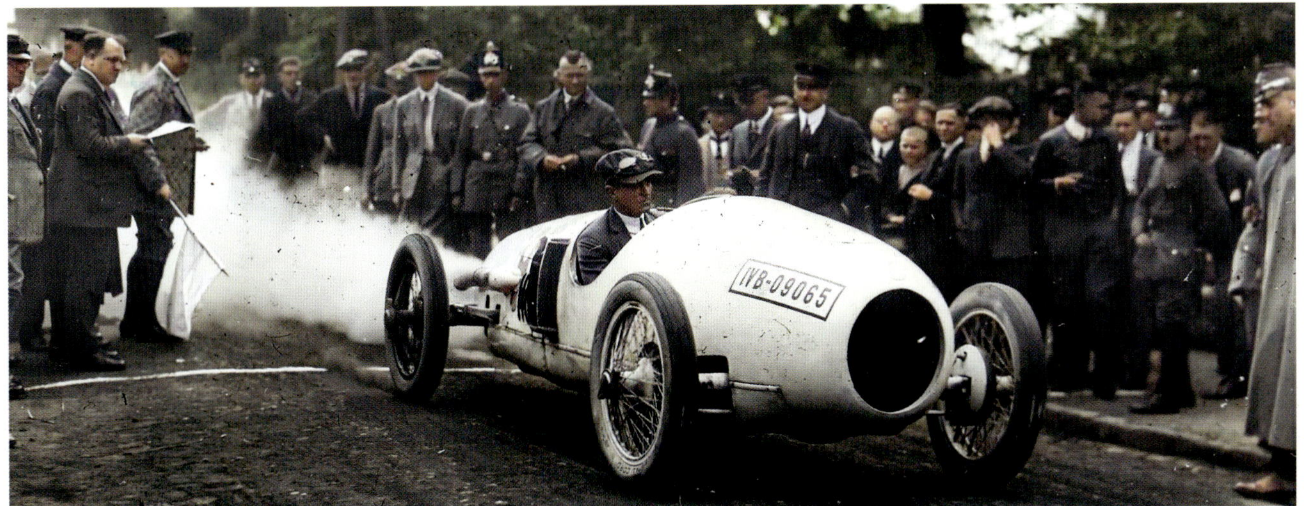

Mit Rosenberger beim Herkulesrennen 1925 (Wilhelm in Tauchposition). Wie üblich, fahren sie in Anzug und Krawatte. Oben rechts: Rosenberger und Wilhelm 1925 in Baden-Baden als Klassensieger mit einem 6/40 MERCEDES-Kompressor. Im Vergleich wird deutlich, wie weit der BENZ-Tropfen seiner Zeit voraus ist.

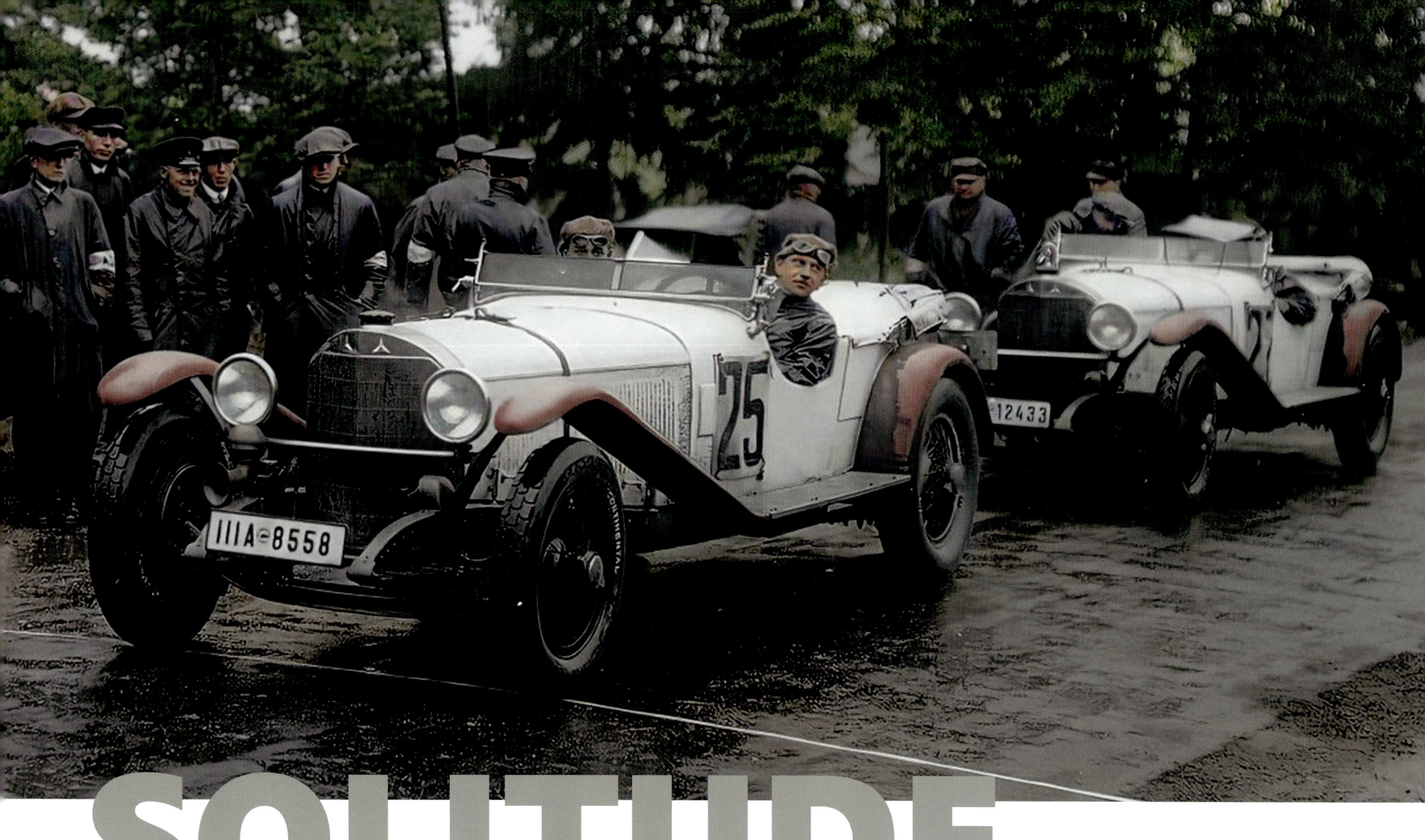

SOLITUDE 1927

Wasserdichte Beifahrer gesucht: Solitude-Rennen mit Walb

HELML

Mit der Fusion von BENZ mit DAIMLER übernimmt Alfred Neubauer 1926 die Gesamtorganisation der Versuchsabteilung. Er war seinerzeit mit Porsche von der österreichischen AUSTRO-DAIMLER zu DAIMLER gewechselt. Sein Wiener Dialekt ist unüberhörbar und Wilhelm bekommt von ihm einen Spitznamen mit Schmäh: der „Helml". Dem Duo Helml/ Walb wird das Training zur „Rund um die Solitude" fast zum Verhängnis. Wilhelm stellt fest, dass er in der letzten Trainingsrunde sein Portemonnaie verloren haben muss. Also fahren die beiden die Strecke nochmal langsam ab und finden es tatsächlich. Walb gibt wieder Vollgas, als plötzlich ein Hinterreifen platzt und der Wagen beinahe in den Wald schleudert. Wilhelm wird nachdenklich: „Was ist nun wertvoller: Brieftasche oder Leben?" Am Rennsonntag verteilen sich über hunderttausend Zuschauer um die ungesicherte Strecke und erleben einen schicksalsreichen Wettkampf. Hans Stuck rutscht mit seinem DÜRKOPP an einen Zaun und fährt einen Zuschauer an. Stumpf-Leckisch ist nach einigen Zwischenfällen mit seinem HAG-GASTELL ohne Motorhaube, Kotflügel und Auspuff unterwegs. Dann gerät ein SALMSON ins Schleudern, überschlägt sich zweimal und stürzt die Böschung hinab. Dabei stirbt der Stuttgarter Fahrer Ruckle, sein Beifahrer wird schwer verletzt. Das Rennen geht weiter. Rosenberger fällt in Führung liegend aus und Walb setzt sich an die Spitze. Teamkollege Hailer fährt dicht auf, bis er aus einer Kurve getragen wird und dabei eine Zuschauerin verletzt. Nach dreieinhalb Stunden gewinnen Walb und Wilhelm in neuer Rekordzeit. Sie freuen sich natürlich riesig, aber so recht zum Feiern ist niemandem zumute nach all den Unfällen.

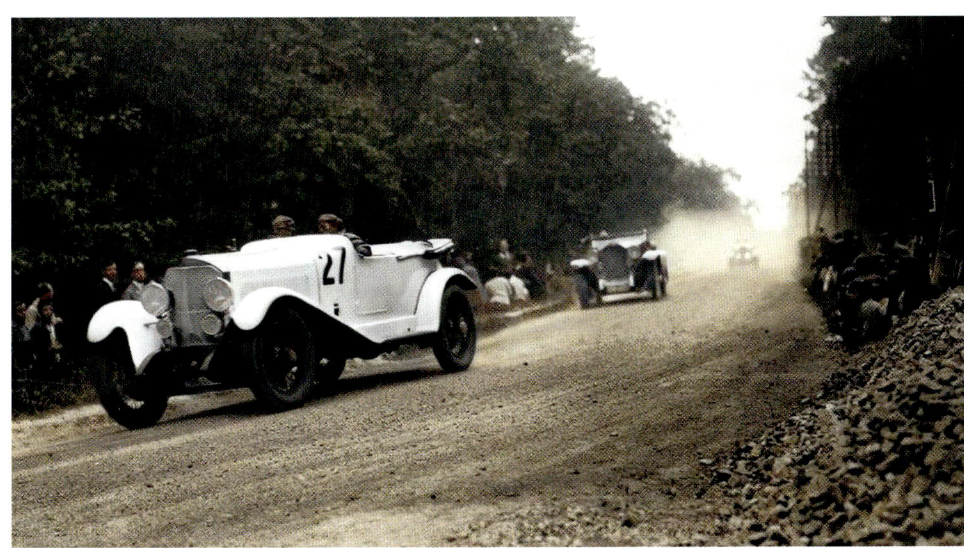

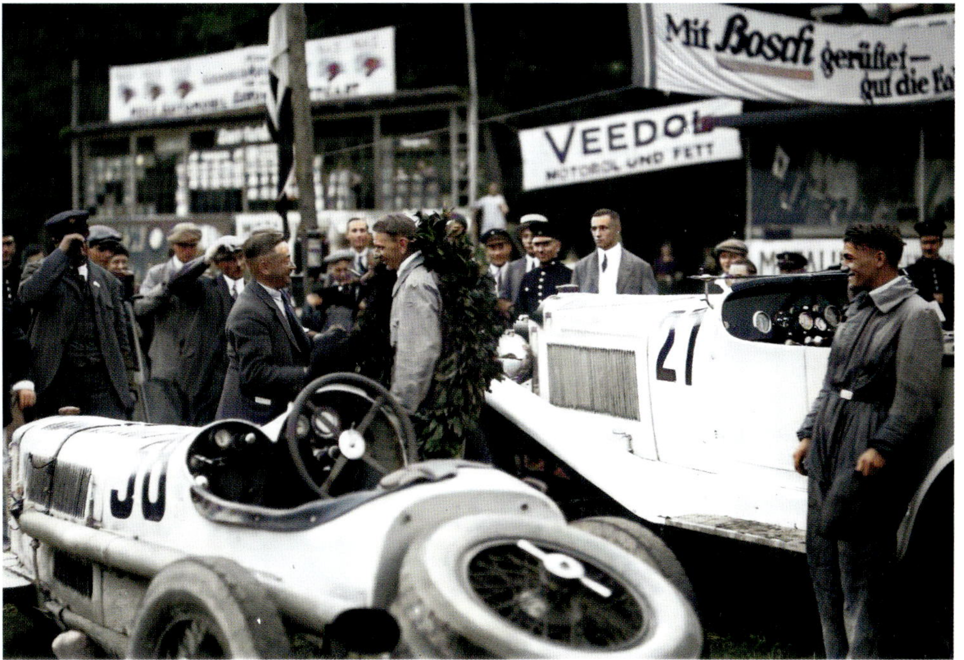

Wilhelm lehnt rechts am Siegerwagen MERCEDES-BENZ Modell „K". Walb bekommt einen Lorbeerkranz überreicht. Man sieht gut den Unterschied zu dem „echten" MERCEDES-Rennwagen von Otto Merz im Vordergrund, der damit in seiner Kategorie ebenfalls gewinnt.

WEIßE ELEFANTEN

Rennerfolge sind gute Kaufargumente und das braucht die jungvermählte Firma DAIMLER-BENZ dringender denn je. Obwohl die Modellpalette mittlerweile fast um ein Drittel billiger angeboten wird, sackt der Verkauf weiter stark ab. Viele Mitarbeiter müssen 1927 entlassen werden. Da die hubraumabhängige Autosteuer sehr hoch ist, entwickeln fast alle Hersteller kleine leistungsstarke Motoren. Ganz anders die neuen MERCEDES#-BENZ „S"-Sportwagen von Porsche mit fast sieben Litern Hubraum. Wilhelm ist am Aufbau der S-Typen beteiligt und unternimmt erste Fahrversuche mit den Werksfahrern Werner und Merz. Die neuen Wagen sind zwar tiefer gebaut als ihre Vorgänger, aber sie fahren sich immer noch wie lange Dampfer mit Übergewicht. In deutschem „Rennweiß" gestrichen, werden sie deshalb auch „Weiße Elefanten" genannt. Zum „Großen Preis von Deutschland für Sportwagen" erscheint eine ganze Elefantenherde. Gleich sieben S-Wagen treten in ihrer Klasse gegen einen einzigen Wettbewerber an. Große Attraktion ist die erste permanente Rennstrecke Deutschlands, der Nürburgring. Wilhelm hatte „als Angestellter des Werkes DAIMLER-BENZ" bereits bei der Planung mitgewirkt. Zwei Jahre lang schuften insgesamt dreitausend Leute in einer staatlich finanzierten Arbeitsbeschaffungsmaßnahme, die ihre Wirkung nicht verfehlt. Tausende Zuschauer strömen zum Rennen, auch Wilhelms Bruder Ludwig ist angereist. Das Duo Walb-Sebastian hält sich sehr gut im Rennen und fährt an die Spitze, bis ihr Wagen ins Schleudern gerät. Wilhelm beschreibt es so: *„Walb, der in Führung lag, flog am Brünnchen heraus. Er sah eine Weiterfahrt als aussichtslos an und ging zum nächsten Telefonstand, um seiner Frau durchzusagen, dass er heile Knochen habe. Er rauchte vergnüglich eine Zigarette und kam zurück. Inzwischen hatte ich den Wagen wieder fahrbereit gemacht und ihn ermuntert, weiterzufahren, was er aber nicht recht wollte. Schließlich nahm er Platz und wir gondelten munter drauf los. Als wir nach einigen Runden durchs Ziel brausten, fielen wir vor Erstaunen um, dass wir noch Dritte waren".*

Auch beim Solitude-Rennen starten die beiden. Es wird wieder ein voller Erfolg, selbst wenn Wilhelms Eigenschaft als wasserdichter Beifahrer dabei enorm strapaziert wird. Natürlich fährt Wilhelm auch mit Rosenberger und erlebt mit ihm einen überragenden Sieg beim Semmering-Bergrennen in Österreich.

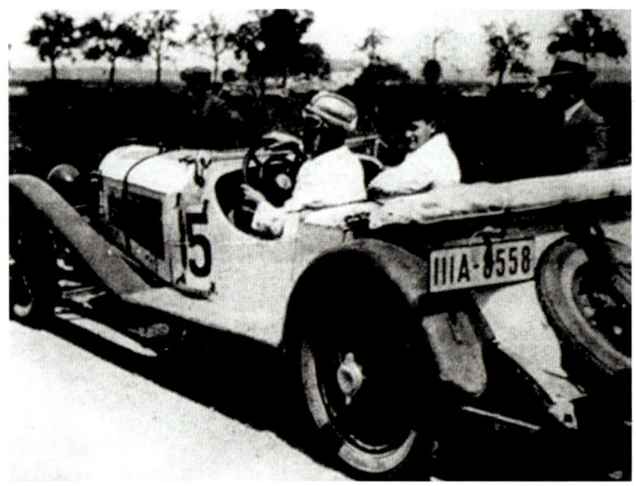

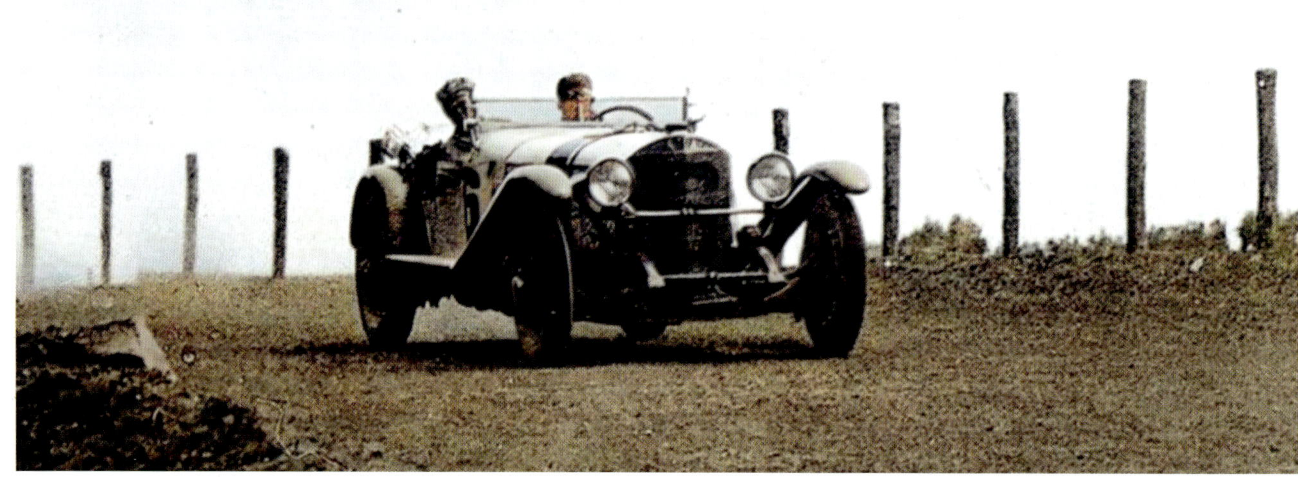

Mit Walb bei den Freiburger Rekordtagen 1927 und rechts beim „Großen Preis von Deutschland für Sportwagen" auf dem Nürburgring 1927.

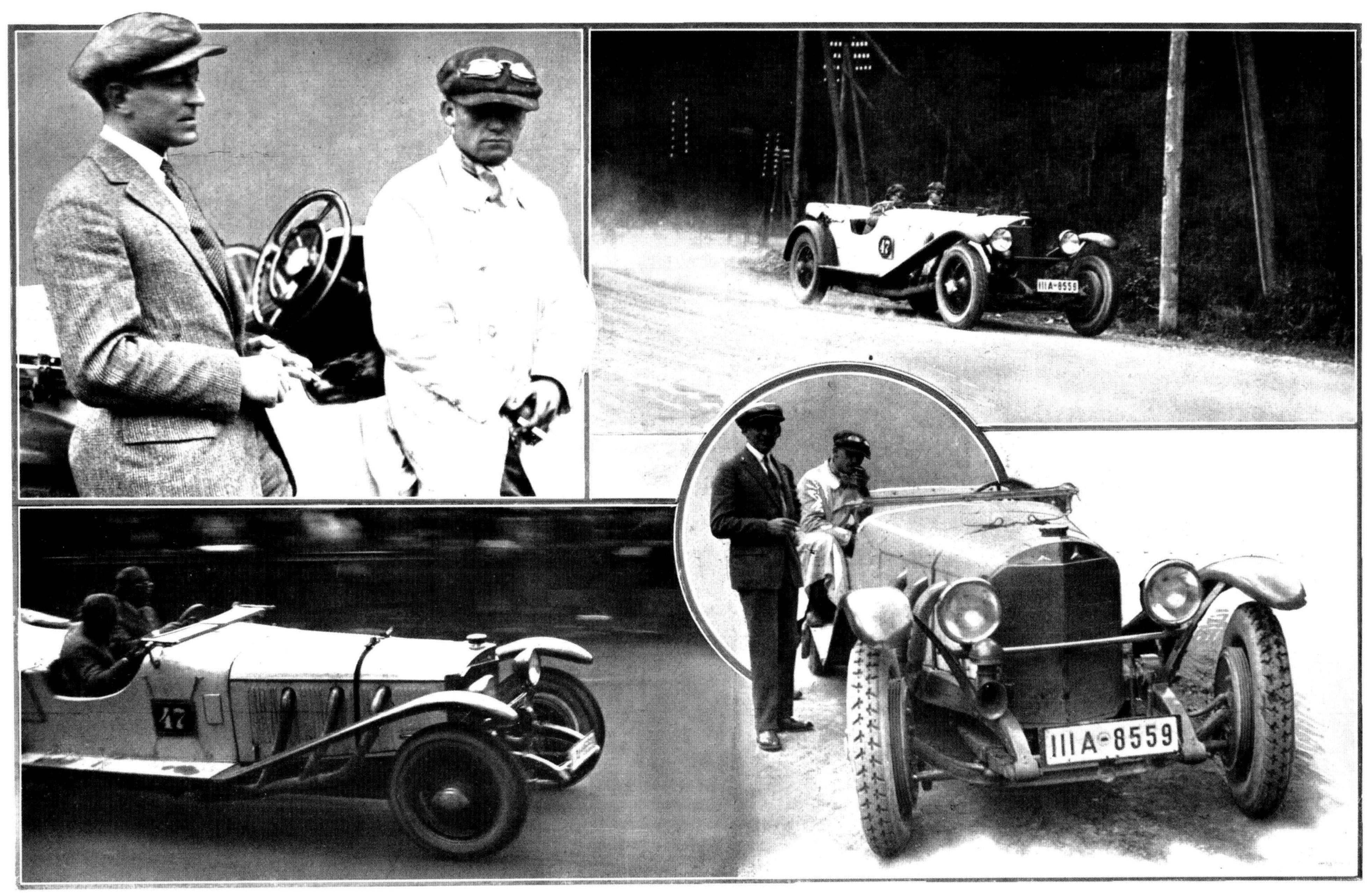

Mit Rosenberger beim Semmering-Bergrennen 1927: Anspannung vor dem Start. Sie fahren Bestzeit mit ihrem „S“ und stellen einen neuen Streckenrekord auf, obwohl es kurz zuvor kurz geregnet hatte. Wilhelm zieht seinen Regenmantel vor dem Rennen aus und begleitet Rosenberger wie immer in Anzug und Krawatte.

GIPFELSTÜRMER*IN

Kundenbetreuung gehört ebenfalls zu Wilhelms Aufgaben. Und diese Kundin hat es in sich: Ernes Merck, die sich von der Rennsportbegeisterung ihres Mannes hat anstecken lassen und seither den „Herrenfahrern" das Fürchten lehrt. Ihr Mann Wilhelm Merck, ein Pharmaunternehmer aus Darmstadt, ist einer der ersten Käufer der neuen MERCEDES-BENZ „S". Ehepaar Merck möchte beim Klausen-Rennen in der Schweiz gegeneinander antreten. Frau Merck bekommt dazu Wilhelm als Beifahrer gestellt. Sie fährt mit ihm das Rennen ihres Lebens. Auf der anspruchsvollen Bergstrecke ist sie eineinhalb Minuten schneller als ihr Mann und kommt in der Tourenwagenklasse auf den zweiten Platz hinter Profifahrer Caracciola. Eine echte Überraschung, die ihr nicht nur den „Damenpreis" einbringt, sondern auch jede Menge Popularität. In der Rennwagen-Klasse startet Rosenberger und erzielt einen neuen Streckenrekord. Der Clou dabei ist, dass er mit einem MERCEDES von 1914 fährt, der seinerzeit schon den französischen Grand Prix gewonnen hatte. Rosenberger ist immer noch ein hervorragender Rennfahrer, aber er hat sich verändert. Im vergangenen Jahr hatte er auf der AVUS einen schrecklichen Unfall, bei dem drei junge Streckenposten ums Leben kamen. Eine Tragödie, die er seither mit sich herumträgt. Noch ein weiterer Schicksalsschlag trifft das MERCEDES-BENZ-Lager. Nur wenige Monate nach ihrem Klausen-Erfolg nimmt sich die junge Mutter Merck das Leben.

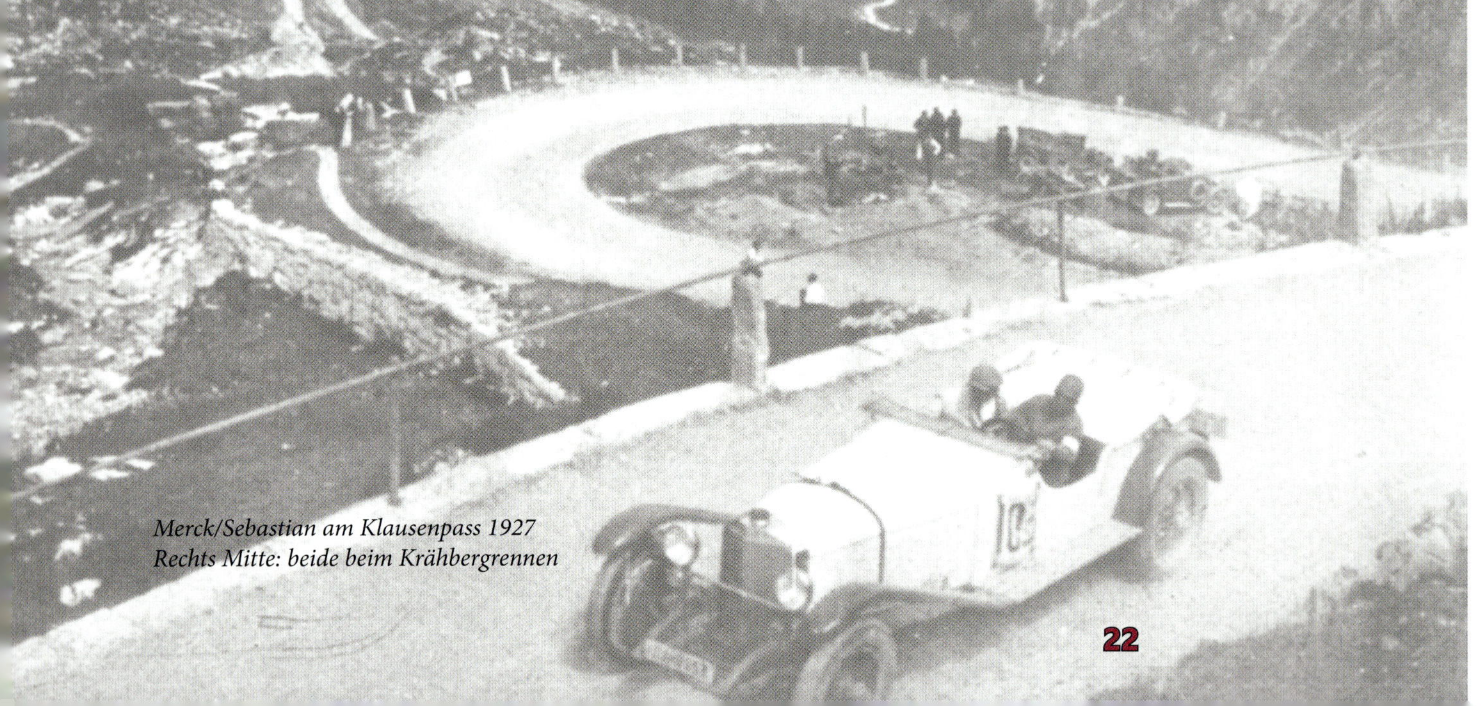

Merck/Sebastian am Klausenpass 1927
Rechts Mitte: beide beim Krähbergrennen

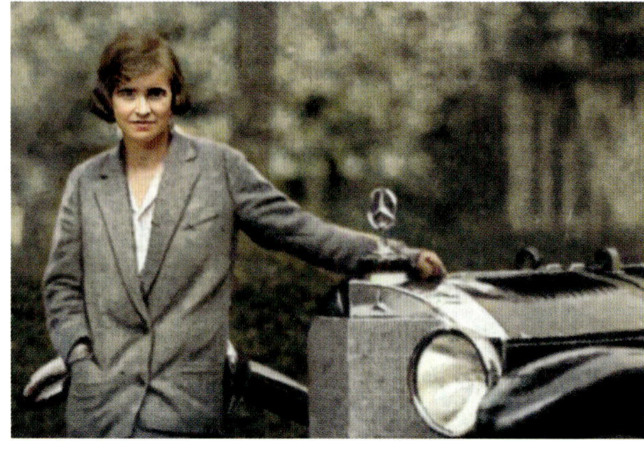

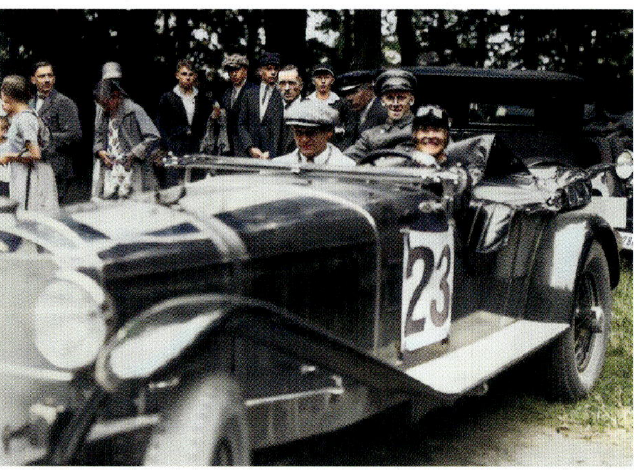

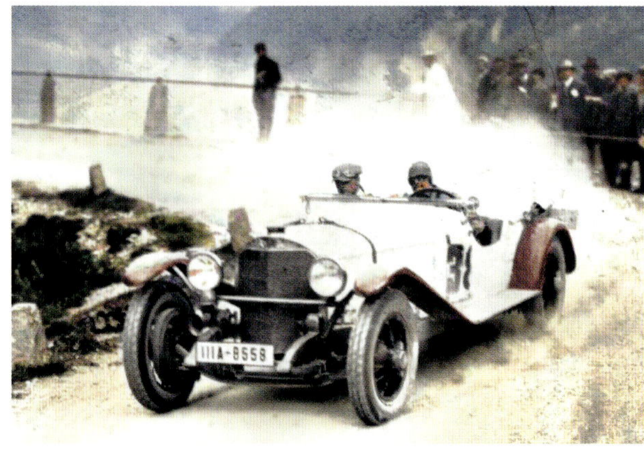

HITZESCHLACHT

Unterm Strich können all die werbewirksamen Rennerfolge in diesem Jahr wieder nicht dazu beitragen, die Absatzzahlen bei DAIMLER-BENZ zu verbessern. Auch der neue „S“-Sportwagen lässt sich nur schwierig verkaufen. Porsches Antwort ist ein noch stärkerer Motor mit noch mehr Hubraum. Es entsteht der „Super-Sport“ (SS), für den es 1928 nur einen größeren Werksauftritt beim Großen Preis von Deutschland gibt. Walb unternimmt mit Wilhelm ausgiebige Tests auf dem Ring, um die Wagen optimal einzustellen. Insgesamt kommen einige Tausend Kilometer für Testfahrten zusammen. Das Rennen ist perfekt vorbereitet, aber eine Hitzewelle durchkreuzt all ihre Planungen. Und was dann passiert, kann keiner so gut beschreiben wie Walb:

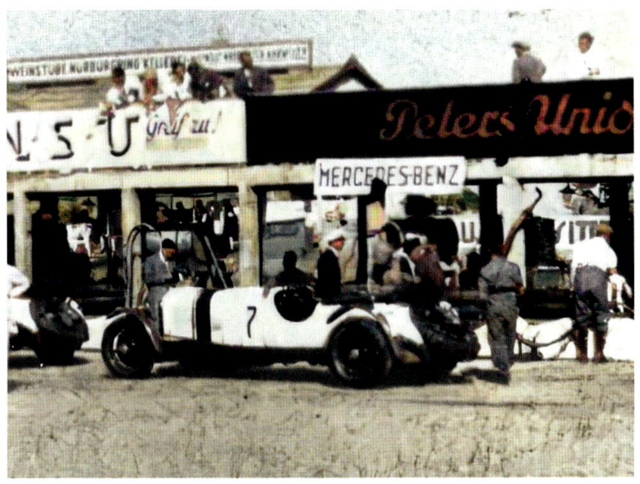

Walbs und Wilhelms „7“ vor der Box
Oben rechts: letzte Vorbereitungen mit Sebastian-Tanzeinlage

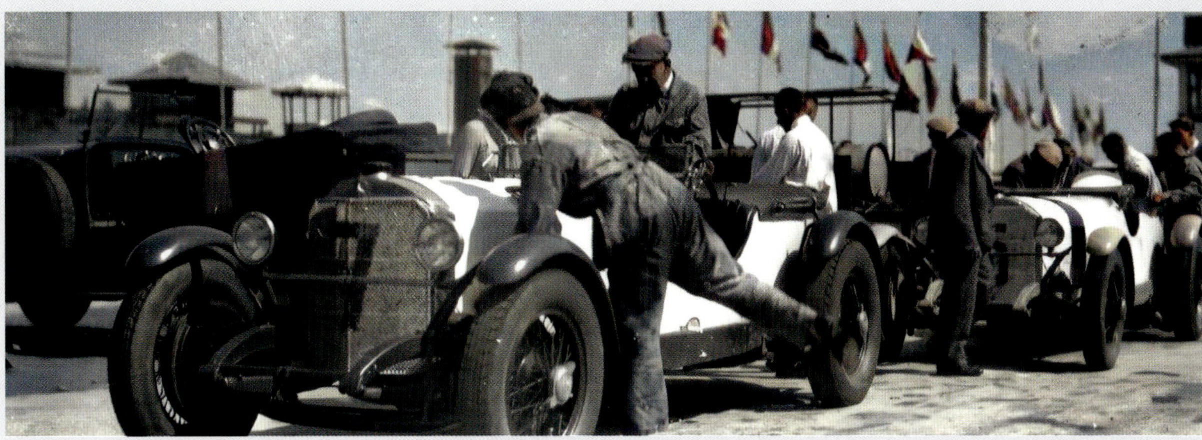

Wenn Willy Walb in Stuttgart am Tisch sitzt und über die Erinnerungen an das Rennen spricht, bestellt er nur in dem Gedanken an den Tag sofort einen halben Liter. „Prost meine Herren! Nie wieder sag ich Ihnen!“ Und dann kommt er ins Erzählen: „Ich hatte die Sonne ein paarmal schief angeguckt und wusste Bescheid. Ich dachte mir, heut´ wirst du gekocht und gebraten. Der Motor wirft auch noch eine ganz anständige Hitze ab. Rund 50 Grad könnens werden. Also kam ich auf die Idee, mich von oben bis unten einzupudern. Dann nahm ich eine Thermoskanne voll Tee, in dem ich Erfrischungspastillen aufgelöst hatte, mit in den Wagen. Die Thermoskanne hatte eine sinnreiche Konstruktion: Ein Schlauch führte in meinen Mund und in einen anderen Schlauch sollte mein Mitfahrer hineinblasen. So konnte ich auch im 200 Kilometer Tempo meinen Durst stillen. Wenn ich gewusst hätte, wie alles kam, hätte ich mir dieses Patent erst gar nicht zusammengebastelt.

Sebastian, mein Mitfahrer, er gilt schon seit Jahren als der „schnellste“ Mitfahrer der Welt, trudelte also mit mir zum Start. Im Depot sind unsere Leute schon vom Rennfieber gepackt. Frau Caracciola und Herr Neubauer, unser Organisator, sind gerade uneinig darüber, ob ein Rennen bei solcher Hitze konzessionierter Wahnsinn ist oder nicht. Bloß weg da! Ich bin kein Freund von Aufregungen. Na, endlich ist alles so weit und wir steigen in unseren Wagen. Neubauer zwinkert mir mit den Augen noch mal Mut zu, ungefähr so, als ob er sagen wollte: „Mensch, du hast alle Chancen!“ Aber ich glaube, das macht er mit Werner und Caracciola genauso. Da wird auch schon das Startsignal gegeben. Ich lege vom Fleck weg ein anständiges Tempo vor. Sebastian schreit mir ins Ohr: „Kimpel!“ Richtig: in dem Wagen vor uns sitzt Kimpel, der Herrenfahrer der I.G. Farbenwerke (BASF), der seinerzeit bei dem Oppauer Explosionsunglück drei Gasbehälter unter höchster Lebensgefahr schloss.

Der Mann geht auch jetzt wie der Teufel ran. Sein Kompressor heult wie eine Sirene. Ich denke: du musst den Kimpel doch kriegen! Anderthalb Runden liegt er jetzt schon ganz knapp vor mir. Er lässt mich nicht vorbei, obschon er um einige Bruchteile von Sekunden langsamer ist als ich. Außerdem fährt er irgendeinen alkoholartigen Brennstoff, der wie die Pest riecht. Trotz unserer ständigen Signale und des Winkens von Sebastian setzt er sich auf die Hinterbeine. Da packt mich die Wut. Als wir in der Wehrseifen-Kurve – auf der Abfahrt nach Adenau – sind, denke ich: Jetzt oder nie! Ich nehme das Tempo bis auf 100, aber auch keinen Kilometer weniger, herab. Dann wage ich den Vorstoß. Es ist wie ein Duell. Über eine Brücke hinüber fege ich neben Kimpel in die S-Kurve hinein. Wir liegen jetzt hart nebeneinander. Sebastian muss sich seinen Teil denken. Mir selbst kommt ein unbehagliches Gefühl, aber ich muss jetzt durch. Da beginnt mein Wagen auf dem glatten Teer zu rutschen. Ich weiß sofort: Jetzt ist´s aus. Es gibt nur noch eins: Ducken! Und die Arme mit aller Kraft gegen das Steuerrad gestemmt! Um Gottes Willen, Brust freihalten! Da dreht sich unser Wagen auch schon. Macht einen Satz und schießt mit dem hinteren Teil zuerst aus der Kurve. Die Konzentration siegt über den Schreck. Ich habe keine Zeit, mir die Chancen auszurechnen, ob wir in zwei Sekunden Brei sind, oder nicht. Ducken, ducken! Einen Augenblick glaube ich zu sehen, dass Sebastian die Mütze vom Kopf gerissen wird. Dann fühle ich einen gewaltigen Stoß. Jetzt ist der Wagen mit 100 Stundenkilometern irgendwo gegengekracht. Als ich mich umsah, dauerte es einen Augenblick, bis ich mich wieder orientiert hatte. Ich tastete mich von oben bis unten ab.

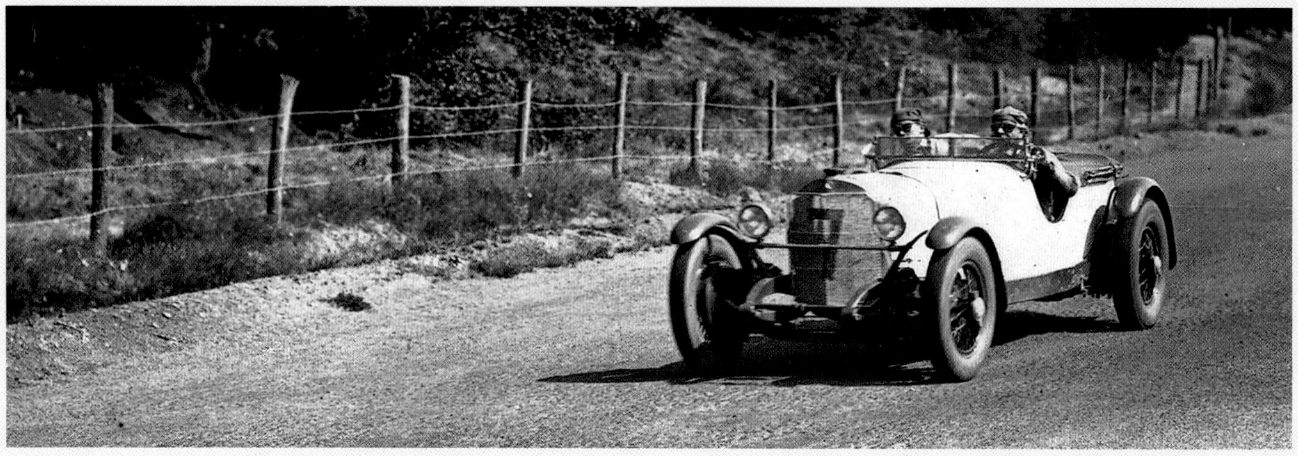

Gott sei Dank, die Knochen schienen in Ordnung. Dann sah ich Sebastian an. Er zuckte die Achseln. Das hieß so viel wie: „Alles heil, aber das Rennen ist für uns beide verloren!“. Der Wagen sah nicht gerade freundlich aus. Während unsere Hintermänner an uns vorbeiheulten, steigen wir aus und besahen uns den Schaden. Der Wagen hing im Zaun. Es war ein Jammer. Als ich an dem Wagen rüttle, merke ich, dass ich ganz geschwollene Hand- und Armgelenke habe. Von dem Druck, mit dem ich mir das Steuerrad vom Leib hielt. In einiger Entfernung grüßte uns die Menge mit lebhaften Bewegungen, als ob wir von den Toten auferstanden wären. Sebastian brachte kaum einen Ton hervor. Und ich sagte auch nur kurz: „Ich gehe zum Depot“. Während Sebastian bei unserem Wagen blieb, trottete ich in Richtung der Tribünen bergan. Jedes Mal, wenn ich einen Kompressor vorbeiheulen hörte, jedes Mal, wenn einer der Kameraden vorbeidonnerte, hätte ich weinen können.

Die Blicke der Zuschauer, die am Straßenrand standen, lasteten wie ein physischer Druck auf mir. Doppelt fühlte ich die unerträgliche Hitze. Als ich beim Depot ankam, sah man mich an, als ob ich aus einer anderen Welt käme. „Walb, Mensch, Sie leben!“ Es lief schon das Gerücht um, dass Sebastian und ich das Genick gebrochen hätten. Nachdem man zur Kenntnis genommen hatte, dass ich noch lebe, kümmerte man sich nicht mehr um mich. Man hatte auch anderes zu tun. Den Blicken der Werksdirektion zu begegnen, hatte ich kein sonderliches Interesse. So trank ich still im Hintergrunde einen Cognac und versuchte, mit der Wut über mein Missgeschick fertig zu werden. Wenn ich das Rennen noch weiter hätte fahren können – ich hätte die Hälfte meines Lebens dafür gegeben. Na schön, sagen wir ein Drittel. Aber das bestimmt! Als ich noch sitze und auf dem Rand meines Cognac-Glases Trübsal blase, bremst plötzlich Caracciola vor unserem Depot.

Zu einem Zeitpunkt, der gar nicht vorgesehen ist. Was ist los?! Große Aufregung- Caracciola will nicht mehr fahren! Die mörderische Hitze hat ihn mürbe gemacht. Seine Beine stecken unter der Motorhaube in etwa 60 Grad Celsius. Das hält kein Krokodil aus! Neubauer spricht mit Caracciola. Er redet auf ihn ein wie auf ein müdes Kind. Da lässt sich Caracciola erweichen. Der Wagen donnert davon. Aber da kommt auch schon der zweite Schlag. Werner, der auf dem anderen Wagen sitzt, den wir noch im Rennen haben, stoppt ebenfalls am Depot. Auch er stöhnt nur ein Wort: „Hitze!!" Auch er will aufgeben. Neubauer überlegt keine Sekunde. Es steht alles auf dem Spiel. Er bittet den Arzt, der im Depot ist, Werner mit Eis abzuwaschen. Dann gibt er das Kommando: „Walb raus". Wie der Blitz springe ich auf. Ein Glück, dass ich mich noch nicht umgezogen habe. Die Brille vor den Augen und rein in den Wagen! Ich fühle nichts mehr von Glut und stechender Sonne. Ich weiß nur: Ich kann wieder mitfahren, ich bin wieder dabei! In dem Augenblick, da wir abfahren, bekommt Werner die erste Eiswaschung. Da die Karosserie nicht nach meinen, sondern Werners Maßen gebaut ist, bin ich etwas beengt in dem Wagen. Aber was macht mir das schon aus?! Ich fahre, was das Zeug halten will. Weiß der Himmel, die Hitze ist noch unerträglicher geworden! Ich muss an meine schöne Thermosflasche denken, die in unserem gestürzten Wagen an der Wehrseifen Kurve liegt. Alter Aberglaube: Man soll Vorbereitungen nicht übertreiben! Als wir an dem Unglückswagen vorbeisausen, erkenne ich mit einem Seitenblick, dass Sebastian immer noch treu und brav neben dem Wrack steht. Sebastian hat mir nach dem Rennen erzählt, dass ihm in dem Augenblick, da ich plötzlich an ihm vorbeifuhr, Tränen in die Augen traten:

„Wie ist das möglich! Walb ohne mich!" Dann ließ er einfach die Wagenruine im Stich, nahm die Beine unter den Arm und lief, so schnell er bei dem wüsten Sonnenbrand konnte, zum Depot. Als ich zum Tanken und Reifenwechseln in der 14. Runde beim Depot halte, falle ich aus allen Wolken: Steht da wahrhaftig Sebastian und steigt zu mir in den Wagen. Viel Zeit zum Fragen habe ich nicht: Das Wechseln der Reifen und das Tanken von 120 Litern dauert nicht länger als 1,45 Minuten. Immerhin erfahre ich in aller Hast, dass sich inzwischen manches ereignet hat. Caracciola ist noch ein paar Runden gefahren, hat aber dann endgültig aufgegeben. Die Hitze hat seine Widerstandskraft buchstäblich zerkocht. Werner war durch die Eiswaschung wieder munter geworden und saß längst auf Caracciolas Wagen. Das Publikum, das jetzt auch anstelle von Caracciola einen anderen Fahrer sah, war vollends „durchhin".

Mit Sebastian bin ich dann nach dem Reifenwechsel wieder gestartet. Wir fuhren, als ob der Teufel uns von hinten an den Schultern packen wollte. Steinschlag zerschlug mir das Brillenglas. Macht nichts, weiter! Es war wie eine wilde Jagd. Werner ging als erster, mein Wagen als dritter durch Ziel. Man sieht, dass man auch nach einem Sturz nicht verzweifeln soll. Mich hat die Sache etwas Nervenkraft und acht Pfund gekostet. Die habe ich während des Rennens verloren. Aber es war den Einsatz wert, meine Herren!"

Während Walbs Ausfall ereignen sich zwei schreckliche Unfälle auf der Strecke. Der BUGATTI-Fahrer Vincenz Junek verunglückt tödlich. Ernst von Halle, der sich mit einem AMILCAR überschlägt, erliegt ein Tag später seinen Verletzungen.

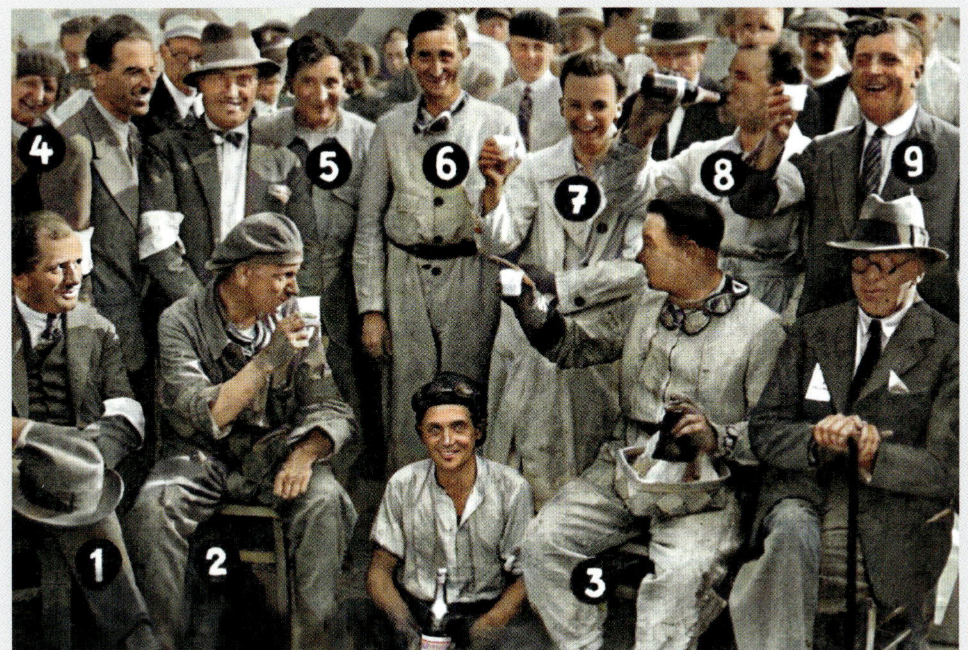

Improvisierte Feier nach dem Rennen.Caracciola hat sich von seinem Hitzschlag erholt. Mit dabei ist seine Frau Charlotte „Charly" und die BUGATTI Piloten Minoia und Brilli-Peri.
Dr. Porsche (1), Walb (2), Brilli-Peri (3), „Charly" (4), Minoia (5), Werner (6), „Küken" Caracciola (7), Merz (8), Neubauer (9).

DER RHEIN-MEISTER

Aus Ludwig ist ein richtig guter Mechaniker geworden, der seine Arbeit sehr ernst nimmt. Seine ganze Freizeit verbringt er immer noch bei seinem Fußballverein. Als linker Verteidiger des SV-Waldhof wird er 1927/28 sogar „Meister vom Rhein". Bei DAIMLER-BENZ gibt es weniger Grund zum Jubeln. Der Absatz lässt zu wünschen übrig und im Vorstand ist man nicht mehr gut auf den technischen Direktor Porsche zu sprechen. Vor allem kümmere er sich zu wenig um die Serie. Ein Vorwurf, weswegen sich schon sein letzter Arbeitgeber AUSTRO-DAIMLER von ihm trennte. Vor allem mangelhafte, verlustbringende Modelle werden ihm vorgeworfen. Es gibt eine Geschichte, wonach das aktuelle 8/38-Modell Startprobleme bei Kälte hat. Als Porsche das bestreitet, wird er im Winter 1928 von Generaldirektor Kissel auf den Fabrikhof einbestellt, um mindestens einen von fünfzehn neuen 8/38 Wagen zu starten. Als ihm das nicht gelingt, wirft Porsche seinen Hut in den Schnee und geht. Wenig später wird er tatsächlich gegangen.

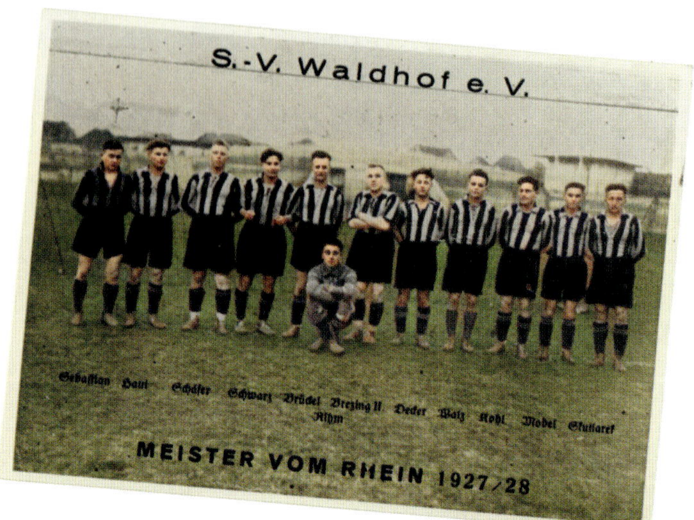

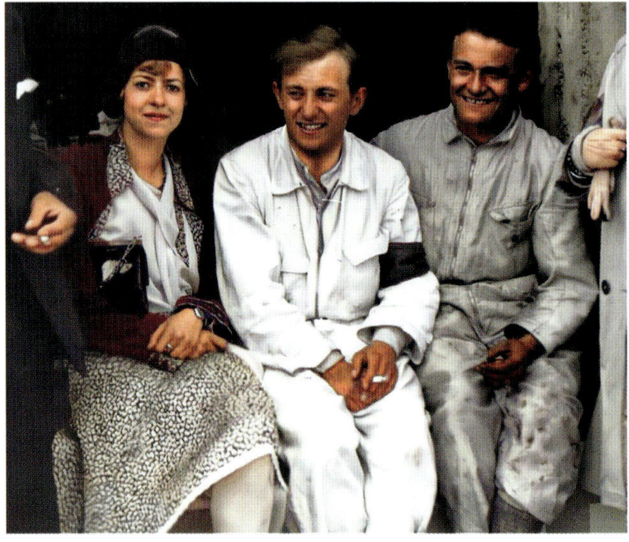

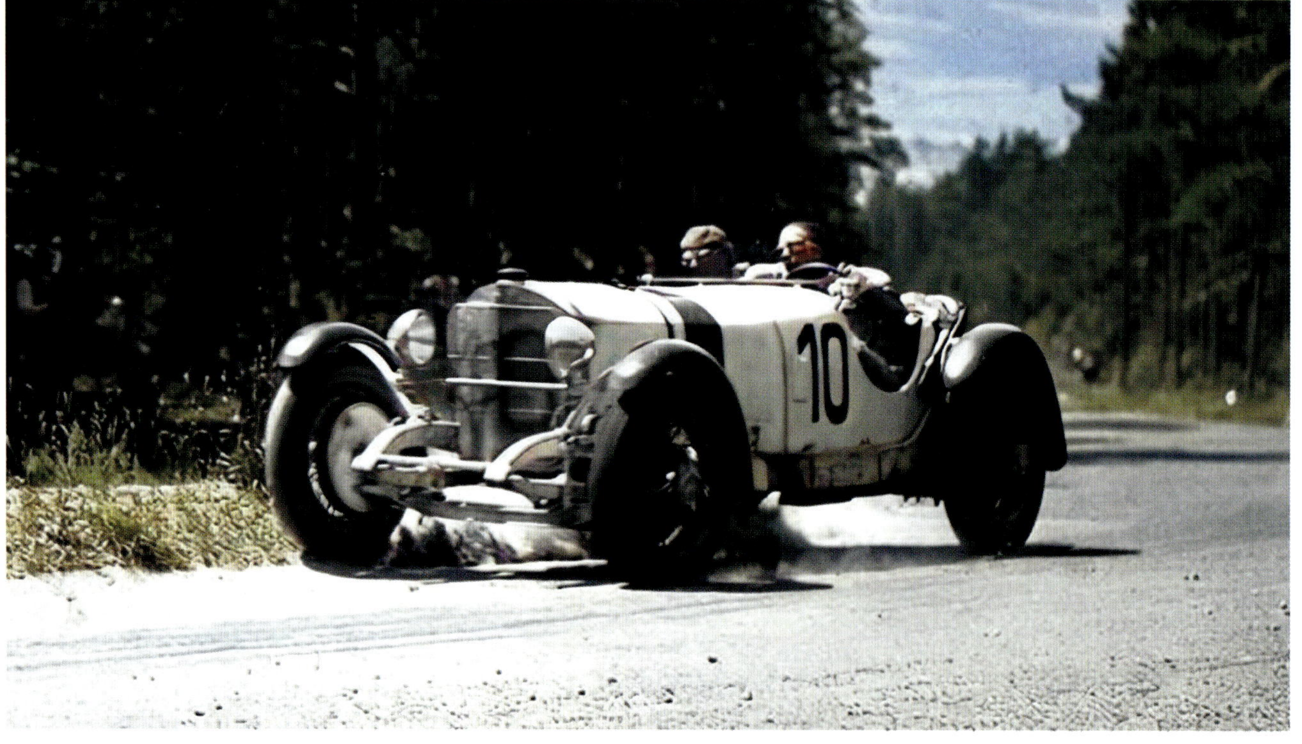

Mit dem Ehepaar Momberger im Training
Rechts: unterwegs mit Arco-Zinneberg beim Großen Preis der Nationen 1929. Mit ihm gewinnt Wilhelm auch beim Schwabenberg Rennen in Ungarn. Oben rechts: Ludwig als Rhein-Meister (ganz links). Er kommt als Reservespieler häufig zum Einsatz.

DER NACHWUCHSFAHRER

Das Jahr 1929 gehört den Privatfahrern, die von der Rennabteilung unterstützt werden. Der einzige größere Werkseinsatz ist auf dem Nürburgring beim „Großen Preis der Nationen". Wilhelm ist Beifahrer von August Momberger auf einem „SSK", einer verkürzten Version der weißen Elefanten. Seine Rolle beschreibt Wilhelm so: *„Beifahrer sein heißt, ebensoviel Verantwortung haben wie der Fahrer selbst. Besonders bei langen Strecken. Aufpassen, was sich hinter uns tut. Ob jemand ans Überholen denkt oder aus der Versenkung auftaucht. Mit einem Ohr zum Motor hinhören, ob alles klappt und er vorschriftsmäßig summt. Mit dem anderen auf Anrufe und Fragen des Fahrers achten, den man bei guter Laune halten muss."* Während des Rennens übergibt Momberger an Graf Arco-Zinneberg, der mit Wilhelm den Klassensieg holt. Insgesamt werden sie aber nur Dritter. Gegen die leichten und wendigen Werks-BUGATTI ist nichts auszurichten. Für Wilhelm ist die Saison damit aber noch nicht zu Ende. Er bekommt die Chance, sein Können als Nachwuchsfahrer zu beweisen. Mit einem Kundenwagen vom Typ „Mannheim" darf er bei der „Langstreckenfahrt für Tourenwagen" auf dem Nürburgring teilnehmen. Sein Rennfahrerdebut wird mit einer großen goldenen Medaille belohnt und er steht stolz neben Caracciola, Merz und Werner in den Siegerlisten. Damit empfiehlt er sich für weitere kleine Rennen bei MERCEDES-BENZ. Und Wilhelm traut sich noch mehr. Im Februar 1930 heiratet er in Mannheim seine langjährige Freundin Emma Schuhmacher.

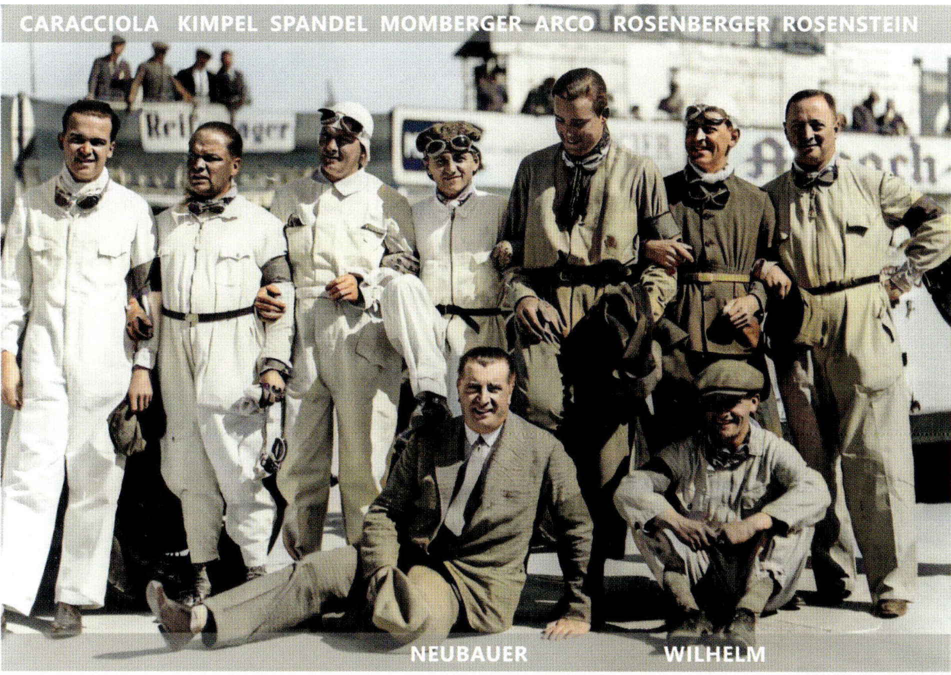

Gute Stimmung vor dem Großen Preis der Nationen 1929.

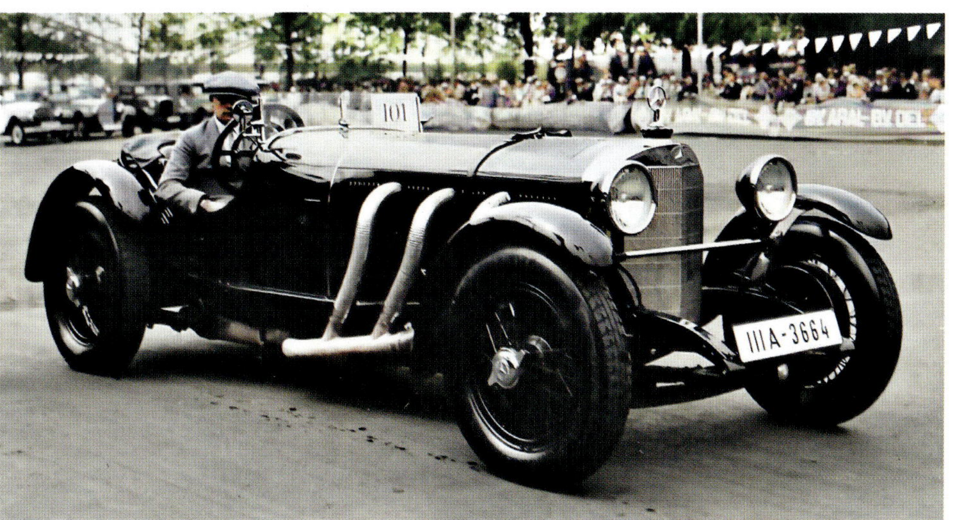

Mit einem SSK bei der Schönheitskonkurrenz in Düsseldorf. Wohlgemerkt, dabei wird die Schönheit der Wagen bewertet, nicht die der Insassen.

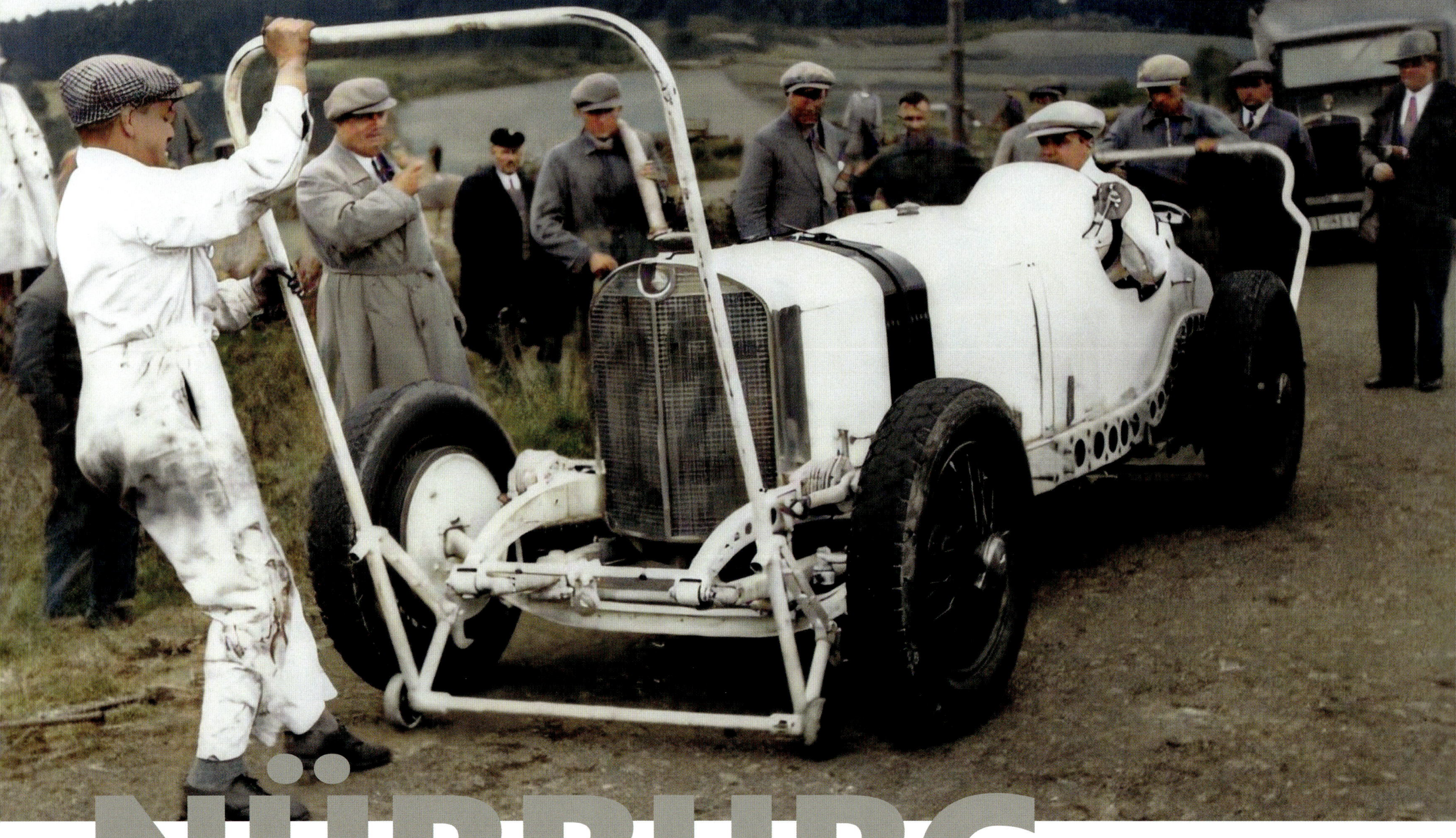

NÜRBURG 1931

Abgehoben: Wilhelm mit Caracciola beim Boxenstopp-Training

IN DER KRISE LIEGT DIE KRAFT

Deutschland hatte nach dem Krieg einige Krisen zu bewältigen, aber diese übertrifft alle anderen. Die ganze Zeit über hatten amerikanische Kredite beim Aufbau Deutschlands geholfen, aber durch den Börsencrash 1929 kommen die Banken in den USA selbst in Schwierigkeiten und sie ziehen ihr Geld zurück. In Deutschland bricht die Wirtschaft zusammen und Millionen werden arbeitslos. Bei DAIMLER-BENZ muss fast ein Drittel der Belegschaft entlassen werden, darunter auch Ludwig. Selbst als guter Mechaniker findet er erst keine neue Stelle. Wilhelm hingegen hat großes Glück, dass sich DAIMLER-BENZ weiter bei Rennen engagieren möchte. Auch für die Saison 1931 wird eine Lösung gefunden. Da eine Neuentwicklung unbezahlbar ist, bekommt die veraltete Porsche-Konstruktion eine Mannheimer Diät verpasst. Wie seinerzeit beim BENZ-Tropfenwagen lässt der technische Direktor Nibel dünnes Blech verwenden und alles Mögliche durchlöchern, um Gewicht zu sparen. Mit einer zusätzlichen Leistungssteigerung sind die behäbigen Elefanten damit wieder einigermaßen siegfähig. Ein Werks-Einsatz wird aber immer fraglicher, da Ende 1930 das Rennbudget massiv zusammengestrichen wird. Nummer-eins-Fahrer Caracciola muss seinen Rennwagen erwerben und für die Startgelder aufkommen. Dafür erhält er alle Siegprämien und bekommt ein Mini-Werksteam zur Seite gestellt mit Dirigent Neubauer, Beifahrer Wilhelm und seinem Mechanikerfreund „Fridolin" Zimmer. Wilhelm wird seine Frau bald nicht mehr so häufig sehen, denn der Rennkalender ist dicht gepackt mit Terminen auf allen möglichen Berg- und Grand Prix-Strecken. Ihn erwartet ein Abenteuer im rastlosen internationalen Renngeschäft, ständig unterwegs, gehetzt von Rennen zu Rennen in ganz Europa. Der neue alte Wagen wird gleich zu Beginn auf die Probe gestellt bei der italienischen Mille Miglia, dem härtesten Wettkampf der ganzen Saison. Es wird zu einem grandiosen Erfolg für die beiden, mit dem niemand gerechnet hat.

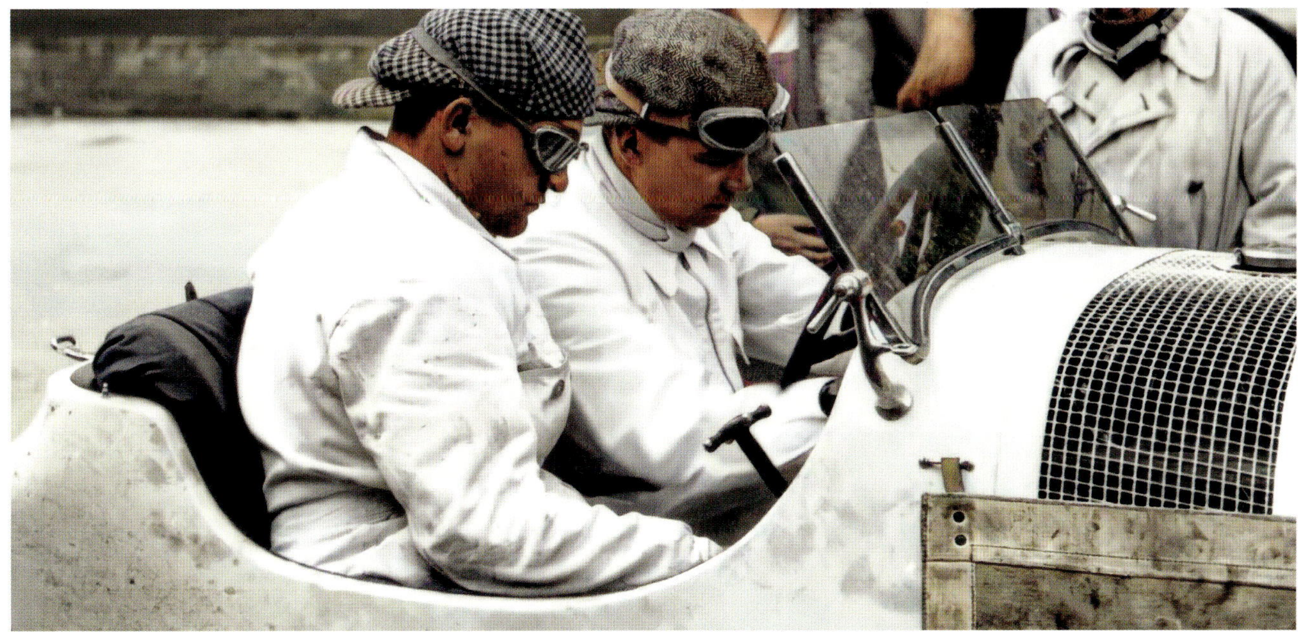

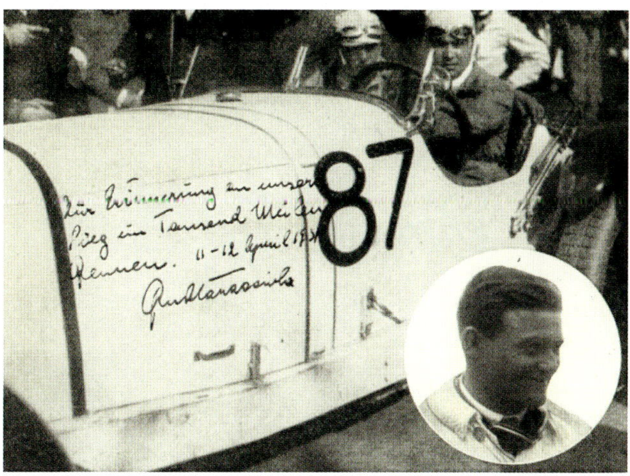

Training mit Caracciola. Rechts: „Zur Erinnerung an unseren Sieg im Tausend Meilen Rennen 11-12 April 1931 Rudolf Caracciola".

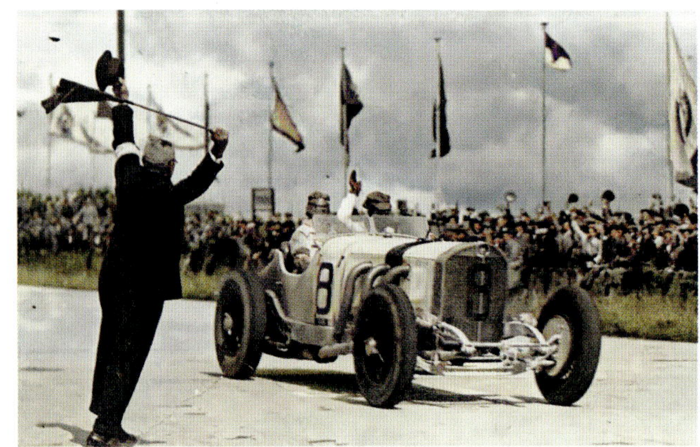

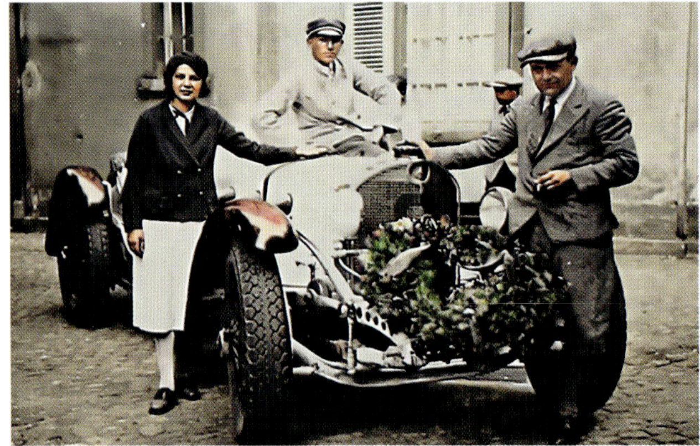

Szenen aus dem Großen Preis von Deutschland. Unten mit Emma.

EUROPATOURNEE

Viel Zeit bleibt nicht, um den Mille Miglia-Sieg zu feiern. Es geht direkt weiter zum Großen Preis von Monaco, der am darauffolgenden Wochenende stattfindet. Der Sportwagen verwandelt sich in einen Rennwagen, indem die Scheinwerfer und Kotflügel abmontiert werden, fertig. Das verhältnismäßig langsame Rennen an der Côte d'Azur liegt dem Wagen überhaupt nicht und Caracciola muss in der Mitte des Rennens mit technischem Defekt aufgeben. Dafür beginnt mit den Bergrennen in Spanien und der Tschechoslowakei eine regelrechte Siegesserie. Auch das Eifelrennen gewinnt Caracciola nach einem aufregenden Duell mit dem BUGATTI-Piloten von Morgen. Keine Pause, im Wochentakt folgen das Kesselbergrennen und der Grand Prix in Frankeich. Da er zur Europameisterschaft zählt, bekommen sie es mit den internationalen Top-Rennteams zu tun. Schnell wird klar, dass mit dem abgespeckten Elefanten kaum etwas auszurichten ist. Diese Erfahrung machen sie einen Monat vor der wichtigsten deutschen Rennveranstaltung, dem Großen Preis von Deutschland. Er ist zum ersten Mal für Rennwagen ausgeschrieben und lockt ein solches Aufgebot von Star-Fahrer an, wie es der Ring bis dahin noch nicht erlebt hat. Auf ihrer „Hausstrecke" möchte sich MERCEDES-BENZ nicht blamieren. Das Training beginnt daher schon zwei Wochen vor dem Rennen. Vier weitere MERCEDES-BENZ sind am Start mit Stuck, Merz, Brauchitsch und Spandel und es ist noch einiges zu tun, um im internationalen Grand Prix-Geschäft mithalten zu können.

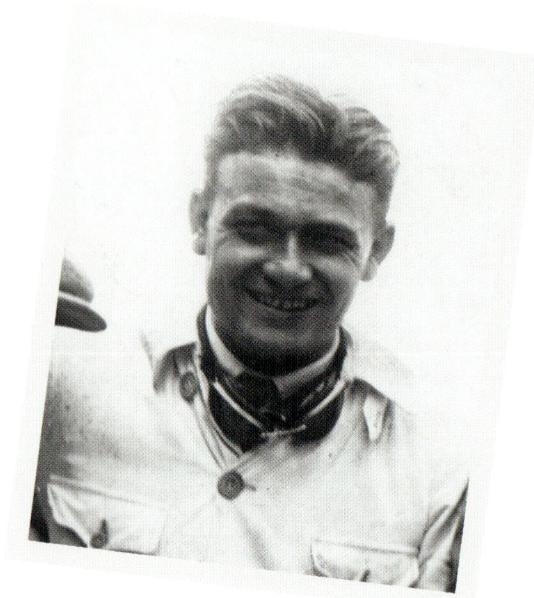

Selbst vernünftige Wagenheber fehlen, die Wilhelm und Walb kurzerhand zusammenbasteln. Die Boxenstopps werden trainiert. Caracciola geht die Tests ruhig an, er kennt die Strecke in- und auswendig. Für ihn ist das Setup entscheidend. Wilhelm dreht mit dem Wagen einige Runden, um seine Einstellungen zu testen. Auf der Suche nach Sekunden kommt ihm die Idee, ob man nicht im „Karussell" über den unbefestigten Graben auf der Kurven-Innenseite fahren könnte. Also wird gemessen, ob es genug Bodenfreiheit für ein solches Manöver gibt. Eine Testfahrt bestätigt Wilhelm. Caracciola ist schnell überzeugt und freut sich über ein bisschen Vorteil.

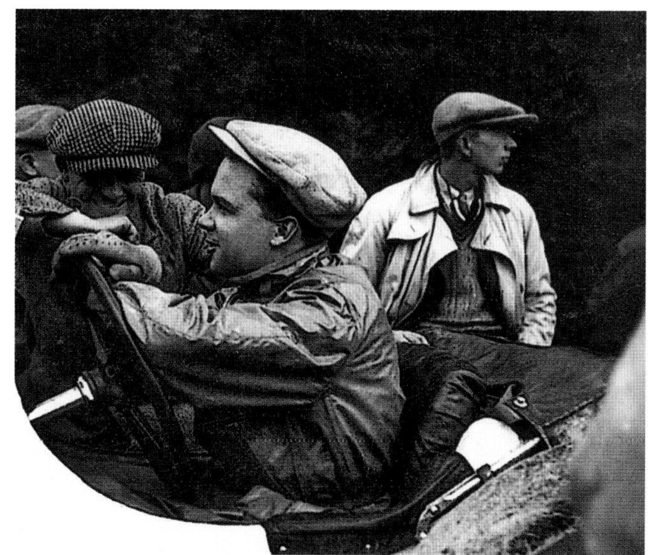

Wilhelm und Caracciola im Gespräch, dahinter „Fridolin". Beide Fotos vom Tatra-Bergrennen in Polen

Beinahe hätte der Veranstalter das Rennen aus wirtschaftlichen Gründen kurzfristig abgesagt. Aber dann kommen über hunderttausend Zuschauer, trotz Krise, trotz Geldnot und trotz des schlechten Wetters. In der Startaufstellung sitzen alle im Regen. Die Motoren werden angeworfen, ein brutaler Lärm und Gestank setzt ein, bis sich die Flagge senkt und ein Rudel von roten, blauen, weißen, grauen und grünen Rennwagen drauflosfährt. Caracciola kämpft sich an die Spitze, wird aber von zwei MASERATI überholt. Das Spitzenfeld bleibt dicht beisammen und Caracciola kann sich die Führung zurückholen. Der Regen liegt ihm, keiner spult die rutschigen Kurven so präzise ab wie er. Der Jubel ist riesig, als Caracciola mit Wilhelm nach der ersten Runde in Führung liegend an den Tribünen vorbeifährt.

Sie werden von den besten Fahrern Europas gejagt, darunter Nuvolari, Varzi, Fagioli und Chiron. Aber so sehr sich Wilhelm auch umdreht, es ist kein Verfolger mehr zu sehen. Caracciola nutzt seinen Heimvorteil voll aus. Da er nicht weiß, ob die anderen auch Reifen wechseln müssen, versucht er, soviel Vorsprung wie möglich herauszufahren. Wie geplant, setzt in der Mitte des Rennens die einstudierte Boxen-Choreografie ein. Als sie wieder auf die Strecke kommen, ist von ihren Konkurrenten immer noch nichts zu sehen. Der Regen lässt nach, und die Box signalisiert, dass sie an Vorsprung verlieren. Aber Caracciola behält die Nerven und fährt das Rennen sicher nach Hause. Die Sensation ist perfekt und die Presse überschlägt sich förmlich. Dem Rennkalender ist das alles egal. Im Wochentakt folgen das Freiburger Bergrennen und ein berauschender Sieg beim AVUS-Rennen in Berlin. Auch die Bergrennen in Polen, Frankreich und Ungarn kann Caracciola für sich entscheiden und holt sich damit die Europa-Bergmeister-Meisterschaft. In Deutschland ist er endgültig zum Sport-Idol geworden. Einer, der mitten in den allerschlechtesten Zeiten alles gewinnen kann. Der Saisonabschluss soll auf dem tschechoslowakischen Masaryk-Rundkurs bei Brünn gefeiert werden. Mitten im Rennen erwischt Caracciola in voller Fahrt einen Markierungsstein, kommt ins Schleudern und fährt an einen Baum. Wie durch ein Wunder wird niemand ernsthaft verletzt, aber der demolierte Wagen erinnert daran, dass der Sommertraum beinahe in einer Katastrophe geendet wäre.

SAISON 1931

22.2. GP Schweden
12.4. Mille Miglia Italien (1.)
19.4. GP Monaco
17.5. Rabassada Spanien (1.)
31.5. Zbraslav Tschechoslowakei (1.)
07.6. Eifelrennen (1.)
14.6. Kesselberg (1.)
21.6. GP Frankreich ACF
19.7. GP Deutschland (1.)
26.7. Freiburg (1.)
02.8. AVUS (1.)
16.8. Tatra Polen (1.)
30.8. Mont Ventoux Frankreich (1.)
20.9. Dreihotter Ungarn (1.)
27.9. Brünn Tschechoslowakei

... alles mit demselben Wagen

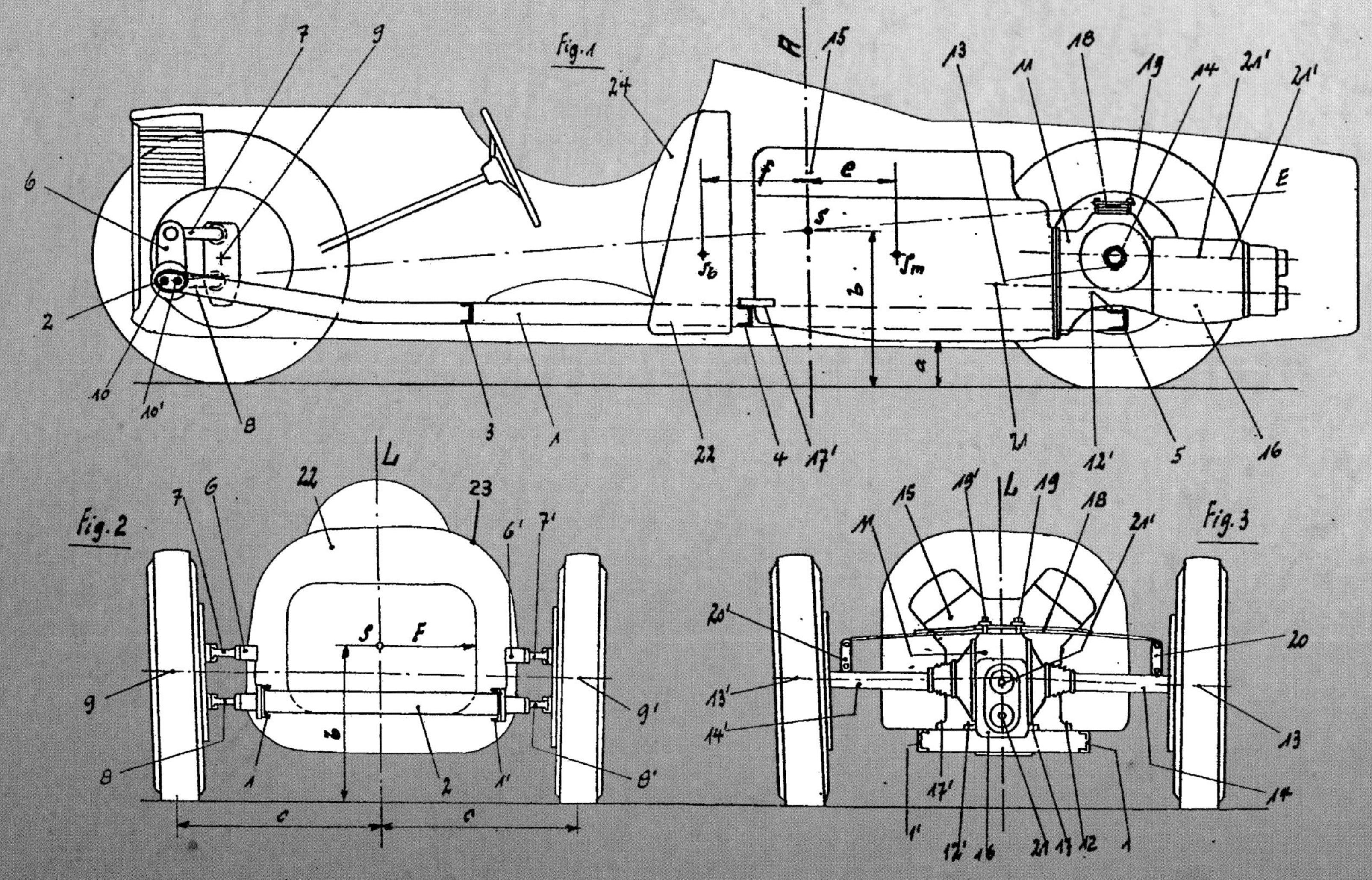

PFORZHEIM 1932

Tropfenwagen 2.0: Zeichnung aus Porsches Patent „Fahrgestell für Rennwagen“

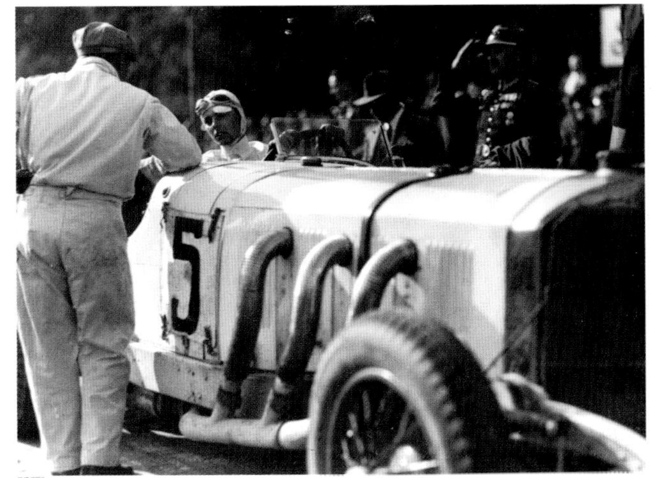
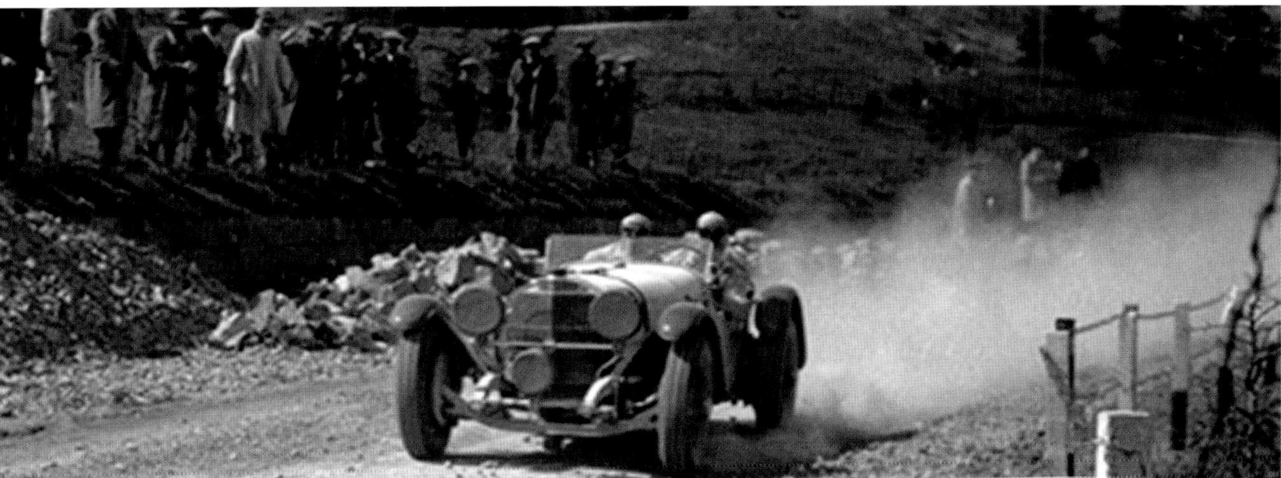

Mit Broschek bei der Mille Miglia 1932 und links in Lemberg

DER NATIONAL-RENNWAGEN

Nach ihrem Höhenflug kommt das radikale Aus. Die Firma ist derart in Schwierigkeiten, dass an Rennen nicht mehr zu denken ist. Caracciolas Vertrag wird nicht verlängert. Er wechselt zu ALFA ROMEO und das Gewinnerteam ist Geschichte. Schlimmer noch, ab sofort fahren sie gegeneinander, da Wilhelm zum Beifahrer von Albert Broschek benannt wird. Broschek stammt aus einem großen Hamburger Verlagshaus. Er bringt das Geld seiner Familie standesgemäß bei Autorennen unter und ist schon bei einigen Grand Prix gestartet. Für die Saison 1932 erwirbt er einen Werks-SSK und trifft damit gleich bei der Mille Miglia auf Caracciola. Broschek/Sebastian liegen in Siena überraschend an zweiter Stelle, bis sie durch technische Probleme zurückgeworfen werden und schließlich mit Kupplungsschaden aufgeben müssen. Caracciola muss ebenfalls abbrechen. Eifelrennen, Pescara, häufig stehen sie mit Caracciola im Starterfeld. Insgesamt kommt Wilhelm bei acht Rennen mit Broschek zum Einsatz, aber mit dem veralteten SSK haben sie praktisch keine Chance. Nur beim Großen Preis von Polen kommen sie auf den zweiten Platz... mit sechs Runden Rückstand zu Caracciola. Immerhin gehört Wilhelm zu den wenigen Deutschen, die überhaupt noch im internationalen Grand Prix-Geschäft unterwegs sind. In dieser Situation nimmt sein Leben eine entscheidende Wendung, mit der er sicher nicht gerechnet hat. Dazu gibt es eine kleine Vorgeschichte: Porsche war nach seinem Rauswurf bei DAIMLER-BENZ zur österreichischen STEYR AG zurückgekehrt, wo einst seine Karriere begonnen hatte. Ein Jahr später holt ihn jedoch seine Vergangenheit ein, als die Firma eine Interessensgemeinschaft mit AUSTRO-DAIMLER eingeht, die sich ja schon einmal von ihm getrennt hatte. Ihm bleibt nichts anderes übrig, als sich erneut zu verändern. Mitten in der großen Wirtschaftskrise macht er sich selbstständig und Rosenberger unterstützt ihn dabei. Mit seinen guten Beziehungen gelingt es Rosenberger, einen großen Konstruktionsauftrag von WANDERER an Land zu ziehen. Er schlägt vor, ein Konstruktionsbüro in Pforzheim zu eröffnen, kann sich damit aber nicht durchsetzen. Einen Monat nach Vertragsabschluss wird die PORSCHE GmbH gegründet mit einem Konstruktionsbüro in Stuttgart, Kronenstrasse 24 („Dr. Ing. h.c. F. Porsche Gmbh für Motoren-, Fahrzeug-, Luft- und Wasserfahrzeugbau"). Mitgründer sind Rosenberger und Porsches Schwiegersohn, der Wiener Rechtsanwalt Anton Piëch. Porsche stellt fast nur österreichische Ingenieure ein, meist ehemalige Mitarbeiter der kränkelnden STEYR und AUSTRO-DAIMLER.

Rosenberger und Porsche sind ständig unterwegs, um für weitere Aufträge zu werben, aber es reicht gerade mal, um die Firma über Wasser zu halten. Immer wieder muss Rosenberger Geld zuschießen. Erneut bearbeitet er den WANDERER-Vertriebschef Klaus Detlof von Oertzen, der von einem Grand Prix-Wagen schwärmt. Rosenberger fällt es nicht schwer, Oertzen für ein Rennwagen-Projekt mit Porsche zu gewinnen. Für 1934 ist eine neue Grand Prix-Formel angekündigt, bei der die Karten neu gemischt werden. Das ist genau der richtige Zeitpunkt für eine Neukonstruktion. PORSCHE erhält im Oktober 1931 den Auftrag zur Planung des WANDERER-Rennwagens.
Einziges Problem ist, dass noch niemand weiß, welche Vorgaben denn genau zu beachten sind. Für

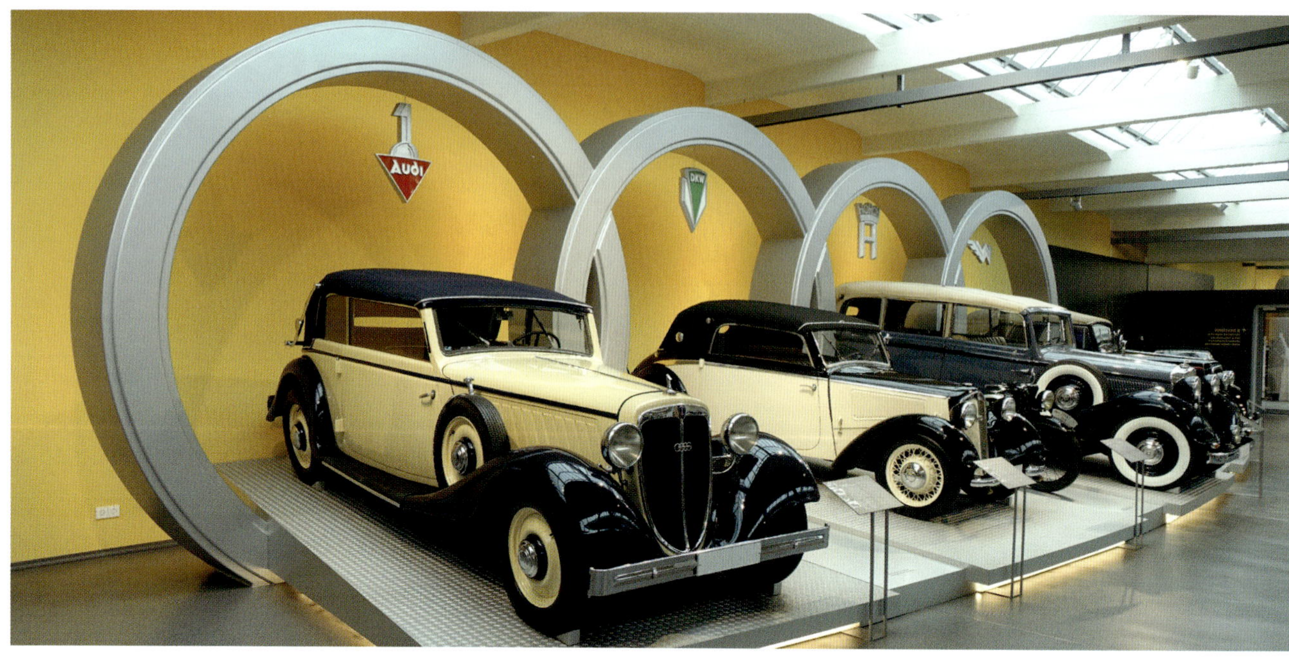

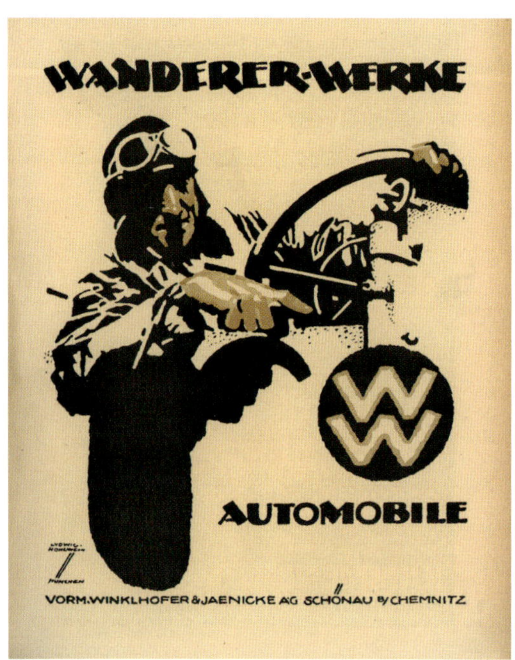

Porsche ist das kein Widerspruch, denn er gehört zu dem Expertenkreis, der die neue Formel beschreibt. Er beginnt mit ersten Entwürfen in herkömmlicher Bauart, aber Rosenberger kann ihn vom Mittelmotor-Konzept überzeugen, das er beim BENZ-Tropfenwagen erlebt hat. Porsche muss über seinen Schatten springen, denn er hatte seinerzeit die Weiterentwicklung des Tropfens gestoppt. Aber Rosenbergers Erfahrungen sprechen für sich und es ist ein guter Ansatz, um die hohe Motorleistung auf die Straße zu bringen.
Doch dann stellt die Wirtschaftskrise wieder alles infrage. WANDERER muss die Automobil-Produktion herunterfahren und erleidet erhebliche Verluste. Gerade noch rechtzeitig springt der sächsische Landtag mit einer Bürgschaft ein und rettet die großen sächsischen Automobilwerke AUDI, HORCH, DKW und WANDERER. Unter Regie der sächsischen Staatsbank wird im Juni 1932 die AUTO UNION-Holding gegründet. Über Nacht entsteht dadurch ein großer Konkurrent für DAIMLER-BENZ.
Oertzen rückt zum Vorstandsmitglied der AUTO UNION auf und sorgt dafür, dass die Firma weiterhin zum Rennwagenprojekt steht. Aber der Grand Prix-Wagen kann erst richtig in Angriff genommen werden, wenn sich Partner finden, die einen Teil der Kosten übernehmen. Gespräche mit Mineralölkonzernen und Reifenherstellern bringen nicht die erhofften Ergebnisse. Staatliche Hilfen sind im Gespräch, aber mit der anhaltenden Massenarbeitslosigkeit hat die Republik ganz andere Sorgen.

BASTL

Die Krise um den „National-Rennwagen“ spricht sich schnell herum. Wilhelm kennt viele Rennbegeisterte, die bereit wären, für dieses Projekt zu spenden. Also trifft er sich mit Rosenberger und Porsche, um über eine mögliche Unterstützung zu sprechen. Auch Stuck möchte sich finanziell beteiligen. All das reicht natürlich hinten und vorne nicht. Wieder einmal ist es Rosenberger, der durch seine Beziehungen das fehlende Startkapital organisiert, zum großen Teil auch aus eigener Tasche. Im Oktober 1932 wird die neue Rennformel bekannt gegeben, die ganz im Sinne Porsches ausfällt. Einen Monat später gründen Rosenberger und Porsche eine eigene Firma für das Rennprojekt, die HFB (Hochleistungs-Fahrzeug-Bau GmbH). Sie bieten Wilhelm eine Stelle als Teammanager im künftigen Rennstall an. Ein Angebot, das er nicht ausschlagen kann. Er kündigt schweren Herzens bei DAIMLER-BENZ und wechselt zur HFB in Stuttgart. Bis es soweit ist, soll er bei der Konstruktion des neuen Rennwagens helfen und beim Kleinwagen-Konstruktionsauftrag für ZÜNDAPP unterstützen. Für Wilhelm bedeutet das Anzug statt Monteurskutte, ein großer Schritt für ihn. Die Amtssprache im Stuttgarter Büro ist nicht schwäbisch, sondern österreichisch und hier bekommt er wohl auch seinen neuen Spitznamen: der „Bastl“.

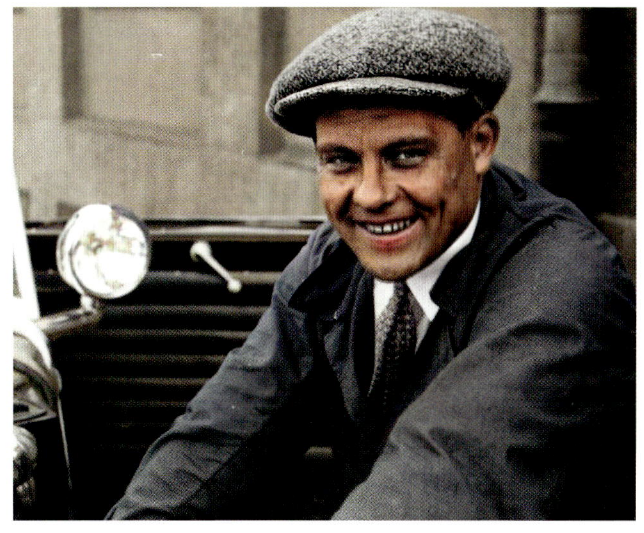

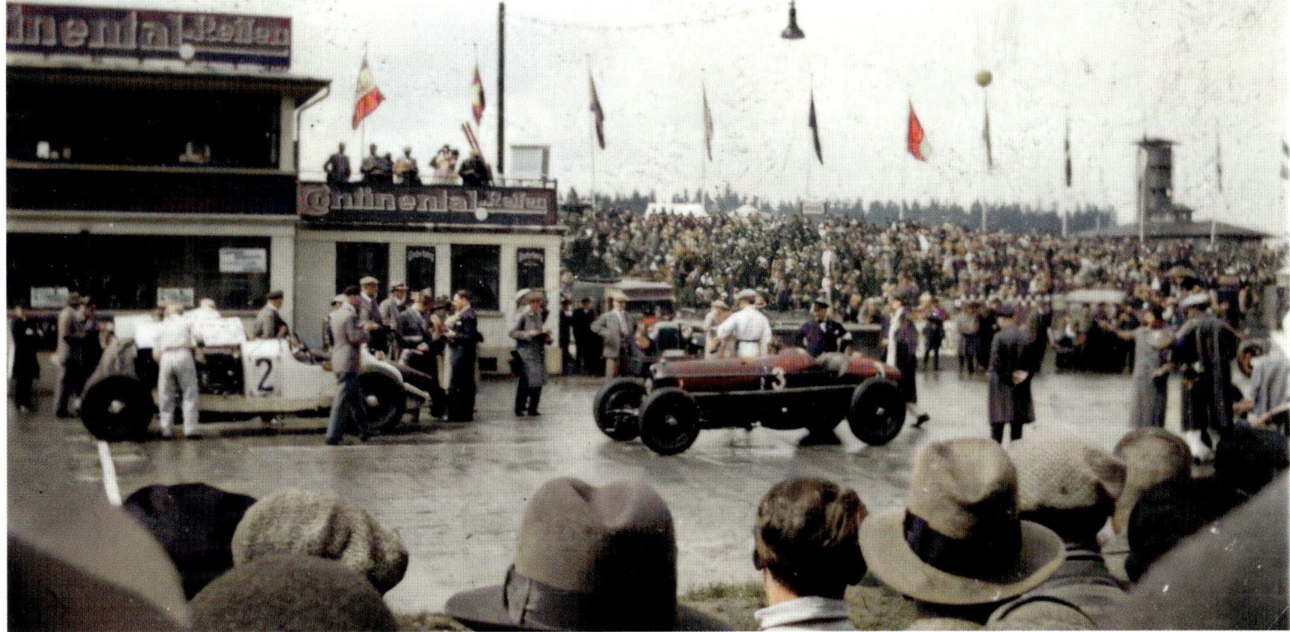

Die gefeierten Vorjahressieger als Konkurrenten im Eifelrennen 1932. Wilhelm „bastelt“ an Broscheks SSK (2) herum, dahinter Caracciola (3). Wenige Monate später wechselt Wilhelm zur HFB. Linke Seite: Die AUTO UNION mit AUDI, DKW, HORCH und WANDERER.

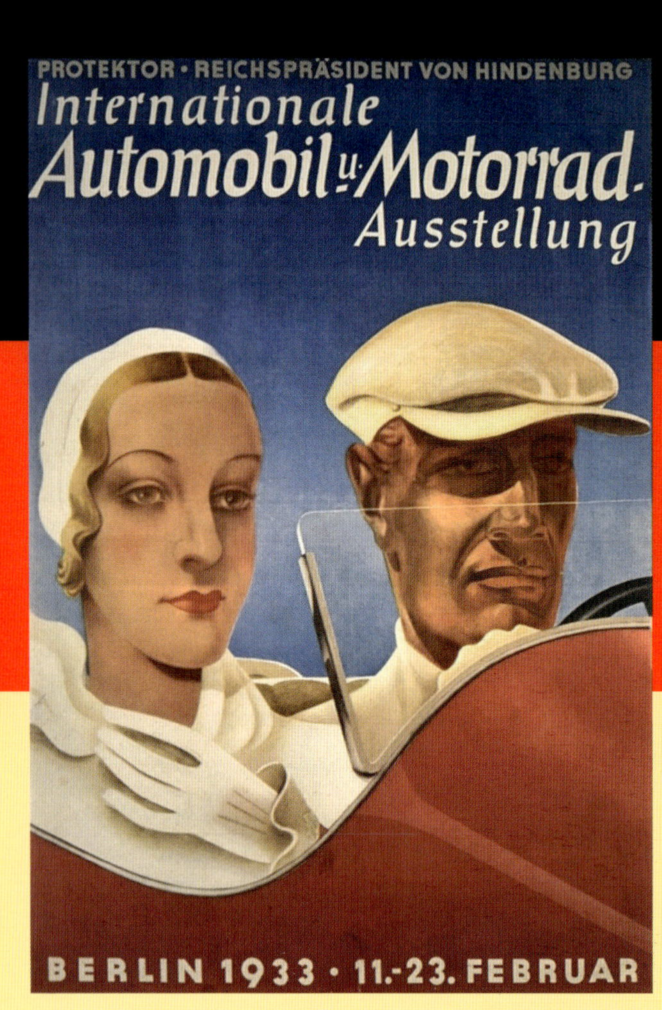

VOM VERLUST DER UNSCHULD

Im Januar 1933 schlittert Deutschland in eine Diktatur. Schon zwei Wochen nach der Machtergreifung stellt Hitler einen National-Rennwagen in Aussicht und verkündet, dass das Reich zu einem „Volk von Kraftfahrern“ werden soll. Vom ersten Moment an geht es dabei nicht um Rennsport oder Mobilität für alle, sondern schlicht um Kriegsvorbereitung. Die neuen Machthaber handeln schnell. Es beginnt ein militärischer und technischer Drill Tausender junger Männer in „Motorsportschulen“ des „Nationalsozialistischen Kraftfahr-Korps“ (NSKK). Linientreue Rennidole sollen die Werbung dazu liefern. Als deutscher Rennfahrer muss man Mitglied einer nationalsozialistischen Gruppierung sein oder der Armee bzw. Polizei angehören, andernfalls wird die Rennlizenz entzogen. Was den Rennwagen angeht, ist Hitler treuer DAIMLER-BENZ-Kunde und es ist klar, für wen die Zuschüsse vorgesehen sind. Oertzen, Stuck und Porsche bekommen dennoch einen Termin in der Reichskanzlei, um das AUTO UNION-Projekt vorzustellen. Hitler hat eine

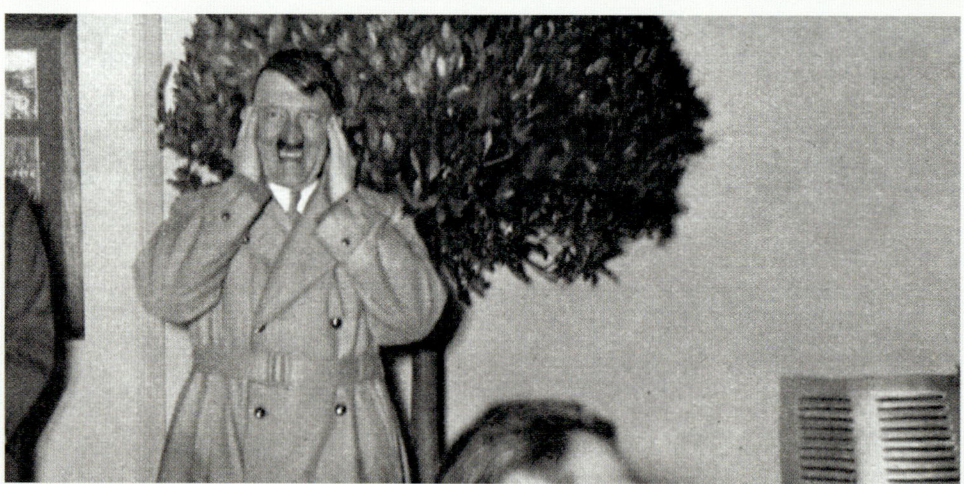

Februar 1934: Hitler und der neue MERCEDES-BENZ-Silberpfeil

hohe Meinung von seinem österreichischen Landsmann Porsche und nimmt sich viel Zeit für dessen Präsentation. An dem Zuschuss für DAIMLER-BENZ ändert das erst einmal nichts. Das Reichverkehrsministerium findet schließlich einen Kompromiss. Die Zuschüsse werden aufgeteilt, DAIMLER-BENZ erhält eben etwas mehr. Wenige Tage nach der Entscheidung schließt die AUTO UNION einen neuen Vertrag mit Porsche und beginnt mit dem Aufbau der Rennabteilung. Rosenberger hat endlich erreicht, wofür er jahrelang gekämpft und viel Geld ausgegeben hat, aber er wird kein Rennen mehr fahren, auch vom Geldsegen wird er ausgeschlossen. Seiner jüdischen Konfession wegen muss er ins Ausland fliehen. Noch immer glaubt er an seine Firma, aber er wird bitter enttäuscht. Schließlich sieht er sich genötigt, seine Firmenanteile weit unter dem tatsächlichen Wert an Porsches Sohn „Ferry" zu verkaufen. Porsche wird durch das Rennprojekt reich. Sehr reich, denn er bekommt nach einer Anfangsphase die Hälfte aller Zuschüsse, die die AUTO UNION von der Regierung erhält.

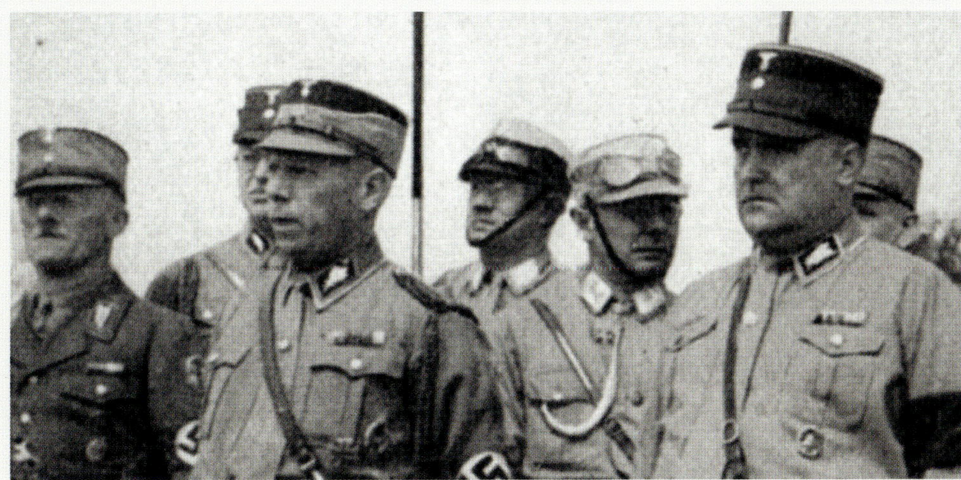

Die neuen Autosachverständigen des NSKK-Stabs

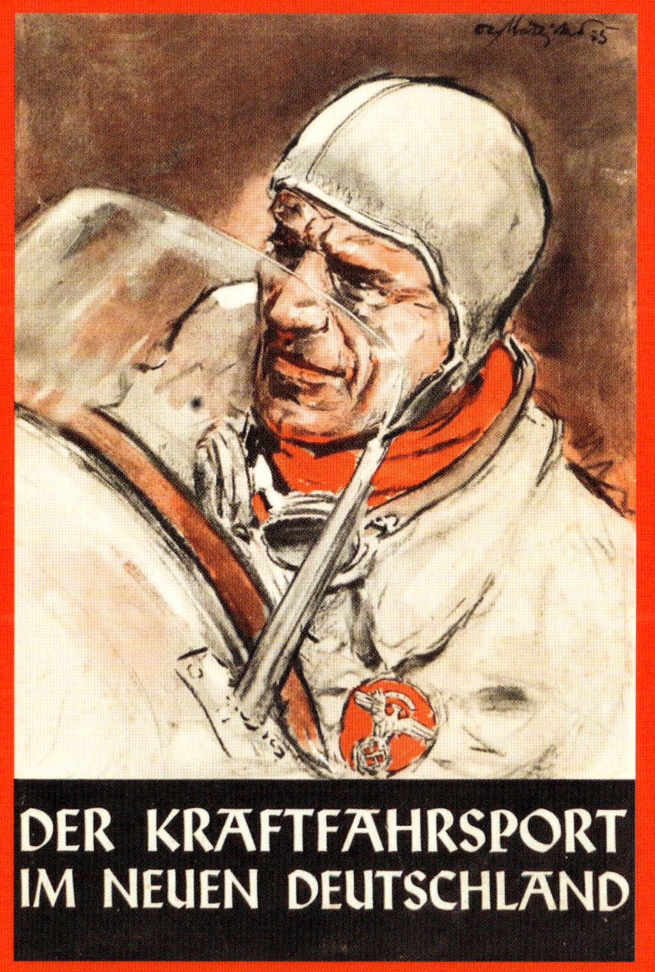

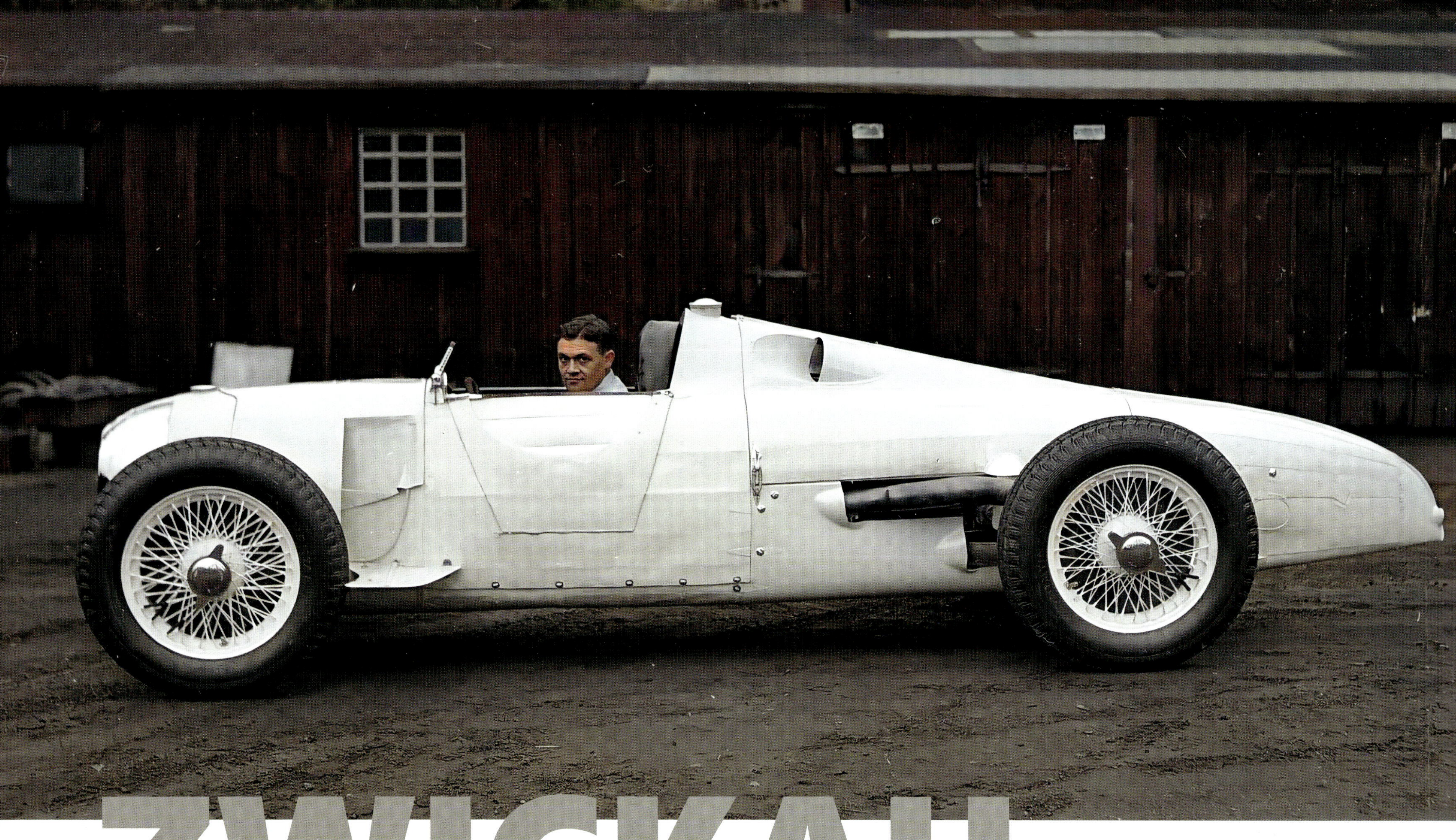

ZWICKAU 1933

Habe fertig: der weiße Prototyp

MISSION GRAND PRIX

Da HORCH über die modernsten Präzisionswerkzeugmaschinen im Konzern verfügt, wird die Rennabteilung auf dem HORCH-Werksgelände in Zwickau eingerichtet. Einige der besten Arbeiter werden für die Rennwagen-Versuchsabteilung abgestellt. Da der Rennstall jetzt bei AUTO UNION angesiedelt ist und nicht wie geplant bei Porsches HFB, wechselt Wilhelm als technischer Betriebsleiter zur AUTO UNION. Zwickau wird eine neue Heimat für seine Frau und ihn. Er bringt seinen Bruder ins Spiel, der ein viel zu guter Mechaniker ist, um in einer Mannheimer Werkstatt zu versauern. Auf Empfehlung der HFB wird Ludwig bei der AUTO UNION als Renn-Motorenschlosser eingestellt. Als er im Mai 1933 eintrifft, sind sie immer noch eine kleine Gruppe von acht Personen.

Porsche ist regelmäßig anwesend und führt abends lange Telefonate mit seinem Konstruktionsbüro in Stuttgart. Im Juni stößt der Wiener Ingenieur Eberan von Eberhorst dazu, der die Motorentwicklung und den Rennwagenbau vorantreibt. Endlich kommen die ersten Teile aus der HORCH-Werkzeugmacherei. Sie werden einzeln geprüft und auf Wärmedehnung untersucht, bevor sie montiert werden. Der erste Motor wird ungeduldig getestet, obwohl noch ein Luftabzug fehlt. Der Raum ist voller Abgase, aber alle sind glücklich, dass der Motor sauber läuft. Beim Belastungstest erreicht er spielend 200 PS. Bald arbeiten 60 Leute in drei Schichten rund um die Uhr an dem Projekt. Fehlt nur noch der Teamchef. Alle rechnen damit, dass Porsche „seinen“ Neubauer anwerben wird, aber nach dessen Absage fällt die Wahl auf Walb. Doch Walb, dessen Frau kurz zuvor gestorben war, erleidet einen Nervenzusammenbruch und möchte dieses Angebot ablehnen. So sehr plagt ihn der Gewissenskonflikt DAIMLER-BENZ gegenüber. Umso größer ist die Freude bei Wilhelm, als Walb sich überreden lässt und schließlich auch nach Zwickau kommt.

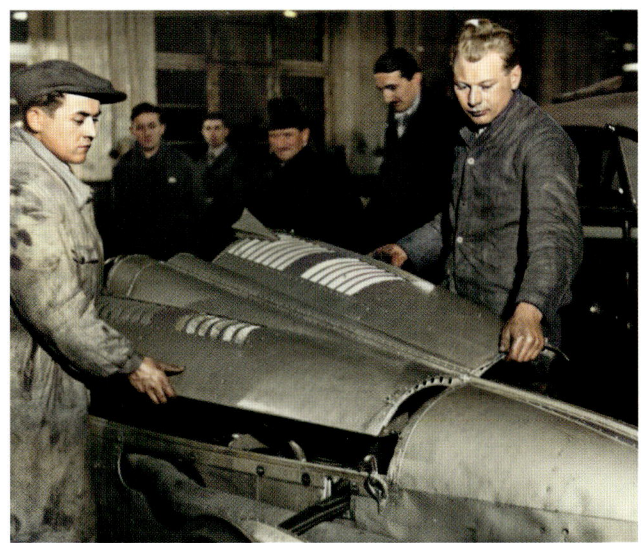

Abschluss-Tests in Monza 1934 mit Wilhelm (links) und Porsche am Steuer, hinter ihm steht Walb. Bild links: Prototyp November 1933, noch in deutschem Rennweiß mit polierter Nase

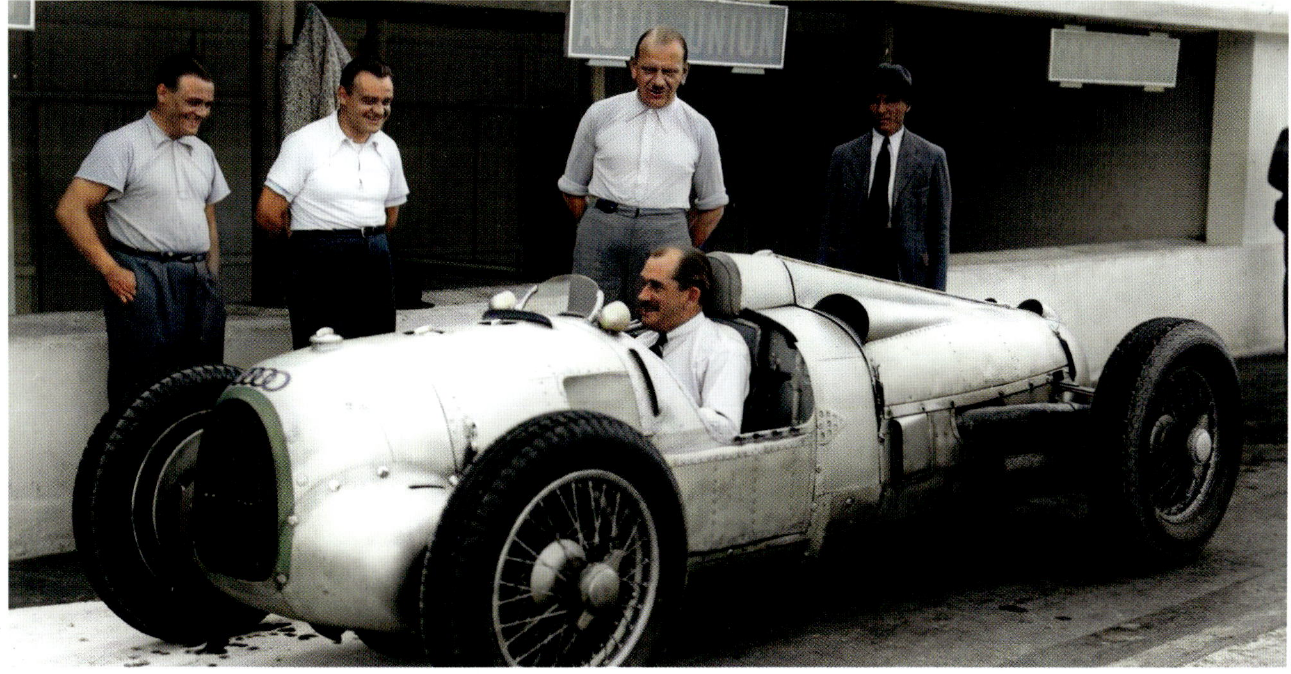

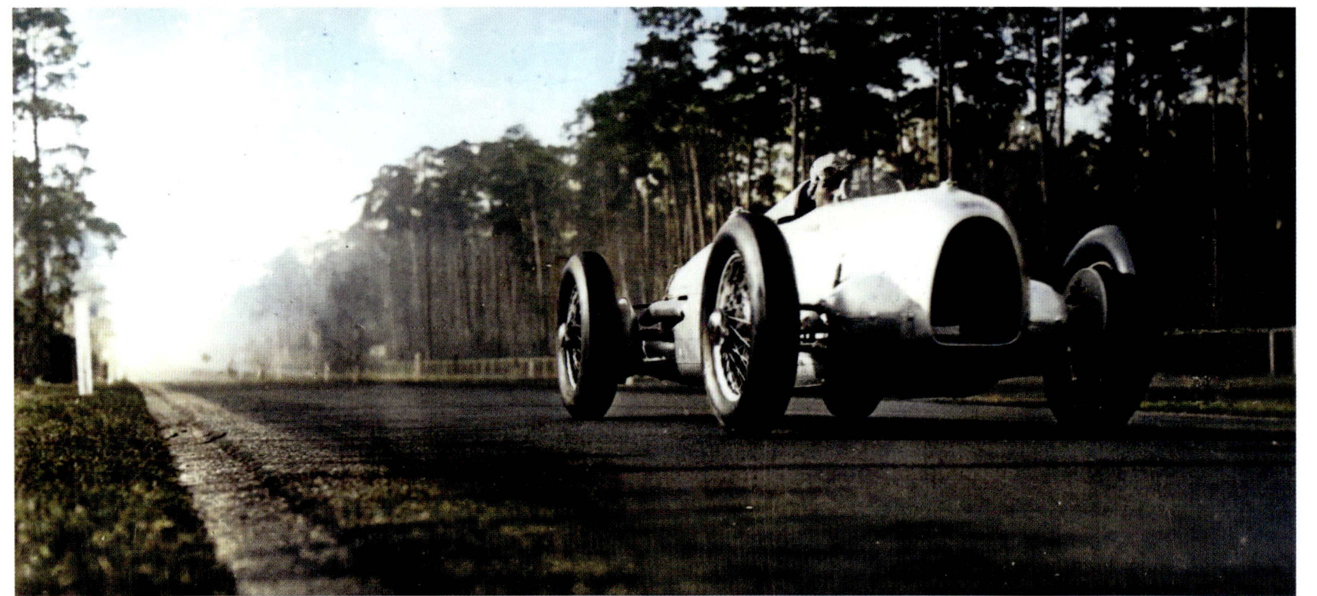

ERSTER REKORD

Die AUTO UNION wählt für die Präsentation des Silberpfeils ein großes Medienereignis. Kurz vor der Berliner Automobilmesse soll auf der AVUS, die sich direkt neben den Messehallen befindet, ein Weltrekord aufgestellt werden. Doch das ist leichter gesagt als getan. Fast hätte es eine Katastrophe gegeben, als Stuck bei starkem Seitenwind auf den Mittelstreifen gedrückt wird. Doch es geht glimpflich aus, und die geladenen Gäste bekommen ihre Sensation. Stuck stellt gleich mehrere Geschwindigkeitsrekorde auf. Eine klare Ansage, dass mit dem Grand Prix-Neuling AUTO UNION in der kommenden Saison zu rechnen ist.

Zehn Jahre nach dem Tropfenwagen macht sich Walb erneut daran, ein Rennteam ohne jegliche Grand Prix-Erfahrung zusammenzuschweißen. Natürlich in einer ganz anderen Dimension und unter ganz anderen Vorzeichen. Der Druck ist enorm. Nicht nur die Firmenleitung, auch die politische Führung drängt auf Erfolge in kürzester Zeit. Zwickau macht das Unmögliche möglich und schon im Oktober steht der erste Prototyp auf dem Werksgelände zur Testfahrt bereit. Wie damals beim BENZ-Tropfen ist Walb nicht nur Teamchef, sondern gleichzeitig auch Testfahrer. Seine schonungslosen Testprotokolle bereiten dem Team und den Zulieferern einige schlaflose Nächte. Auch Wilhelm kann ein Lied davon singen. Alles läuft nach Plan. Die ersten größeren Tests finden unter strengster Geheimhaltung auf dem Nürburgring statt. Trotz der Gefahr, verhaftet zu werden, wagt sich Rosenberger an die Strecke. Walb beweist Zivilcourage und lässt ihn ein paar Runden drehen. Rosenberger kommt mit dem Grand Prix-Fahrzeug sehr gut zurecht und für einen kurzen Moment geht sein Traum in Erfüllung. Eine beklemmende Szene, insbesondere für Wilhelm. Im Januar 1934 wird der Wagen dann einem handverlesenen Publikum auf der AVUS vorgestellt. Zum ersten Mal bekommt die Presse etwas mit von dem geheimnisvollen „Rennwagen ungewöhnlichen Ausmaßes…mit silbergrauem Anstrich". Walb fährt den Wagen ein und übergibt an Stuck für eine schnelle Runde. Auch Direktor Oertzen lässt es sich nicht nehmen und brettert einmal um die AVUS. Weitere Tests in Monza zeigen, dass der Wagen einsatzbereit ist.

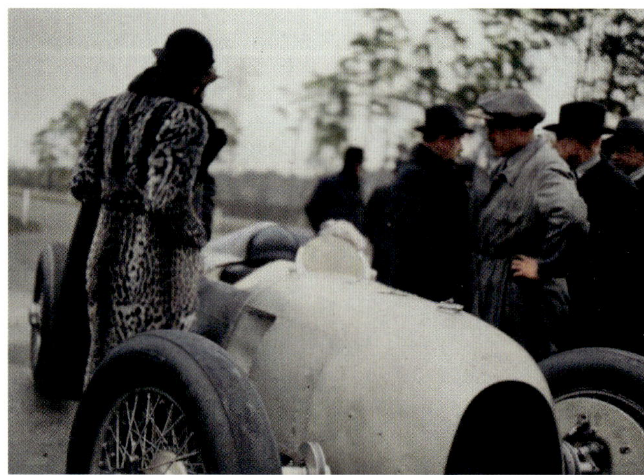

Januar 34. Unter Ludwigs Aufsicht wird das Geheimnis gelüftet. Oben: Stuck bei den AVUS-Rekordversuchen im März 1934

ERSTES RENNEN

Im Mai wird die AVUS auch zum Schauplatz des ersten Rennauftritts. Stolz präsentieren die deutschen Teams ihre neuen Rennwagen. MERCEDES-BENZ zieht sich mit technischen Problemen nach dem Training zurück, aber die vielen Tausend Zuschauer sind dennoch gespannt auf ein Rennen mit den „silbernen Wunderwagen, von denen man so viel gelesen hat“. Stuck führt souverän, bis er gegen Ende des Rennens mit technischen Problemen aufgeben muss. Momberger kommt zwar auf den dritten Platz, aber die AUTO UNION muss sich fast entschuldigen, nicht gleich gewonnen zu haben.

ERSTER SIEG

Den gesamten Saisonbeginn über hat das Team noch mit Kinderkrankheiten zu kämpfen. Dem Konkurrenten MERCEDES-BENZ ergeht es ähnlich. Nibel baut konventionelle Rennwagen und verzichtet auf sein Tropfenwagen-Konzept, das jetzt Porsche nutzt – verkehrte Welt. Im Juli gibt es für AUTO UNION Grund zum Feiern. Nach erfolgreichen Bergrennen gewinnt Stuck den Großen Preis von Deutschland. Alle sind überglücklich und mächtig stolz. Walb und sein Team haben in den letzten Monaten Unglaubliches geleistet und dieser Sieg ist eine tolle Bestätigung für ihre Arbeit.

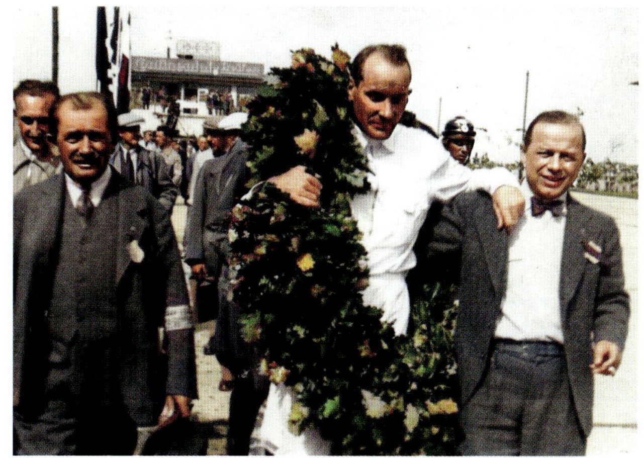

Porsche, Stuck und Oertzen nach der Siegerehrung

Teamfoto nach dem GP von Deutschland 1934. Walb und Eberan ganz links, Wilhelm steht vor dem Testwagen (10), mit dem er als Reservefahrer trainiert hatte. Zum Einsatz kam jedoch der erfahrenere Burggaller.

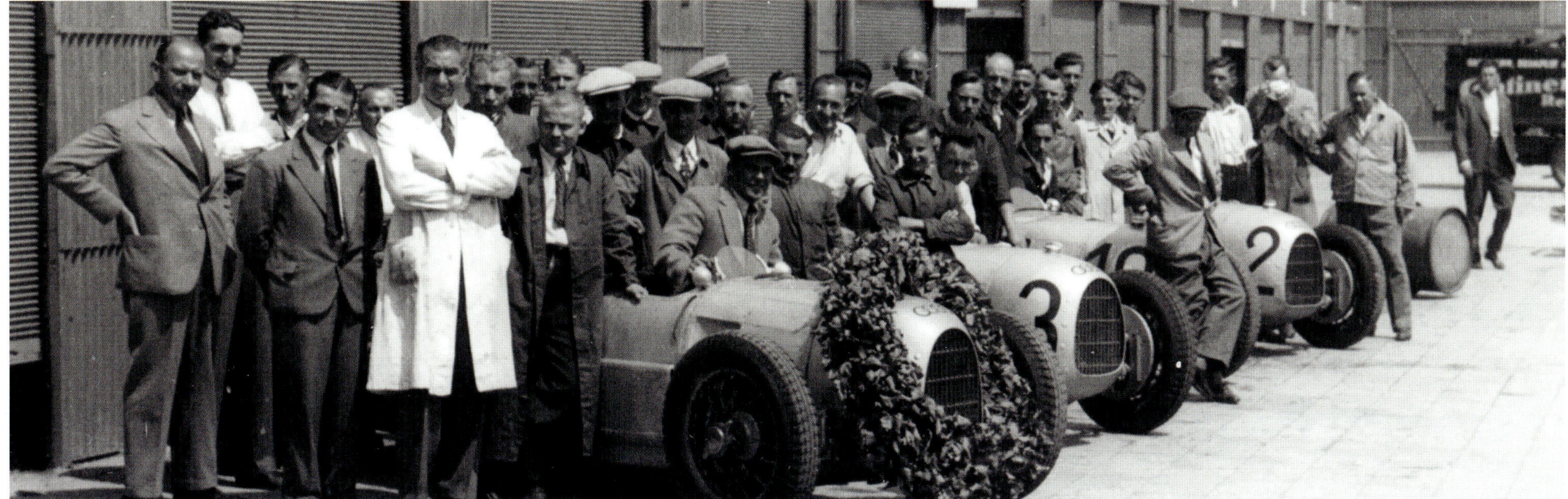

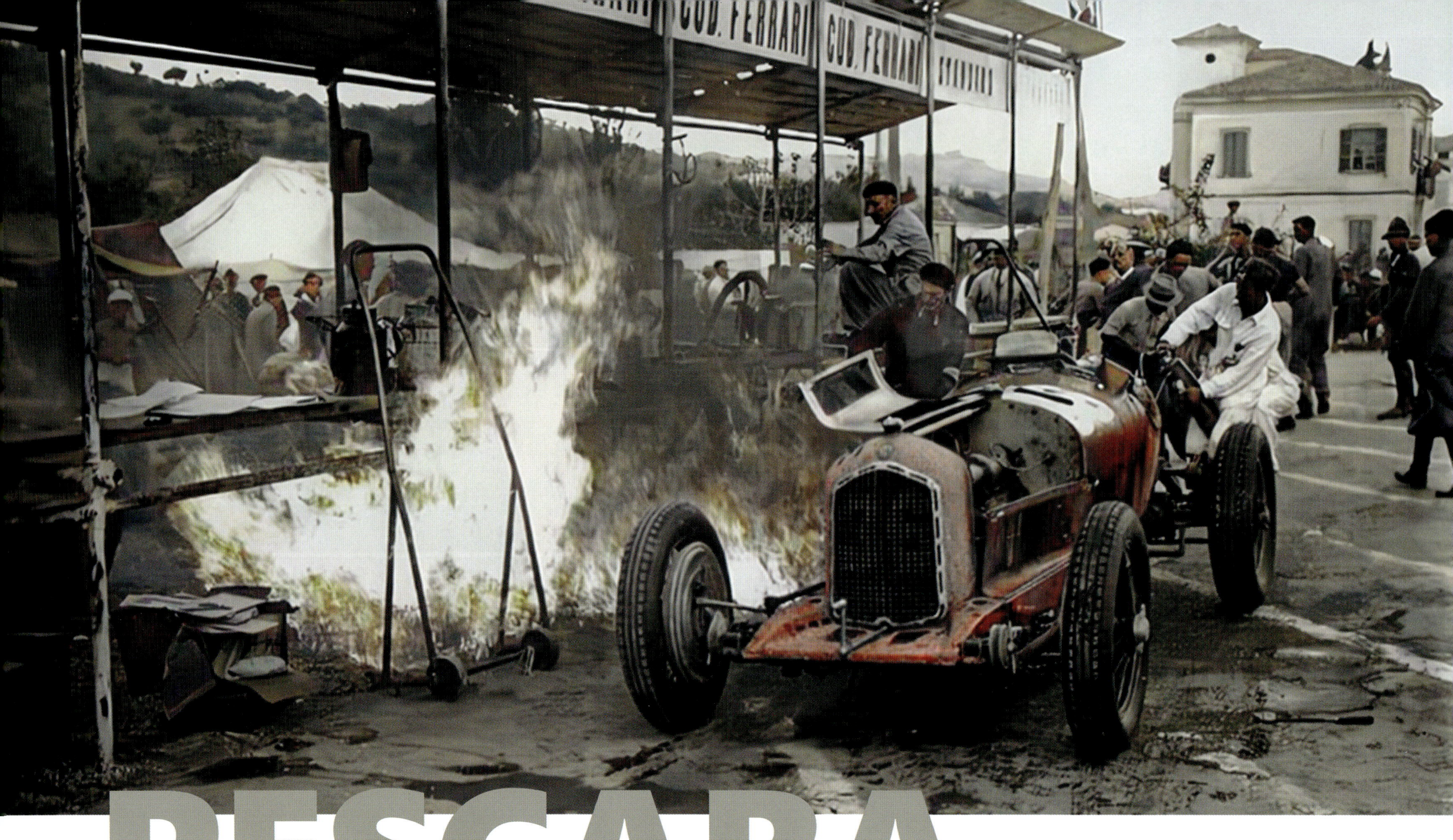

PESCARA 1934

Die Ferrari Box brennt: Wilhelms Feuertaufe

DER RESERVEFAHRER

Wilhelm als Reservefahrer. Unten: im Trainingswagen zum großen Preis von Deutschland 1934

Dem jungen AUTO UNION-Rennstall fehlen Ersatzfahrer für ihre gewöhnungsbedürftigen Boliden. In der Not sind Wilhelm und sogar Rennleiter Walb im Gespräch. Die Idee mit Walb wird schnell wieder fallengelassen, aber Wilhelm wird als Reservefahrer bestätigt. Den anspruchsvollen Silberpfeil hat er schon etliche Kilometer im Renntempo bewegt, allerdings nur zu Testzwecken. Grand Prix-Rennen fahren ist da noch einmal etwas ganz anderes. Daher ist seine Begeisterung ausbaufähig: „…ich werde eben jetzt selbst einen Rennwagen besteigen und versuchen, als Fahrer auf dem Porschewagen meinen Mann zu stellen.“ Sein Einsatz soll ja auch nur im Fall des Falles erfolgen. Aber genau der tritt vor dem Rennen in Pescara ein, als Momberger und von Leiningen gleichzeitig mit gesundheitlichen Problemen ausfallen. Stuck und Wilhelm sollen für die AUTO UNION starten. Die Strecke führt über ganz normale Straßen. Start/Ziel in Pescara, dann Rechtskurve in die Berge, durch etliche Bergdörfer, wieder bergab auf einer sehr schnellen Geraden und schließlich am Strand entlang zurück in die Stadt. Das ganze zwanzig Mal, insgesamt über 500 km. Die Konkurrenz ist groß, ganz besonders die italienischen Teams wollen sich hier beweisen. Eine weitere Besonderheit an Pescara ist, dass sich die Boxen mitten in der Stadt befinden. Daher gibt es während der Trainingstage auch mal die Gelegenheit für einen Abstecher ins Restaurant oder ans Meer. Wilhelms Weg kreuzt wieder Caracciola, der für MERCEDES-BENZ startet. Das ist keine Selbstverständlichkeit nach einem Schicksalsjahr, in dem Caracciola seine Frau verlor und einen schweren Rennunfall hatte.

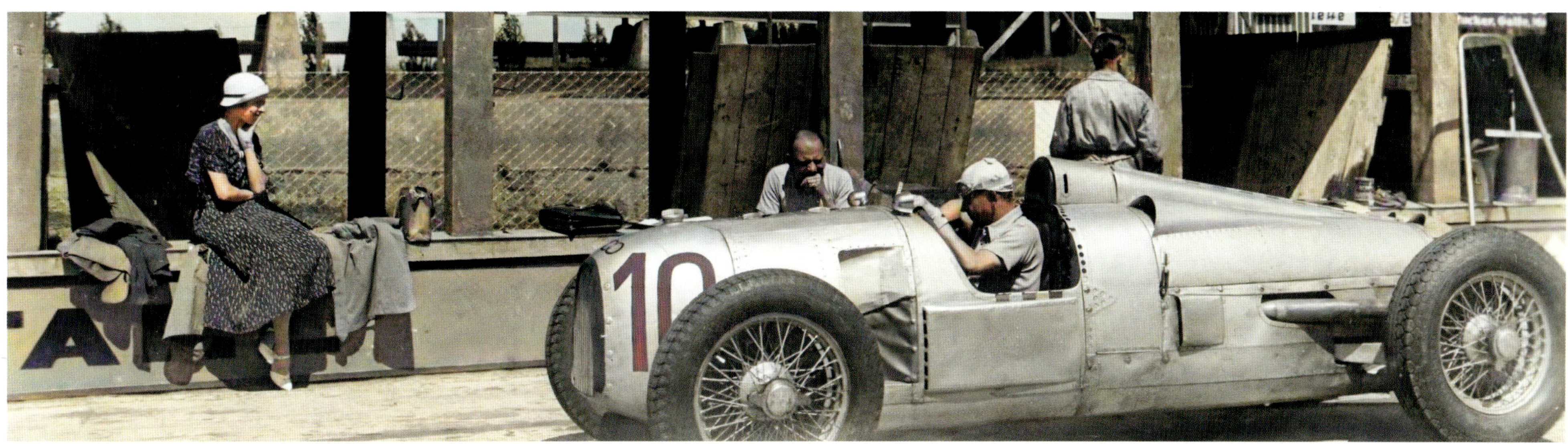

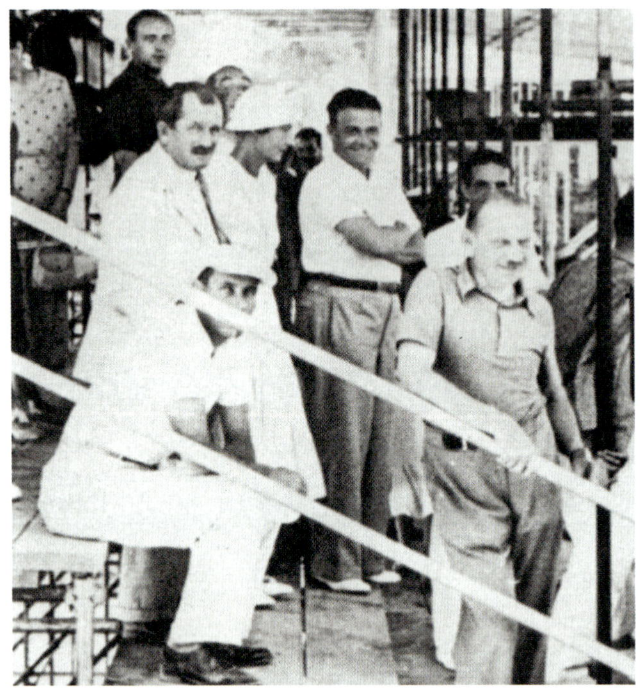

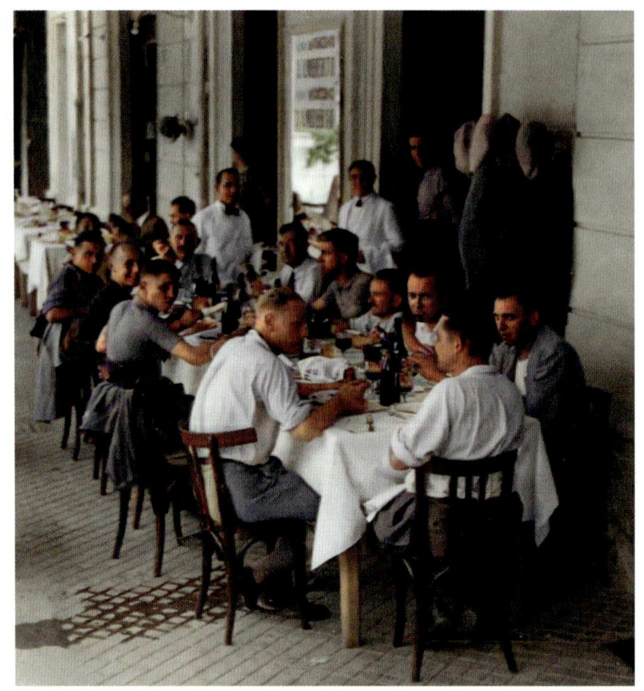

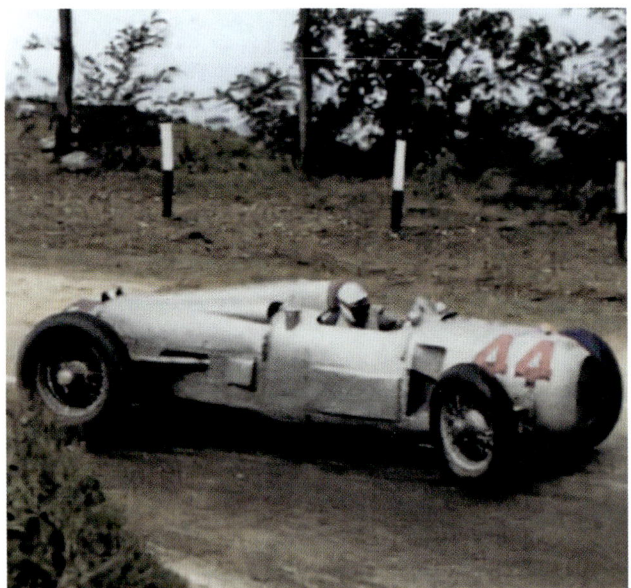

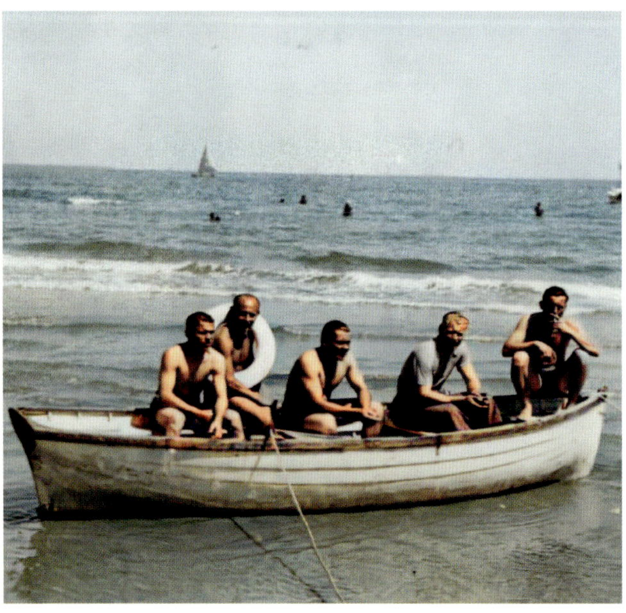

Auch bei MERCEDES-BENZ kommt ein Reservefahrer zum Einsatz: Ernst Henne ist Motorradmeister, hat aber genau wie Wilhelm noch nie an einem Grand Prix teilgenommen. Was erfahrene Piloten mit so einem Kurs machen, demonstriert Stuck. Im Training fährt er nur wenige Runden, bis die Zeiten für ihn stimmen. Wilhelm dagegen absolviert die meisten Runden von allen und ist für einen kurzen Moment sogar schneller als Caracciola. Aber bald werden Wilhelms Trainingszeiten pulverisiert. Für ihn wird es nicht leicht werden und sein geloster Startplatz auf der vorletzten Reihe hilft auch nicht wirklich.

Kurz vor dem Start setzt Regen ein und die Reifen müssen gewechselt werden. Die Fahrer ziehen sich Regenoveralls über und tauschen die Rennbrillen gegen Regenvisiere aus. Endlich ist es soweit, die Motoren werden angelassen, ein ohrenbetäubender Lärm bricht los und Wilhelm startet in einen großen Abgasnebel. Der Regen hört nach und nach auf, aber die Straßen sind immer noch sehr rutschig. In den vielen Bergkurven hat er richtig zu kämpfen, um den Wagen nicht zu verlieren. Wie seinerzeit der Tropfenwagen verfügt auch der Silberpfeil über eine großartige Straßenlage.

Oben links: Porsche, Hans und Paula Stuck, Wilhelm und Walb. Darunter: Wilhelm im Training (mit Stucks Wagen) Daneben: Strand- und Rotwein-Pause in Pescara

Der starke Motor hat eine grandiose Beschleunigung, aber sein hohes Gewicht führt bei den schmalen Hinterrädern dazu, dass das Heck in den Kurven schlagartig ausbricht. Stuck flucht gerne über die „Heckschleudern". Am liebsten würde man schon vor der Kurve gegensteuern. Aber wenn man damit umgehen kann, ist der Wagen sehr schnell. Auf der abschüssigen Geraden in Richtung Küste schafft Wilhelm mit 275 km/h die zweitbeste Zeit hinter Caracciola. Zwei MASERATI kann er überholen und am Strand-Abschnitt schnappt er sich noch den MASERATI von Hamilton. Doch all das relativiert sich wieder, als er Zeichen von der Box bekommt: Gas geben, zwei Minuten gegenüber der Spitze verloren – Katastrophe. So geht das also nicht – Wilhelm muss viel mehr am Limit fahren. Seine Zeiten werden besser und bald verliert er „nur noch" eine halbe Minute pro Runde auf die Führenden. Immer noch eine halbe Ewigkeit. Schließlich wird ihm signalisiert, an die Box zu kommen, um den Wagen an Stuck zu übergeben, der einen Motorschaden hat. Stuck erbt einen großen Rückstand und versucht aufzuholen, was nicht so recht gelingt. Der weitere Rennverlauf wird immer dramatischer.

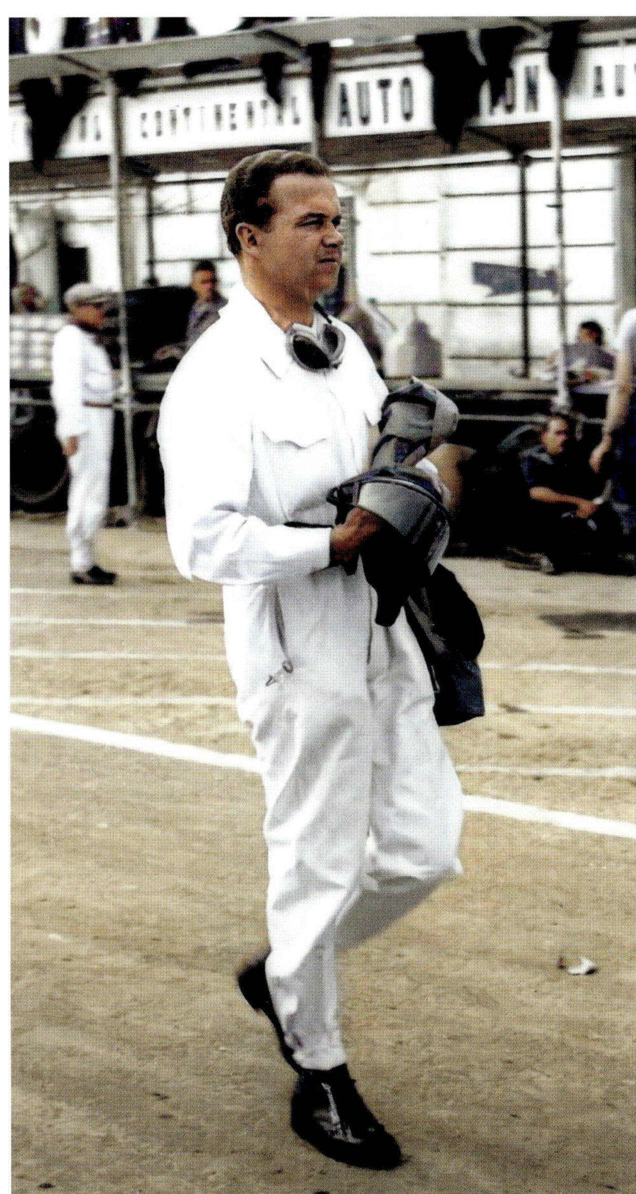

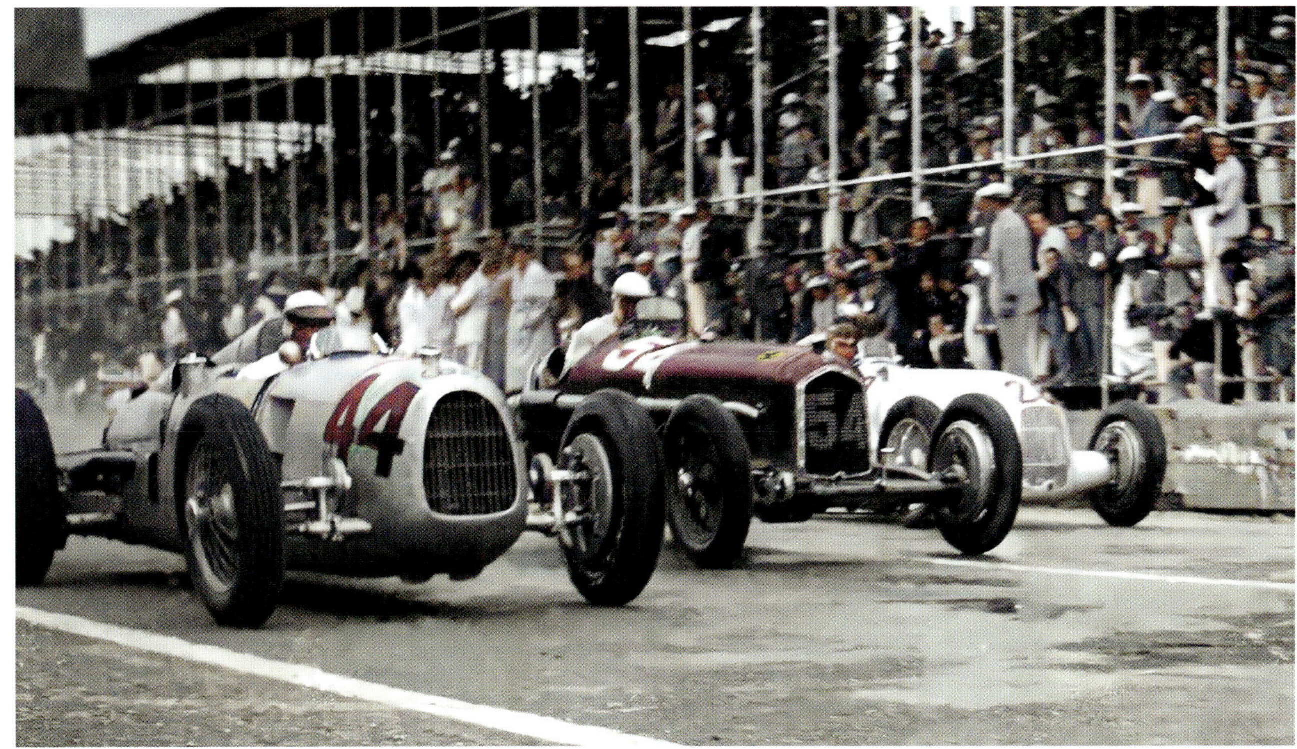

Caracciola mit eingewechseltem Regenvisier. Im Hintergrund steht Wilhelm, sein Beifahrer aus alten Tagen. Dieses Mal als Wettbewerber, zumindest theoretisch. Rechts: Stuck, Varzi und Caracciola schenken sich nichts beim Start.

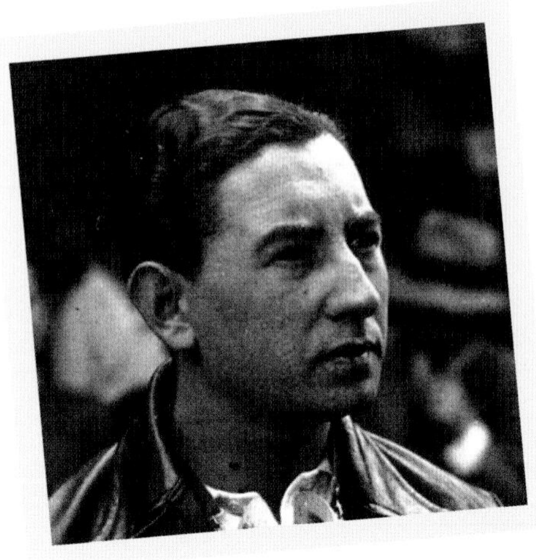

Guy Moll

Caracciola führt mit sicherem Vorsprung, bis er ins Schleudern gerät und sich mit einer „halben Rolle links" in einen vier Meter tiefen Gaben verabschiedet. Außer ein paar Prellungen kommt Caracciola mit dem Schrecken davon. Dann ein Aufschrei und eine Rauchwolke bei der SCUDERIA FERRARI, dem Rennstall von ALFA ROMEO. Chirons Wagen hat Feuer gefangen. Vor den Augen des entsetzten Tribünen-Publikums wird der Pilot mit brennendem Overall aus dem Cockpit gezerrt. Es kann gerade noch verhindert werden, dass das Feuer auf die Benzinfässer übergreift. Auf der Strecke verunglückt derweil Corsi mit seinem MASERATI und bricht sich einige Rippen. Henne ist zeitweise Zweiter hinter dem führenden ALFA ROMEO-Pilot Guy Moll, kommt dann aber gefährlich ins Schleudern, wird von Sandsäcken aufgefangen und verliert viel Zeit. Gegen Ende des Rennens möchte Moll den überrundeten Henne auf der schnellen Geraden überholen, doch der gibt nicht nach und es kommt zur Katastrophe. Moll fliegt regelrecht ab und stirbt am Unfallort. Ein rabenschwarzer Tag für Enzo Ferrari und seine Scuderia. Der schreckliche Unfall des beliebten Fahrers erschüttert auch die Zuschauer und überschattet die Siegesfeier.

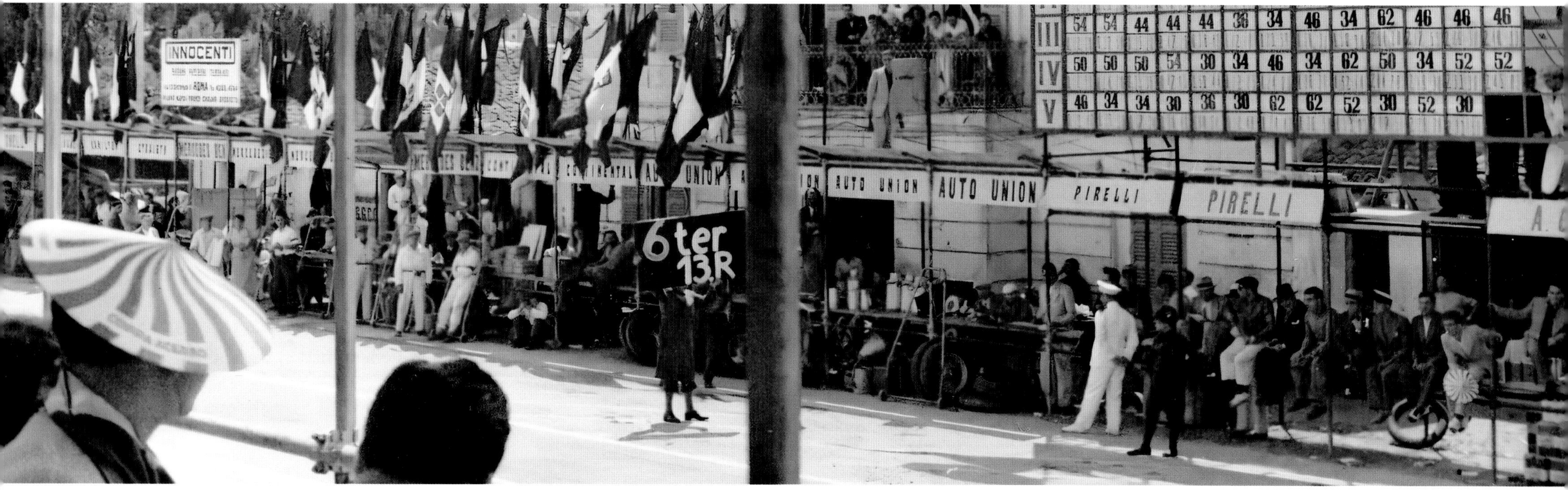

Walb verkündet den großen Moment: Wilhelms Wagen ist an sechster Stelle und damit wenigstens nicht mehr Letzter.

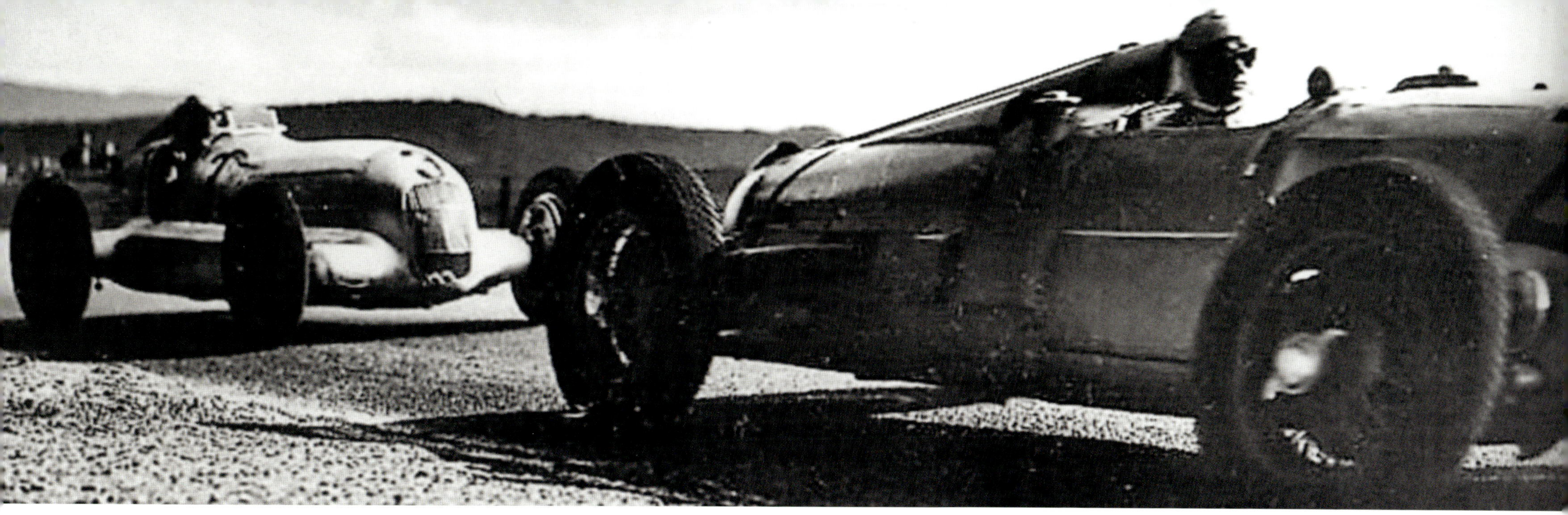

Im Training liefert sich Hans Geier (3) ein kleines Testrennen mit Wilhelm (2).

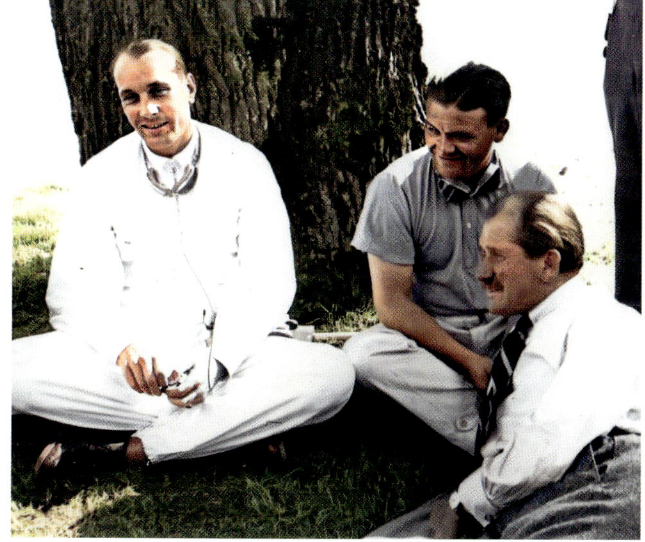

Mit Stuck und Porsche bei einer Trainingspause in Bern. Stuck und Wilhelm haben noch die Rennbrille umhängen.

BERN

Für den Schweizer Grand Prix eine Woche später sind die AUTO UNION-Piloten wieder alle einsatzfähig. Im Training dreht Wilhelm sicherheitshalber ein paar Runden, um sich mit der neueröffneten Strecke vertraut zu machen. Wieder eine ziemlich gefährliche Geschichte. Der Wagen springt fürchterlich auf der unebenen Piste und neben der Fahrbahn stehen etliche Bäume. Im Rennen fährt Stuck dennoch einen grandiosen Start-Ziel-Sieg ein. Momberger profitiert von etlichen Defekten der anderen Teams und macht den Doppelsieg für die AUTO UNION perfekt. Begeisterte Zuschauermengen stürmen die Boxengasse und die AUTO UNION-Mechaniker müssen sich mit aller Kraft dagegenstemmen, damit die Siegerwagen nicht umgerannt werden. Im Jubel geht völlig unter, dass ein Wagen in der Zieleinfahrt fehlt. Der Brite Hugh Hamilton hatte kurz vor dem Ziel einen Reifenschaden bei 150 km/h. Sein MASERATI kommt ins Schlingern und rast frontal in eine große Tanne. Er stirbt sofort und reißt einen Zuschauer mit in den Tod.

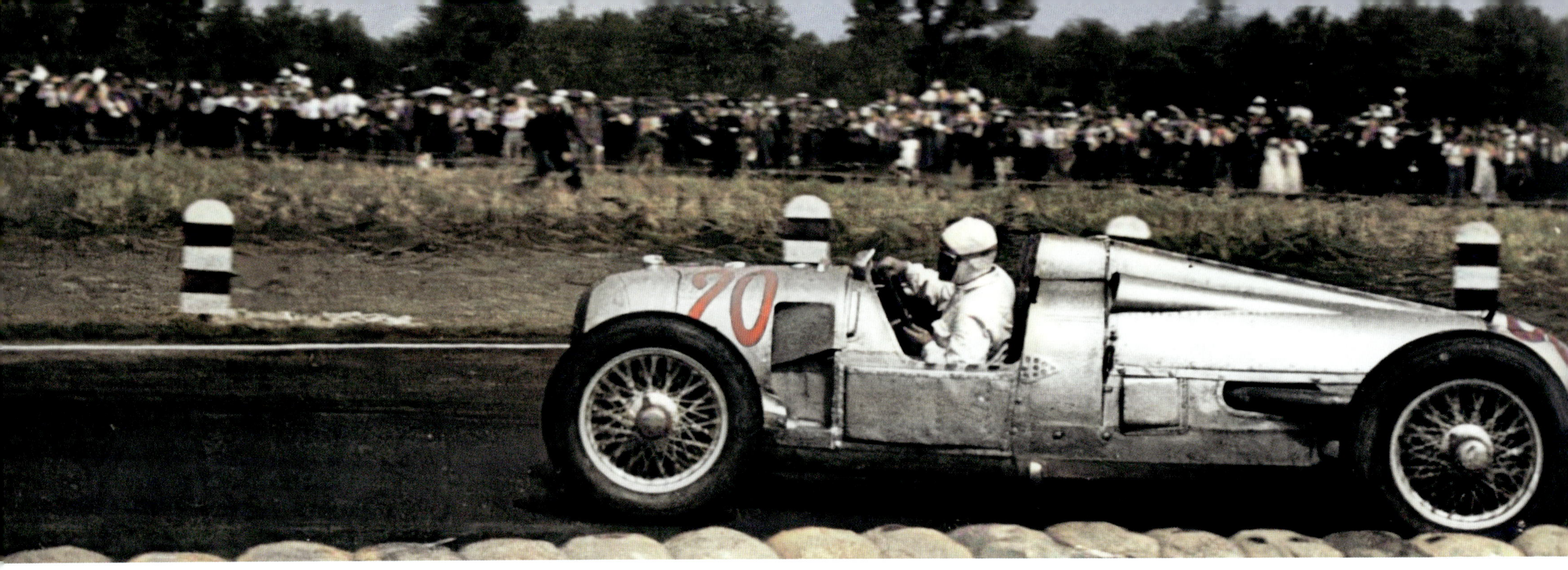

Wilhelm kämpft in Monza mit seinen Brandblasen an den Füßen.

MONZA

Der königliche Park von Monza ist Wilhelm gut bekannt als Hochgeschwindigkeits-Strecke, aber nachdem hier letztes Jahr vier Fahrer tödlich verunglückten, wurde der Streckenverlauf eingekürzt und mit Schikanen versehen. Ein regelrechter Geschicklichkeitsparcours ist es jetzt geworden, Porsche bezeichnet es als ein „in die Ebene projiziertes Bergrennen“. Ständig ist man am Kuppeln, Beschleunigen und Bremsen. Es ist abzusehen, dass über hundert Runden auf dieser Strecke zur echten Strapaze werden. Wilhelm fährt schon die ganze Woche über im Training mit.

Seine Zeiten sind gar nicht so schlecht. Dieses Mal ist er sogar schneller als Henne. Nicht ganz ohne Hintergedanken lädt die AUTO UNION die anderen Piloten ein, ihre Boliden auszuprobieren. Auch Caracciola und Varzi drehen ein paar Runden und loben die gute Straßenlage bei hoher Geschwindigkeit, nur bei den Bremsen und dem Kurvenverhalten hätten sie sich mehr erhofft. Am Rennsonntag kommen fast Hunderttausend Zuschauer, die Ränge und der Park sind brechend voll. Da bekommt Walb plötzlich schwere Magenkrämpfe und muss sich in ein Auto hinter der Box legen.

Der Ersatz-Rennleiter ist schnell gefunden: Wilhelm. Halb so schlimm, Walb hat alles perfekt vorbereitet und Wilhelm hat einen guten Assistenten: Ferdinand Porsche. In der brütenden Hitze werden die Wagen mit Blasmusik und Fahnen in die Startaufstellung geschoben. Die Anfeuerungsrufe der Zuschauer übertönen fast das Aufheulen der anspringenden Motoren. Tre – Due – Uno und … Frühstart. Stuck führt vor Caracciola und kann sich etwas absetzen. Henne fährt übermotiviert in die Haarnadelkurve, schießt beinahe zwei Wagen ab und rammt schließlich Trossi.

Stuck fährt ein grandioses Rennen mit einer halben Minute Vorsprung vor Caracciola. Doch was ist das? Momberger kommt ungeplant an die Box, ihm muss aus dem Wagen geholfen werden. Die Kühlwasser-Hitze hat sich enorm auf das Chassis und die Pedale übertragen. Trotz Schuhen und Spezialeinlagen sind seine Fußsohlen voller Brandblasen. Er ist auch sonst völlig geschafft von der Hitze und braucht dringend einen Ersatzfahrer. Hektische Sekunden folgen. Wilhelm macht sich fahrbereit und übergibt Porsche die Rennleitung. In diesem Chaos wird vergessen zu tanken. Wilhelm kommt an siebter Stelle wieder zurück ins Rennen. Besonders beim Bremsen spürt er sofort die heißen Pedale. Nuvolari holt hinter ihm auf, aber Wilhelm kann ihn 20 Runden lang hinter sich halten, bis er an die Box gewunken wird.

Tanken, Reifen wechseln, Momberger übernimmt wieder. Nach ihm wird Stuck abgefertigt. Fehlt nur noch Leiningen, aber der kommt zu Fuß an die Box! Porsche hat ihn nicht rechtzeitig zum Tanken reingeholt und irgendwo steht jetzt ein einsamer Rennwagen mit leerem Tank neben der Strecke. Nach drei Stunden kommt, was kommen musste. Stuck fährt völlig erschöpft an die Box und übergibt an Leiningen. Auch Stucks rechter Fuß ist voller Brandblasen.

In der AUTO UNION–Box fließen „Ströme von Wasser über den verbrannten Fuß des Meisterfahrers“. Kurz darauf ist Wilhelm wieder dran, nachdem Momberger endgültig aufgibt. Es ist noch ein gutes Stück zu fahren, fast 40 Runden. Stuck will unbedingt wieder ans Steuer und leiht sich von einem Carabinieri einen großen Stiefel für seinen verbundenen Fuß aus. Leiningen ist gut unterwegs, wird aber herausgewunken, um an Stuck zu übergeben. Derweil arbeitet sich Wilhelm rundenlang an den ALFA ROMEO von Marinoni heran und kann ihn schließlich überholen. Aber zu früh gefreut, 10 Runden später klopft der eingewechselte Camotti mit dem gleichen Wagen wieder an. Wilhelm lässt ihn ziehen, denn seine Bremsen lassen immer mehr nach und er möchte den Wagen heil nach Hause bringen. Leiningen/Stuck kommen mit etwas Glück noch auf den zweiten Platz. Wilhelm fährt als Siebter über die Ziellinie und kann endlich aus dem Brutkasten aussteigen. Sein verbrannten Füße werden direkt behandelt. Aber da ist er in guter Gesellschaft, alle AUTO UNION-Fahrer hinken heute.

PORSCHES BRANDBLASENMASCHINE

Als Kühlmittel wird Glykol verwendet, das erst bei 200 Grad zu kochen anfängt. Um Gewicht zu sparen, leitet Porsche diese heiße Kühlflüssigkeit direkt über die Rohre des Fahrgestells. Der Nachteil dabei ist, dass sich die Hitze auf den ganzen Rahmen überträgt, bis hin zu Pedalen und Schalthebel. In Monza kommen hohe Außentemperaturen und eine verkleidete Vorderachse hinzu, die eine Abkühlung des Fußraums verhindert. Bei den vielen Kurven und Schikanen müssen die Piloten fast ständig kuppeln und bremsen, sprich fest auf die Pedale drücken und das über Stunden. Brandblasen sind vorprogrammiert. Die Quälerei geht noch das ganze Jahr über, denn Porsche plant eine Änderung erst für die nächste Saison.

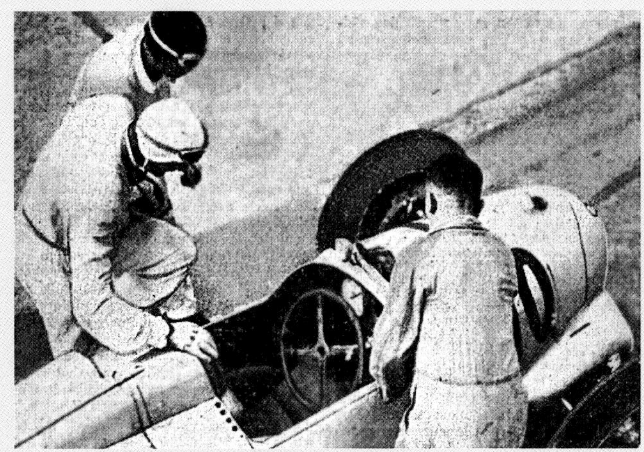

Bloß nicht auf die Blasen treten – Leiningen muss Stuck beim Fahrerwechsel in den Wagen helfen.

BRÜNN

Zum Saisonabschluss in der Tschechoslowakei meldet sich Momberger wegen Arthritis ab. Möglich ist aber auch, dass er nach einer Auseinandersetzung mit Walb hingeworfen hat. Es kriselt schon die ganze Zeit zwischen den beiden. Aber für solche Fälle gibt es ja "Bastl", den Reservefahrer. Die Masaryk-Strecke bei Brünn ist nicht sehr vertrauenserweckend. Sie führt 30 Kilometer über normale Landstraßen, die nicht im besten Zustand sind und durch etliche Dörfer führen. Vor dem Training wird der Privatfahrer Josef Brázdil verhaftet, da er das geliehene Geld für seinen MASERATI nicht zurückbezahlen kann. Schließlich wird seine Haft für die Dauer des Rennens ausgesetzt in der Hoffnung auf Preisgelder. Im Training hat Brázdil einen schrecklichen Unfall bei 200 km/h. Er fährt gegen einen Baum, wird aus dem Wagen geschleudert und ist auf der Stelle tot. Eine tragische Geschichte. Das Training geht weiter, Wilhelms Rundenzeiten werden besser nicht verraten, Stuck dagegen zeigt sich in Höchstform. Am Rennsonntag verteilen sich mehr als zweihunderttausend Zuschauer über die ganze Strecke. Es herrscht wunderbares Wetter und ist sehr, sehr heiß. Insbesondere die AUTO UNION-Piloten hoffen, dass es keine Hitzeschlacht wird wie in Monza. Wilhelm startet wieder aus der vorletzten Reihe. Auf den ersten Kilometern überholt er direkt zwei BUGATTI, was aber keine Heldentat ist, da sie offenbar mit technischen Problemen zu kämpfen haben.

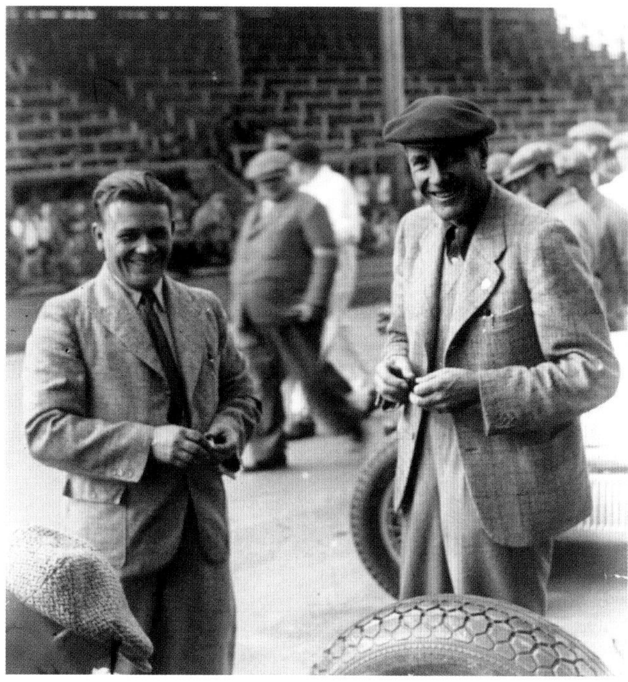

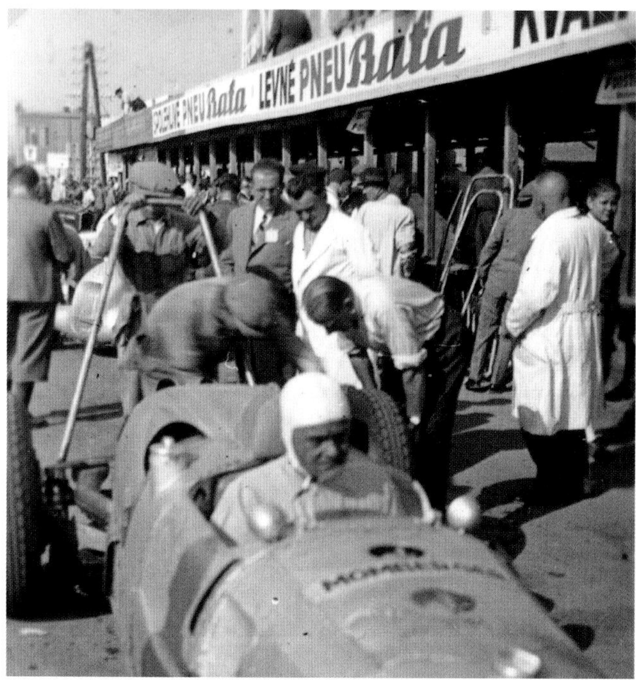

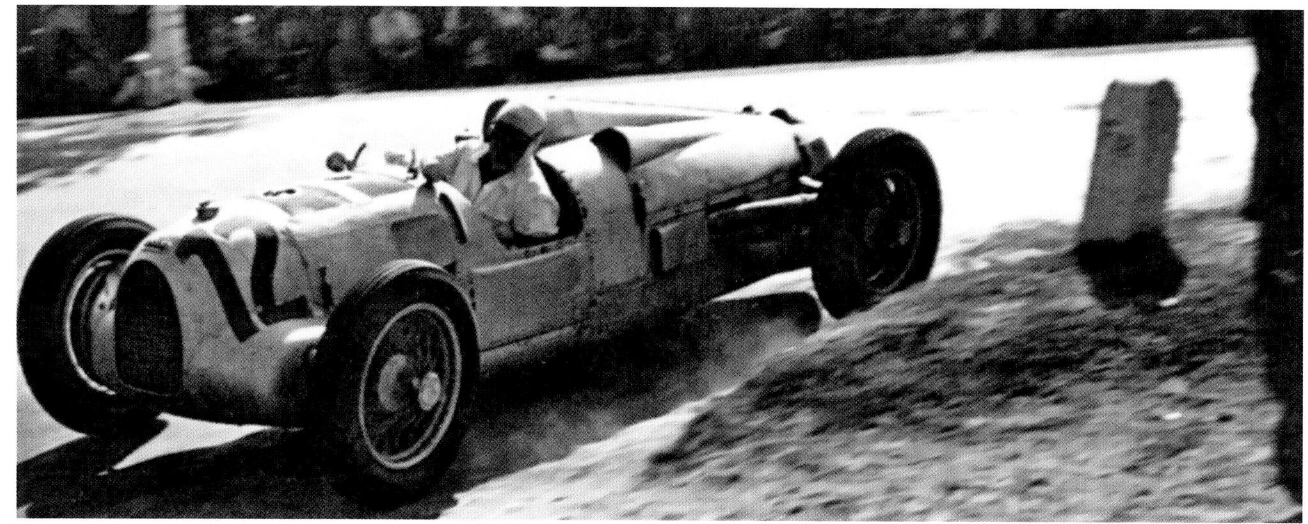

Wilhelm mit Stuck, im Training und im Rennen (12).
Rechte Seite: Wilhelm posiert neben Stucks Siegerwagen.

Nach sechs Runden kann er auf Henne aufschließen und kommt an ihm vorbei. Nur das Hitzeproblem an den Pedalen macht sich immer mehr bemerkbar. Die Füße glühen! Zur Rennmitte hin kommt endlich der Boxenstopp. Er steigt aus und bekommt Wasser über die Schuhe gegossen. Das Team hat ganze Gießkannen voll vorbereitet. Wieder auf der Strecke wird er Opfer der MERCEDES-BENZ-Vögel: Geier überholt ihn in Hennes Wagen. Im Ziel ist Wilhelm zumindest nicht Letzter. Stuck hingegen legt einen Start-Ziel-Sieg hin und das AUTO UNION-Team ist außer sich vor Freude.

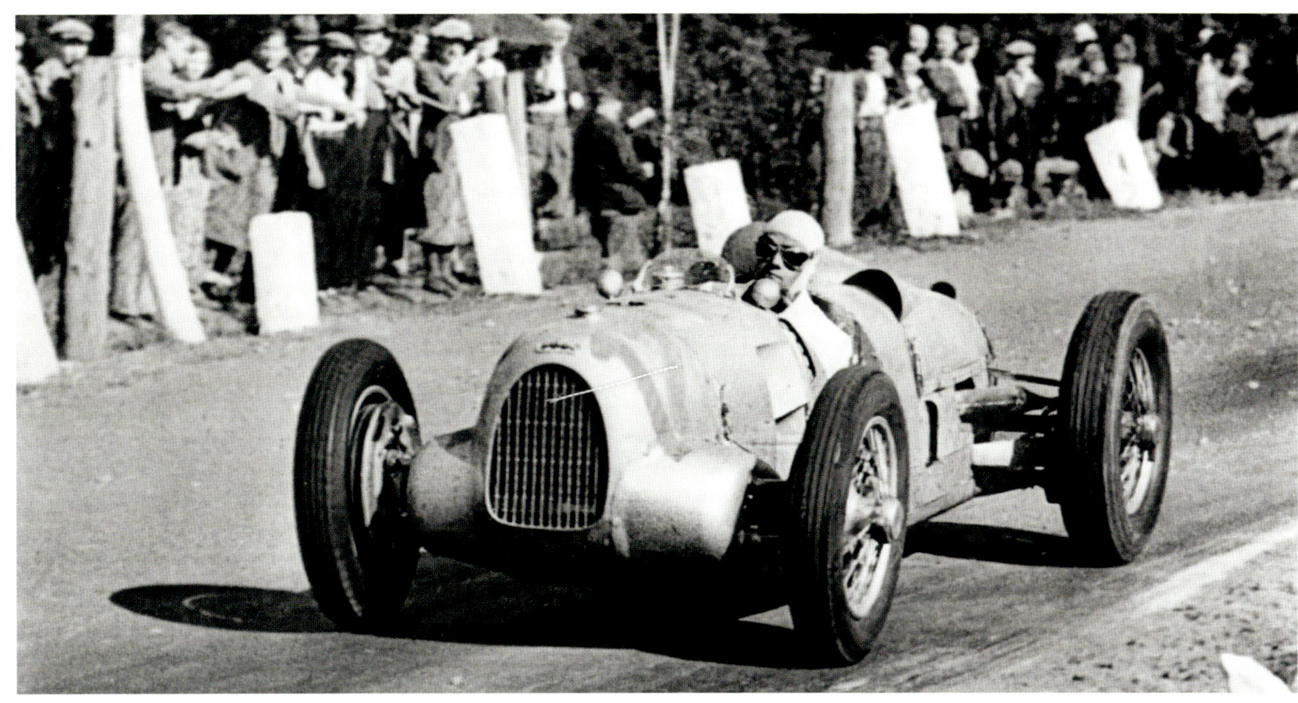

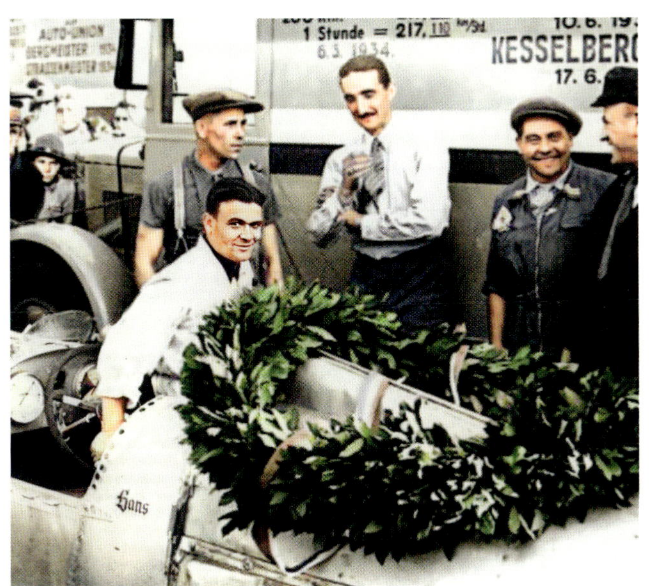

DAS MEISTER-TEAM

Der Sieg in Brünn unterstreicht, dass die Grand Prix-Neulinge von AUTO UNION bereits in ihrer ersten Saison dominieren. Eine einmalige Erfolgsgeschichte, auf die man in Zwickau stolz sein kann. 1934 wird noch kein offizieller Europameister-Titel vergeben, sonst hätte ihn Stuck für die AUTO UNION gewonnen. Er ist auf dem Höhepunkt seiner Karriere mit seinen Grand Prix-Siegen, Geschwindigkeitsrekorden und Erfolgen bei etlichen Bergrennen. Die Rennkarriere des Wilhelm Sebastian passt hingegen auf einen Notiz-Zettel. Unter den gegeben Umständen hat er sich zwar recht gut geschlagen, aber eins steht fest: für die kommende Saison braucht die AUTO UNION dringend neue Fahrer. Man hofft auf den legendären Tazio Nuvolari, den Porsche im Training eingeladen hatte, ein paar Runden zu drehen. Nuvolari ist interessiert, aber schließlich scheitert es am Veto von Stuck, der keine derart hochkarätige Konkurrenz bekommen möchte. Dafür wird Archille Varzi verpflichtet, der zu den erfolgreichsten Fahrern des Jahres zählt. Eine weitere Möglichkeit, um aus der Fahrer-Misere herauszukommen, sind Nachwuchstalente. Walb plant bereits ein Casting im Herbst.

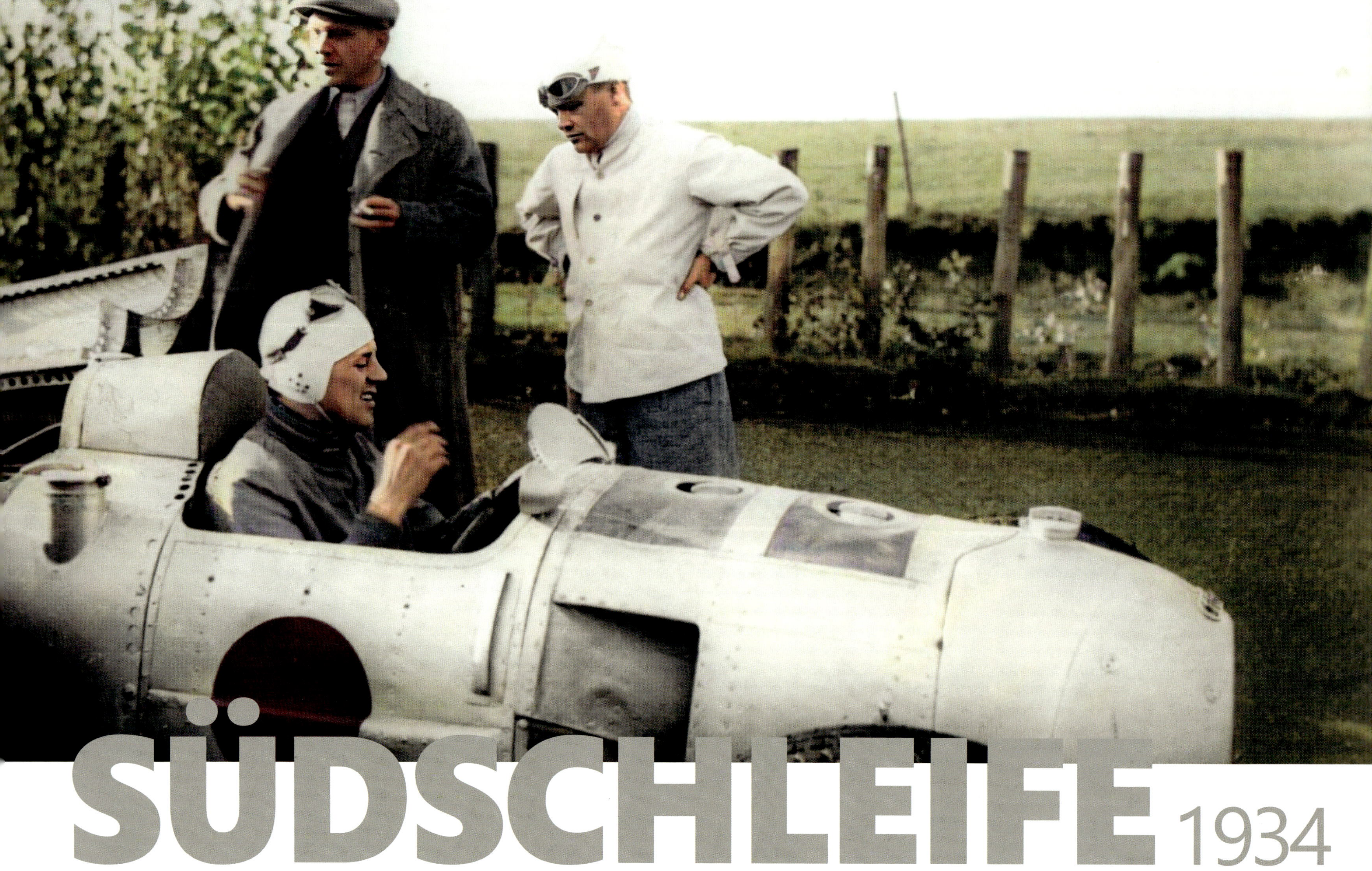

SÜDSCHLEIFE 1934

Rennfahrer-Casting: Mit Walb und Kandidat Simons

WALB SUCHT DEN SUPERSTAR

Ende Oktober sollen die Nachwuchskandidaten ihr Können auf dem Nürburgring beweisen. Bei Walb wird Sicherheit sehr groß geschrieben und er möchte daher nur wenige Kandidaten einladen. Die Propaganda-Abteilung der AUTO UNION entscheidet kurzerhand, dass neun weitere Talente teilnehmen sollen. Die Auswahlprüfung dauert deswegen eine ganze Woche. Die ersten Tage sind den aussichtsreichsten fünf Kandidaten gewidmet, die alle im Renndress antreten. Alle, außer Rosemeyer, der mit Anzug und Krawatte erscheint. Der erfolgreiche Motorradfahrer erklärt, dass es für ihn eine Premiere ist und er sich entsprechend festlich angezogen hat. Walb hält den Teilnehmern einen Vortrag und ermahnt sie, sich erst einmal mit den Grand Prix-Wagen vertraut zu machen. Er warnt eindringlich: „Der Teufel hole den, der im Graben landet. Wer herausfliegt, kann nach Hause fahren." Um sicherzustellen, dass Chancengleichheit besteht, wird am ersten Tag auf der kürzeren Südschleife gefahren, die allen unbekannt ist. In jeweils 20-40 Runden soll herausgefunden werden, wie schnell sich die Kandidaten an den Wagen und die Strecke gewöhnen. Nur wer sich hier bewährt, darf am nächsten Tag auf die Nordschleife. Walb ist ständig unterwegs und beobachtet die Fahrer an unterschiedlichsten Punkten des Rings. Kaum haben er und Ludwig den Beobachtungsposten bei Müllenbach bezogen, verbremst sich auch schon der Kandidat Rosemeyer und rast direkt auf sie zu. Walb und Ludwig springen in Panik hinter ihren HORCH-Wagen, während Rosemeyer sich dreht, den Wagen in Fahrtrichtung abfängt und weiterfährt. Im nächsten Durchgang nimmt er die scharfe Kurve wieder perfekt, als ob nichts gewesen wäre. Er bekommt Zeichen, an die Box zu fahren. Walb kehrt zurück und muss warten. Rosemeyer ignoriert nämlich die gelbe Flagge und kommt erst herein, als der Sprit knapp wird. Das wars für ihn, denken alle. Aber als er zur Rede gestellt wird, ist Walbs Ton alles andere als zurechtweisend. Rosemeyer darf sein Können auch am nächsten Tag beweisen.

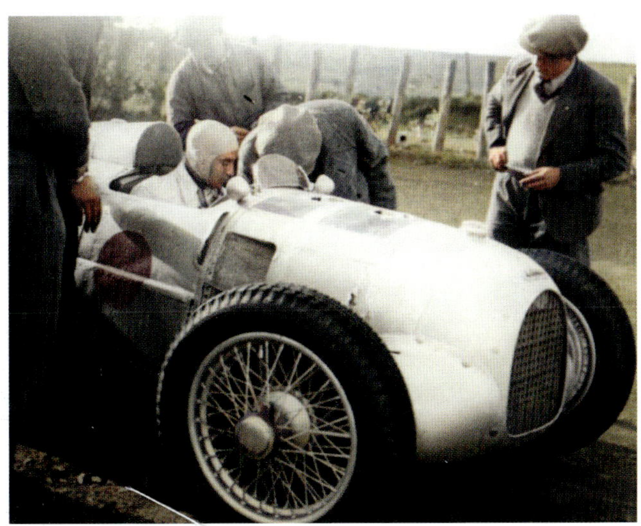

Walb und Wilhelm mit Pietsch. Rechts: Die Kandidaten Pietsch, Soenius und rechts Rosemeyer mit Anzug und Krawatte

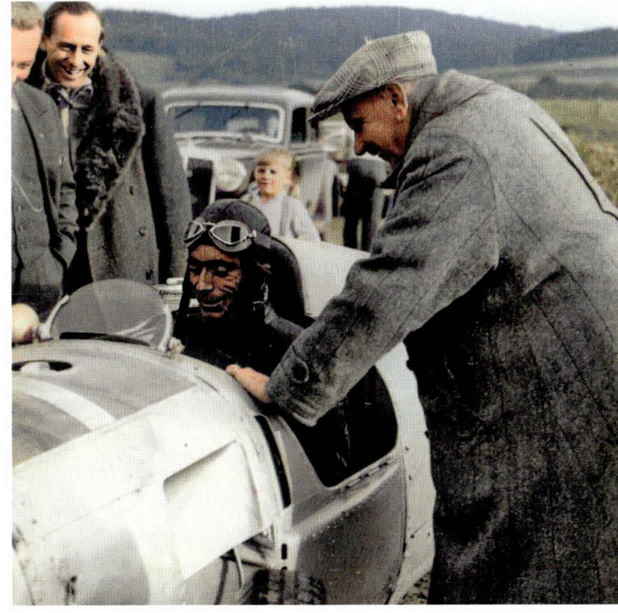

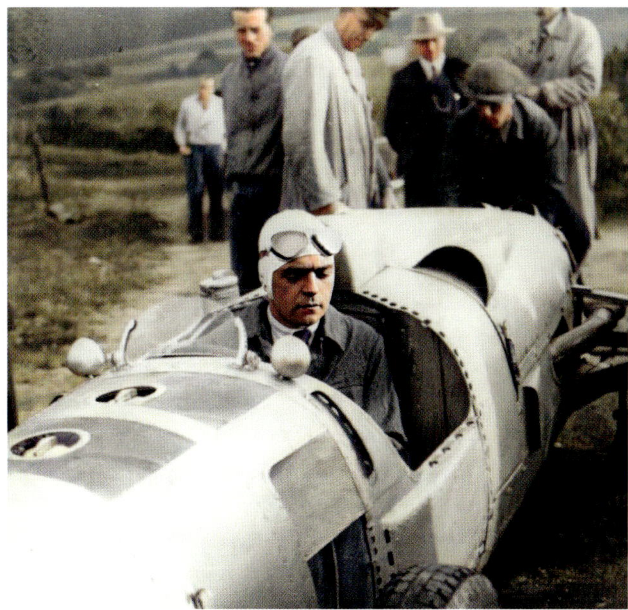

Zur Nordschleife wird die Sitzstellung der Wagen für jeden Kandidat individuell angepasst, damit optimale Bedingungen herrschen. In einer Pause schnappt sich Rosemeyer das Motorrad des Zeitnehmers Schäfer, um einige Achten und sonstige Zirkusnummern vorzuführen. Schäfer ist sehr um seine Maschine besorgt. An den folgenden Tagen sind die übrigen sieben Kandidaten an der Reihe. Keiner von ihnen kann akzeptable Zeiten abliefern. Walb hat zwei Posten zu vergeben und trifft seine Wahl. Klare Entscheidung für Pietsch. Er kann Erfolge auf Rennwagen vorweisen und hat die besten Rundenzeiten. Für den zweiten Fahrerposten ist es nicht mehr ganz so eindeutig. Simons und Rosemeyer liegen sehr nahe beieinander. Walb folgt seiner Intuition und bevorzugt Rosemeyer, da er ihm eine höhere Lernkurve zutraut. Walb formuliert das in seinem Bericht an Direktor Werner so: „... Pietsch fuhr bedeutend leichter (als Simons) und Rosemeyer direkt überlegen-frech." Die Geschäftsführung folgt Walbs Empfehlung und Rosemeyer bekommt einen Jahresvertrag als Reservefahrer. Wenig später ereignet sich folgende Szene in der Zwickauer Rennabteilung: Ludwig ist zu strengster Geheimhaltung verpflichtet, was die Motorkonstruktion und -leistung angeht. Es gefällt ihm gar nicht, als Rosemeyer ständig versucht, Näheres über den Motor zu erfahren. Schließlich wird Ludwig deutlich: „Mein lieber Rosemeyer, bis hierher und nicht weiter. Wenn Sie unbedingt wissen müssen, wie viele Pferdchen unsere Motoren leisten, dann gehen Sie bitte in das Büro, vielleicht bekommen Sie dort nähere Auskünfte. Ich habe Schweigepflicht und werde sie einhalten. Auch ich habe keine Zeit, die Pflicht ruft", (natürlich alles „uff Monnemerisch"). Der Beginn einer wunderbaren Freundschaft also. Was niemand ahnt, es ist wirklich so. Bernd Rosemeyer gefällt Ludwigs selbstbewusstes Auftreten und er möchte ihn unbedingt als seinen Chefmechaniker. Und was auch niemand ahnt: Bernd wird in kürzester Zeit zum bekanntesten Sportidol in Deutschland, einem echten Superstar.

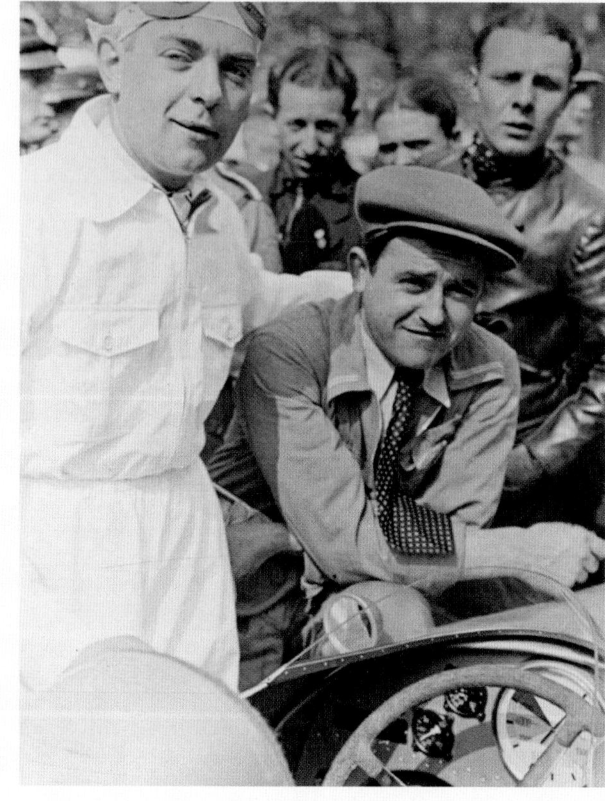

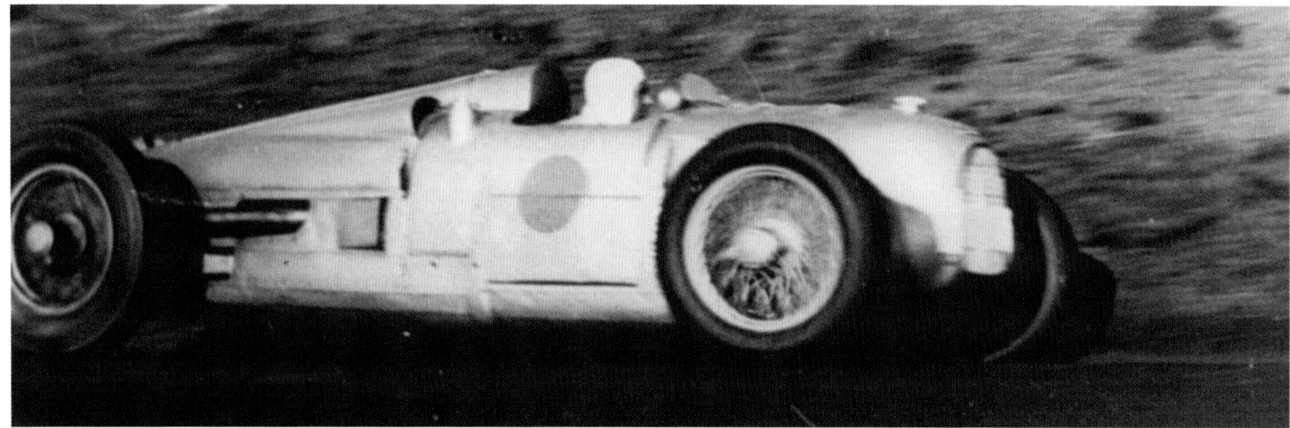

Wilhelm fährt testhalber ein paar Runden auf der Südschleife, notfalls auch mal ohne Fahrerbrille.
Oben: Bernd und „sein" Ludwig. Das Bild stammt von einem späteren Bergrennen.

REKORDE UND KAMELE

In der rennfreien Zeit unternehmen die deutschen Teams Rekordfahrten, ganz nach Regierungswunsch. Dazu werden Stromlinien- Fahrzeuge entwickelt mit geschlossener Karosserie. Ende Oktober 1934 stellt Stuck mit der AUTO UNION-„Rennlimousine“ neue Geschwindigkeitsrekorde auf. MERCEDES-BENZ kontert wenig später. Deren letzter großer Rekordversuch liegt über 20 Jahre zurück. Seinerzeit wurde die 220 km/h-Grenze mit dem legendären „Blitzen Benz“ aus Mannheim durchbrochen. Chefkonstrukteur war damals schon Hans Nibel, dessen Neuentwicklung die Bestmarke über die „fliegende Meile Klasse C“ auf fast 317 km/h hochschraubt. Völlig überraschend erliegt er wenige Wochen später auf dem Stuttgarter Bahnhof einem Herzinfarkt. Vor der Automobilausstellung im Februar 1935 startet die AUTO UNION weitere Versuche. Wegen des schlechten Wetters geht es mit der Bahn nach Italien. Das Team belegt einen ganzen Schlafwagen-Waggon und „im Laufe des Abends ist alles Trinkbare, was es in dem ganzen Zug gab, von der Rennabteilung aufgekauft und ausgetrunken,“ erinnert sich Stuck. Auf einer Strecke bei Lucca schlägt er mit 320 km/h den MERCEDES-BENZ Rekord. Die eigentliche Saison beginnt für die AUTO UNION beim Grand Prix in Tunis. Neuzugang Varzi feiert einen beeindruckenden Start-Ziel-Sieg. Eine Woche später verfehlt er nur knapp einen weiteren Sieg in Tripolis.

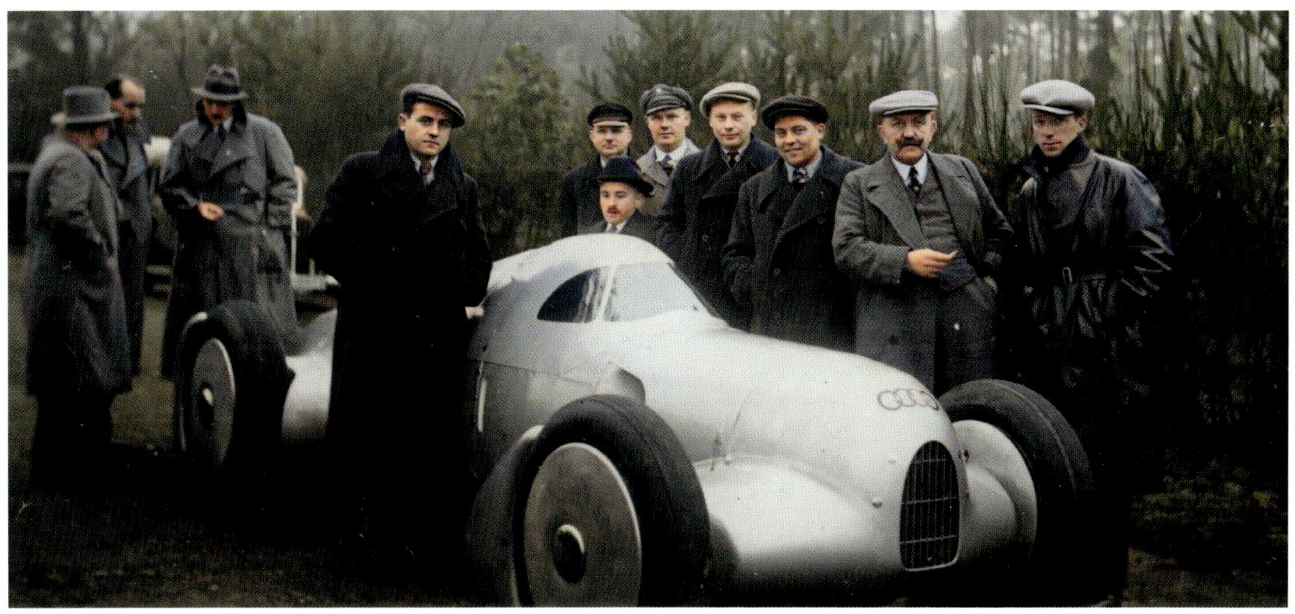

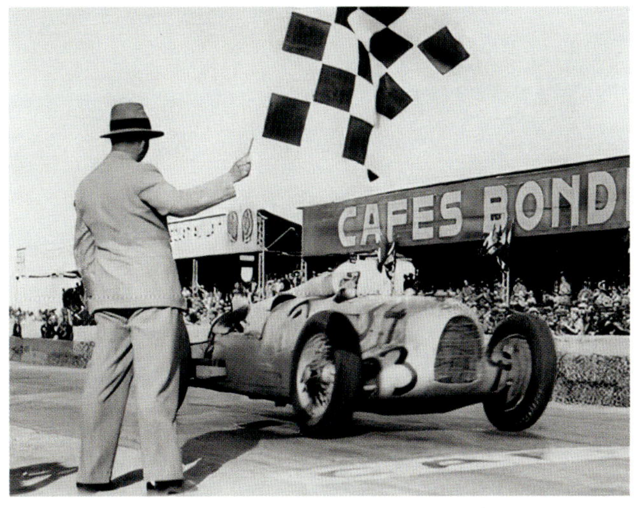

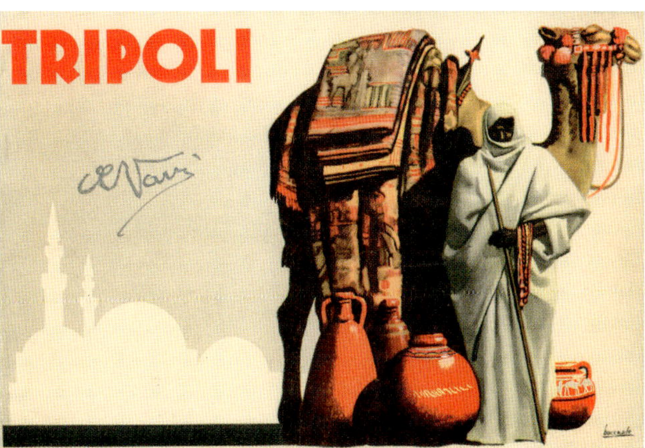

Oben: Ludwig vor der „Lucca-Rennlimousine“. Darunter: Varzi auf Hochtouren: Sieg in Tunis und zweiter Platz in Tripolis

Rennen 1935

Rennen	Datum	Gesamt länge Km	Runden länge Km	
~~Grosser Preis von Monaco~~	22.IV. Mo	318	3,18	
Grosser Preis von Tunis	5.V. So	470	12,714	
Grosser Preis von Tripolis	12.V. So	524	13,1	
~~Shelsley Walsh~~	18.V. Sa	0,9144	0,9144	
Avusrennen	26.V. So	100+200	19,573	
~~Feldbergrennen~~ Saarlouis	2.VI. So	4,0	4,0	
Grosser ~~Preis v. Alessandria~~	2.VI. So	184	8,0	
Eifelrennen	16.VI. So	(342)	7,747 (22,81)	
Grosser Preis v. Frankreich Paris	23.VI. So	500	12,5	
Kesselberg	30.VI. So	5,00	5,00	
Grosser Preis d. Marne Reims	7.VII. So	500	7,826	64
Susa-M. Cenis Bergr.	7.VII. So	22,1	22,1	1
Grosser Preis v. Belgien Spa-Liege	14.VII. So	594	15	40
Grosser Preis v. Deutschland	28.VII. So	570	22,81	25
Coppa Ciano, Montenero Livorno	4.VIII. So	240	20	12
Grosser ~~Preis v. Schweden~~ Nori Wram	11.VIII. So	356,4	29,7	12
Coppa Acerbo Pescara	15.VIII. Don	516	25,8	20
Grosser Preis v. ~~Nizza~~	18.VIII. So	321,4	3,214	100
Grosser Preis d. Schweiz	25.VIII. So	509,6	7,28	70
Grosser Bergpreis, Freiburg	1.IX. So	12,0	12,0	1
Stilfserjoch-Bergr. Bormio	1.IX. So	14,0	14,0	1
Grosser Preis v. Italien Monza	8.IX. So	500	4,310	116
~~Grosser Preis v. Holland~~	15.IX. So			
Mont Ventoux. Bergr.	15.IX. So	21,6	21,6	1
Grosser Preis v. Spanien	22.IX. So	519	17,315	30
Masarykring	29.IX. So	495	29,142	17
Feldbergrennen Taunus	11.VIII			

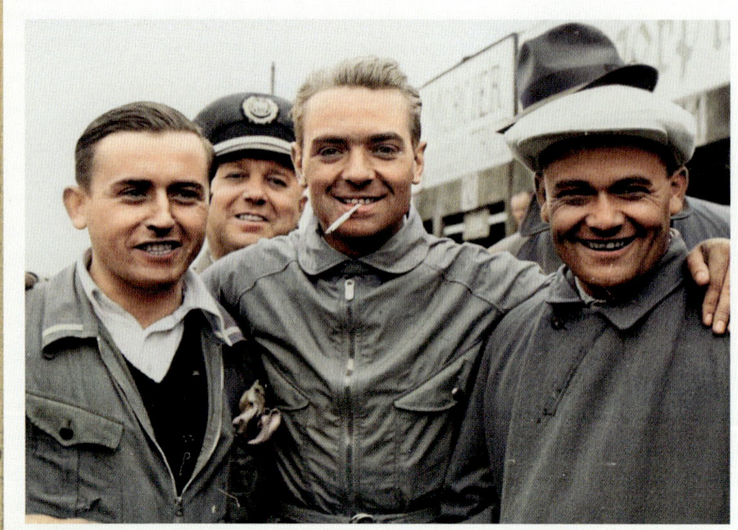

Ludwig, Bernd und Wilhelm beim Training zum Großen Preis von Deutschland 1935

Da Walb das Leben seiner Nachwuchsfahrer nicht unnötig auf Spiel setzen möchte, soll ihr Debut so spät wie möglich erfolgen. Neuzugang Bernd Rosemeyer bearbeitet Walb aber fast täglich, um schon beim AVUS-Rennen in Berlin starten zu dürfen. Schließlich gibt der entnervte Walb nach, was er nicht bereuen soll. Bernd hat im Training hervorragende Zeiten und fährt vorne mit, bis sich plötzlich ein Reifen zerlegt. Er fängt den schlingernden Wagen sicher ab und verdient sich damit großen Respekt. Er darf drei Wochen später auch beim Eifelrennen starten. Über Zweihunderttausend Zuschauer fiebern mit Caracciola, Stuck oder Nuvolari, aber Bernd hat niemand auf der Rechnung. Umso größer die Überraschung, als sich der Anfänger zur Spitze vorkämpfen kann und dann sogar in Führung geht.

Am Ende gewinnt Caracciola mit hauchdünnem Vorsprung, aber Held des Tages ist Bernd. Es folgen spektakuläre Aufholjagden beim Großen Preis von Frankreich und Deutschland. In Pescara lässt ihn eine blockierende Hinterradbremse von der Strecke abkommen. Er rast zwischen einem Mast und einer Hauswand hindurch, dabei ist der Abstand nur wenige Zentimeter breiter als sein Wagen. Das Hinterrad muss danach repariert werden, aber er kämpft sich wieder nach vorne und sichert sich den zweiten Platz hinter Varzi. Auch beim Schweizer Grand Prix schafft er es aufs Podium. Bernd mausert sich zum neuen Star bei der AUTO UNION. Nach langer Zeit gewinnt Stuck in Monza wieder einmal ein Rennen, nachdem zwei Drittel aller Teilnehmer ausgefallen sind. Beim spanischen Grand Prix hat das Team erneut mit technischen Problemen zu kämpfen, aber das relativiert sich im Vergleich zu den Geschehnissen in Deutschland. Wenige Wochen nach dem Verkauf seiner Geschäftsanteile an Porsches Sohn „Ferry“ wird Rosenberger in Pforzheim verhaftet. Ihm wird „Rassenschande“ mit seiner Freundin vorgeworfen. Er befindet sich in höchster Gefahr und sein Anwalt bittet Porsche um Hilfe. Doch Porsche meidet jeden Kontakt und reist zum Grand Prix nach Spanien. Rosenbergers Nachfolger bei PORSCHE, Veyder-Malberg, schaltet sich ein. Rosenberger wird derweil ins Konzentrationslager Kislau verschleppt und misshandelt. Schließlich entlässt man ihn mit der Auflage, das Land zu verlassen.

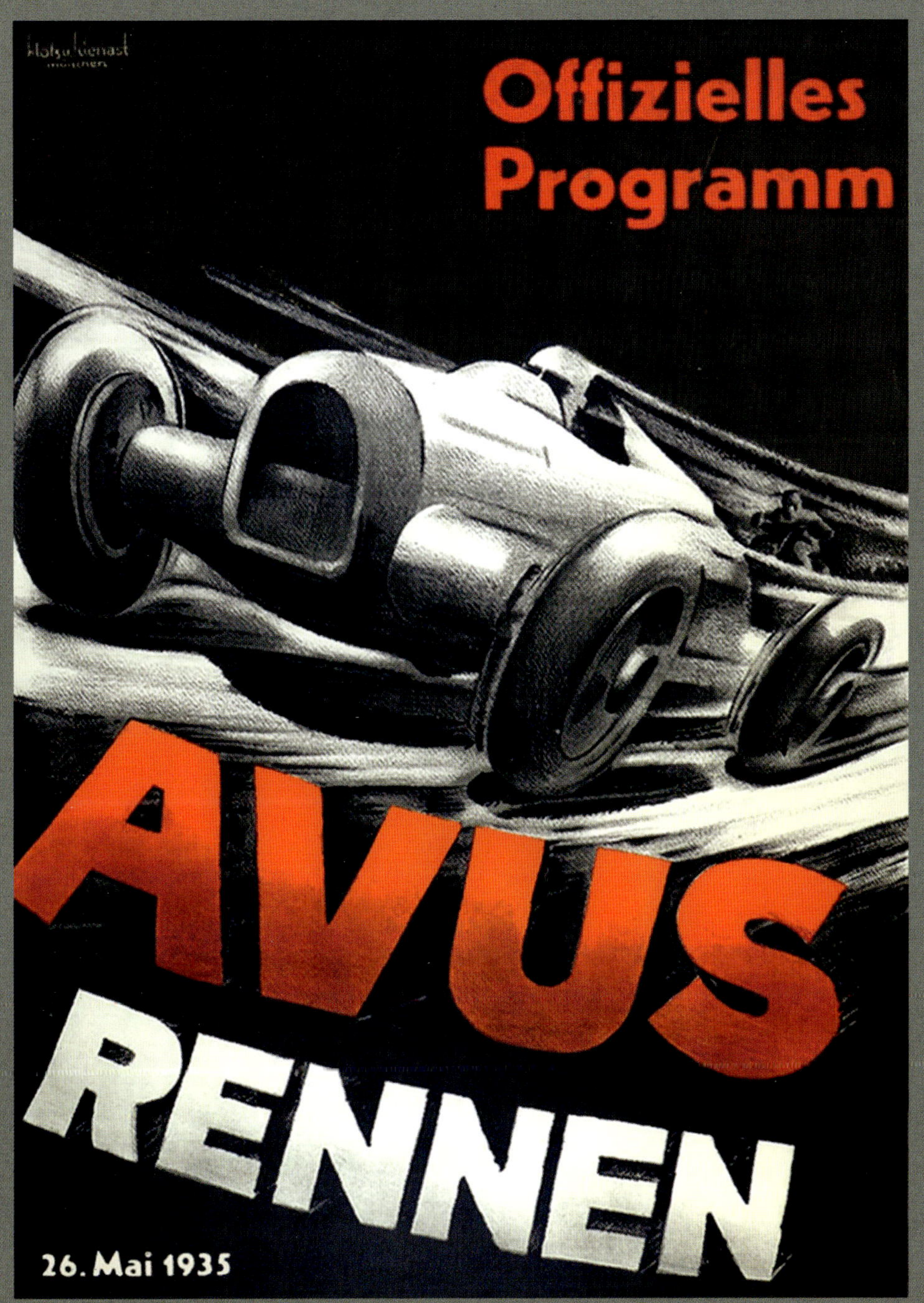
Offizielles
Programm
AVUS
RENNEN
26. Mai 1935

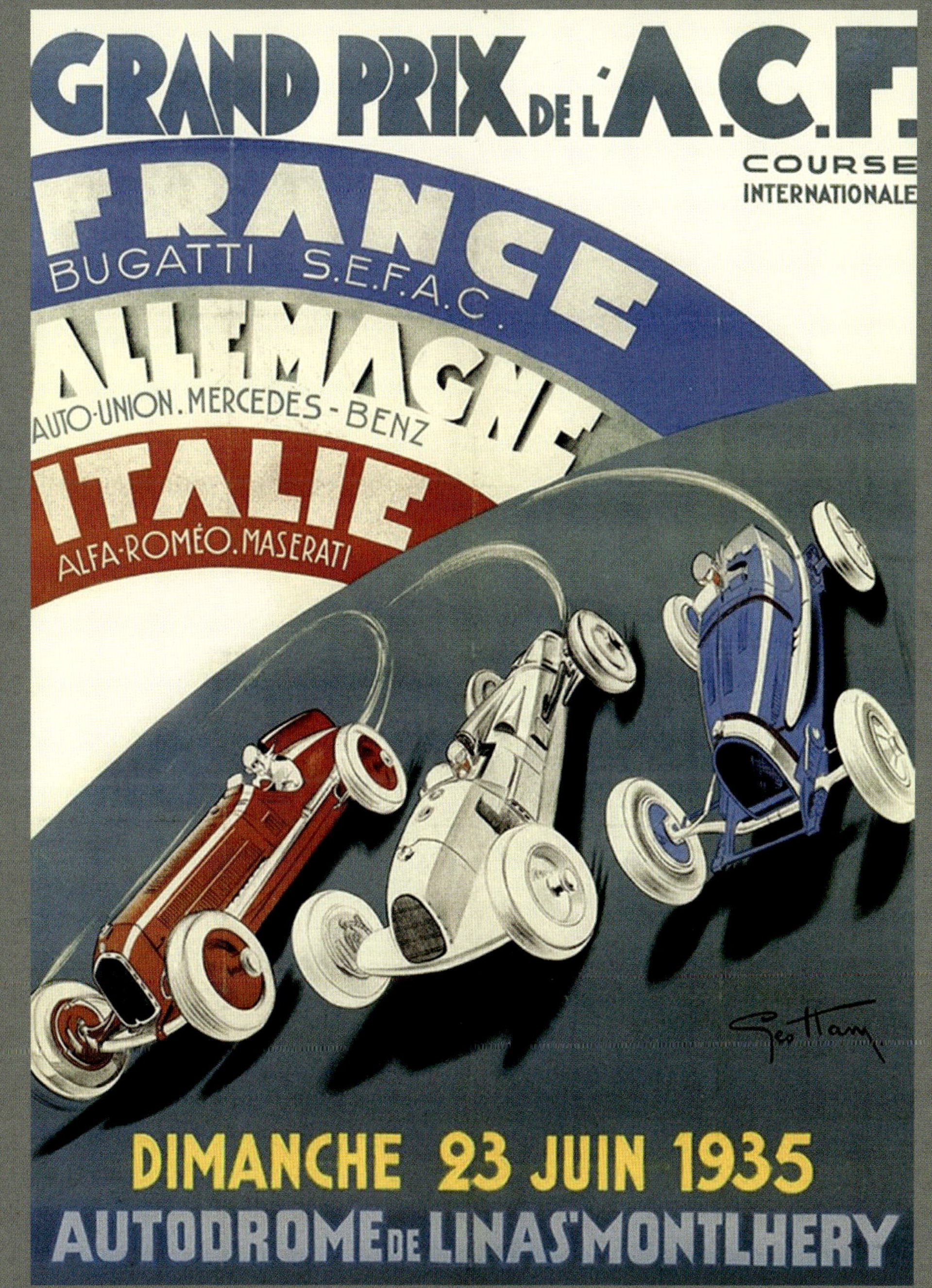
GRAND PRIX DE L'A.C.F.
COURSE
INTERNATIONALE
FRANCE
BUGATTI S.E.F.A.C.
ALLEMAGNE
AUTO-UNION. MERCEDES-BENZ
ITALIE
ALFA-ROMÉO. MASERATI
DIMANCHE 23 JUIN 1935
AUTODROME DE LINAS MONTLHERY

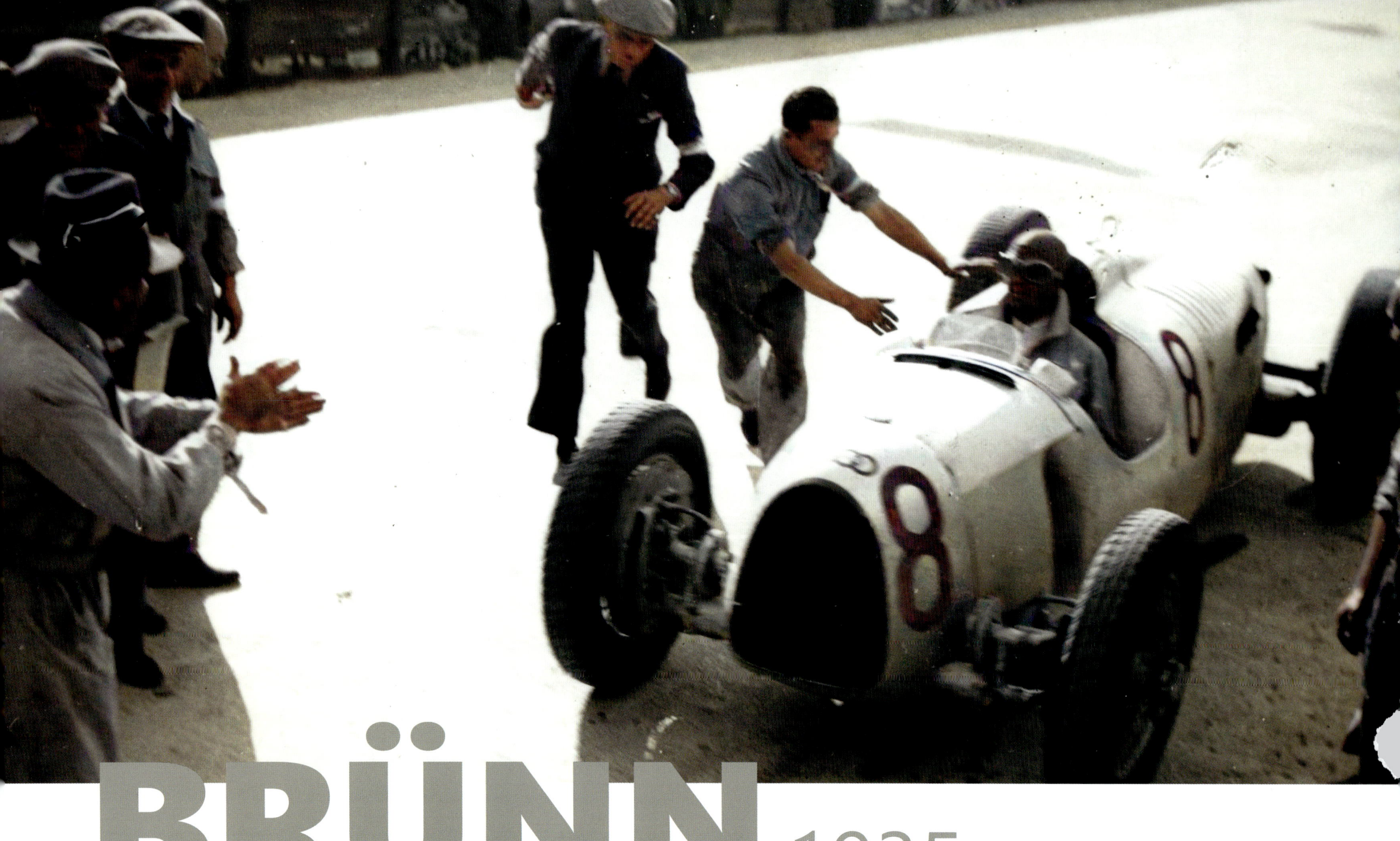

BRÜNN 1935

Bernds erster Sieg: Walb und Ludwig als Empfangskomitee

DER STUCK BRÖCKELT

Bereits eine Woche nach dem spanischen Grand Prix tritt das Team zum Saison-Abschlussrennen in Brünn an. Wieder versammeln sich zum Rennen etwa hunderttausend Zuschauer um die Strecke. Noch vergangenes Jahr ist Wilhelm hier mit verbrannten Fußsohlen herumgefahren. Wie letztes Jahr geht Stuck direkt in Führung, wird aber schon in der ersten Runde von Varzi und dann von Bernd überholt. Stucks Zeit als Nummer-eins-Fahrer ist Geschichte. Als ob das nicht schon genug wäre, knallt ihm auch noch ein Vogel auf die Fahrerbrille und verletzt ihn am Auge. Er wird von Pietsch abgelöst, um verarztet zu werden. Als Stuck seinen Wagen wieder übernimmt, sind alle Siegchancen vertan. Er biegt an einer Seitenstraße ab und fährt mit dem Grand Prix-Wagen zu einem Freund, der in der Nähe wohnt. Für Außenstehende klingt das belustigend, dem Team gegenüber ist das eine einzige Gemeinheit. Währenddessen übernimmt Bernd die Führung von Varzi, der mit technischen Problemen aufgeben muss. Für das letzte Drittel des Rennens gibt Walb Zeichen, reifenschonend zu fahren. Bernds Vorsprung ist groß genug und er drosselt sein Tempo. Minuten vor der Zieleinfahrt freut sich ein Reporter schon über Bernds Sieg, aber Walb entgegnet: „Er ist noch nicht da!“ Aber dann gewinnt Bernd zum ersten Mal einen Grand Prix. Ludwig und Walb rennen die letzten Meter neben ihm her, als er an die Box rollt. „Einmal musste es ja klappen“, freut er sich, als er von den Monteuren auf die Schultern gehoben wird.

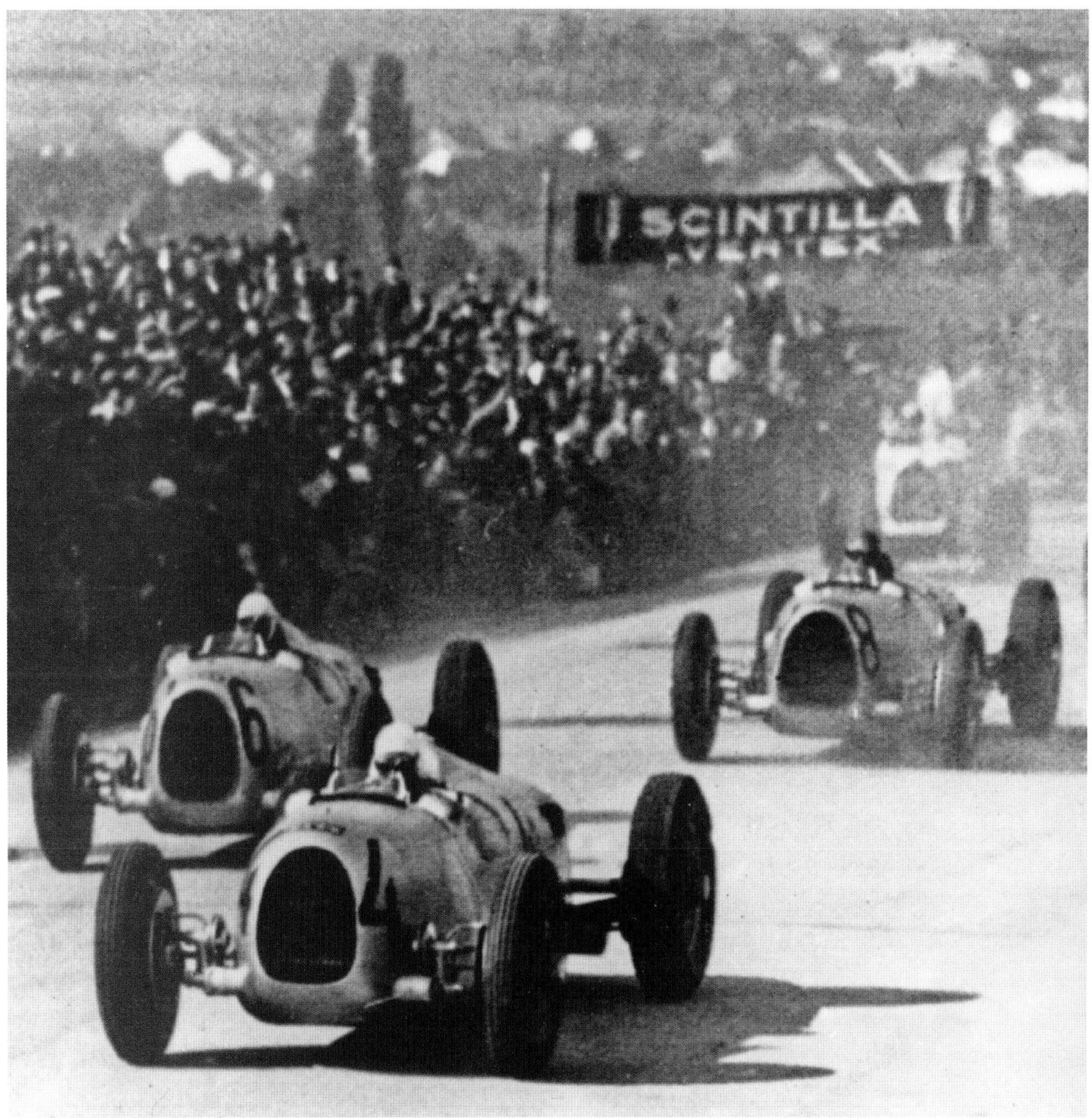

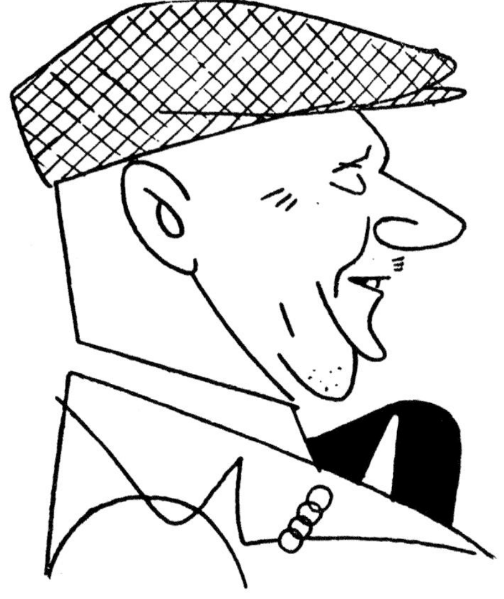

DIE ABRECHNUNG

Walb kann sich bei der Siegesfeier in Brünn nicht so recht freuen. Er soll als Sündenbock für eine durchwachsene Saison herhalten und wird von Dr. Karl Feuereißen abgelöst, theoretisch schon seit Anfang des Monats. Es rächt sich, dass Walbs junge Rennabteilung nicht richtig etabliert ist. Die Zuständigkeiten sind bei der AUTO UNION oft unklar und selbst Externe wie Porsche und Stuck können beliebig hereinreden. Walb hat sich daher viele Feinde gemacht, um seine Abteilung nach vorne zu bringen. Oertzen verspricht ihm eine andere Stelle im Team, aber Oertzen kommt ins Visier der Nationalsozialisten und verlässt die Geschäftsführung. Für Walb folgt daraufhin keine Ablösung, sondern eine regelrechte Abrechnung. Der unbequeme Rennleiter darf nicht mehr an Rennen teilnehmen und wird ins Werk Siegmar versetzt. Vertraglich zustehende Prämien bekommt er nicht mehr ausbezahlt. Walb erleidet einen Nervenzusammenbruch und muss sich verbittert der Entscheidung beugen. Für Wilhelm ist es sicher nicht leicht, das alles miterleben zu müssen. Der neue Rennleiter Feuereißen ist böhmischer Landsmann von Porsche und hat Karriere als Sportsekretär beim „Allgemeinen Deutschen Automobil-Club" (ADAC) gemacht, der jetzt unter Kontrolle der NSKK „Der Deutsche Automobil-Club" (DDAC) heißt. Feuereißen organisiert Geländefahrten, „die den Gedanken des Wehrsportes in ganz besonderem Maße fördern". Organisieren kann er sicher gut, aber vom Grand Prix-Geschäft hat er wenig Ahnung. Schon beim DDAC war er bekannt für seinen autoritären Stil und das Team verpasst ihm dafür den Spitznamen „Feuerbeißer". Bei den Profi-Fahrern ist der Doktor der Volkswirtschaftslehre ohnehin nicht auf Augenhöhe. Und so kommt es, dass Wilhelms Rolle als Team-Manager immer wichtiger wird.

Siegerehrung in Brünn mit Wasserstandsmeldung: links Walb, in der Mitte der Sieger Bernd und rechts Feuereißen. Oben links: Karikatur von Walb.Rechts: Walbs Zeit läuft ab. AUTO UNION-Direktor William Werner und Ressortchef Richard Völter lassen ihren Rennleiter fallen. (Bild vom GP Deutschland 1938)

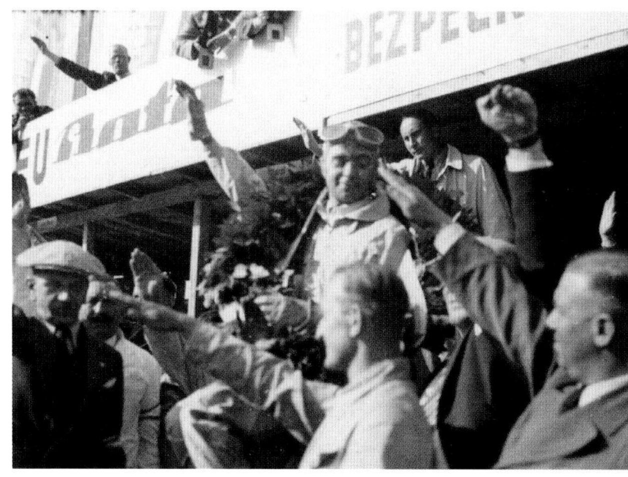

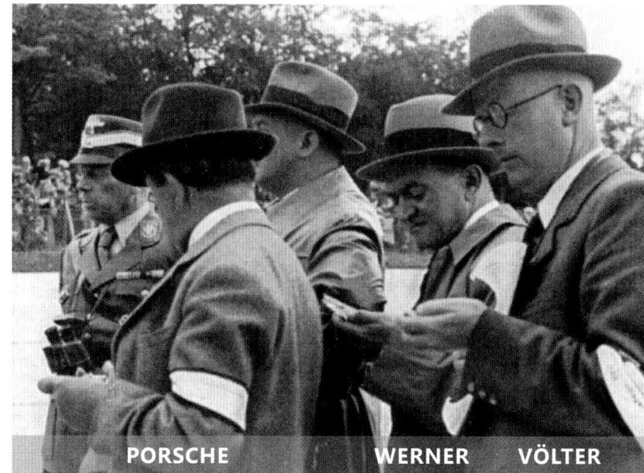

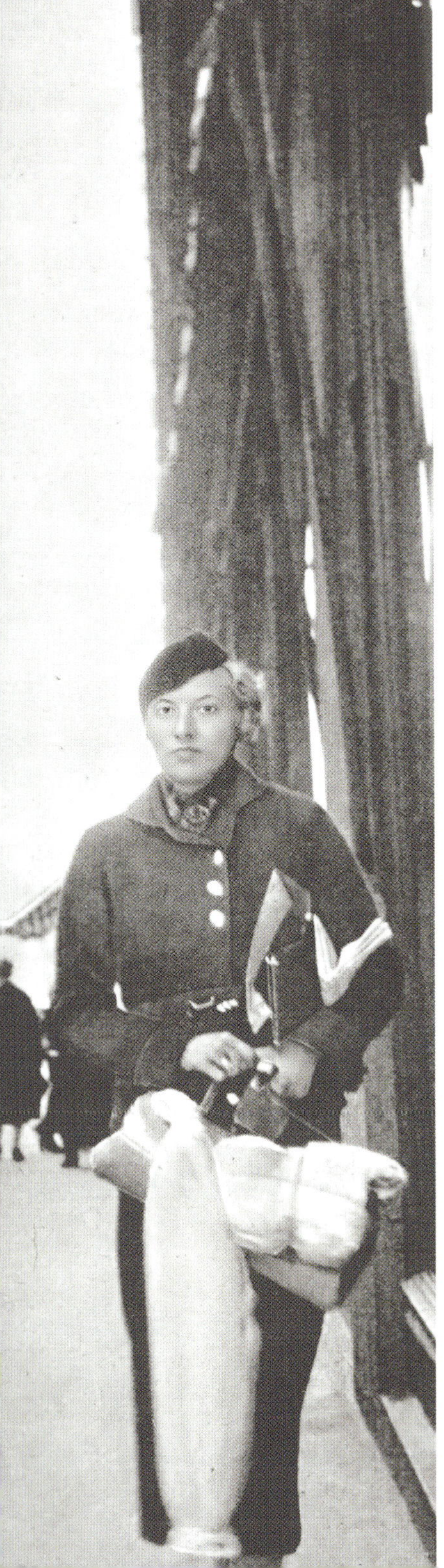

DIE VERSUCHUNG

Auch für den Reservefahrer Pietsch ist Brünn das letzte Rennen für die AUTO UNION. Die Zeitungskritiken sind gnadenlos: „Dem Schwarzwälder fehlt eben die unbedingt notwendige Erfahrung, die man zum Steuern eines so schnellen und modernen Rennwagens braucht." Trotz seines Talents kommt er mit dem Mittelmotorwagen einfach nicht zurecht und kann schon die ganze Saison über mit seinen Teamkollegen nicht mithalten. In Monza wird er an siebter Stelle hereingewunken, um an Bernd zu übergeben, der dann in einer wilden Überholungsjagd noch aufs Podium fährt. Oder beim Grand Prix in Spanien, als er sich den Wagen mit Varzi teilt und von ihm mit Rundenrekord deklassiert wird. Pietsch ahnt nicht, dass er nicht nur das Auto mit Varzi teilt. Im Herbst gesteht ihm seine Frau, dass sie sich in Varzi verliebt hat und sich scheiden lassen möchte. Eine echte Boxengassen-Affäre. Wilhelms Frau möchte nie zu Rennen mitkommen und vielleicht ist das gar nicht so schlecht. Pietsch hat privat und beruflich alles verloren. Er nimmt erst einmal ein Jahr Auszeit.

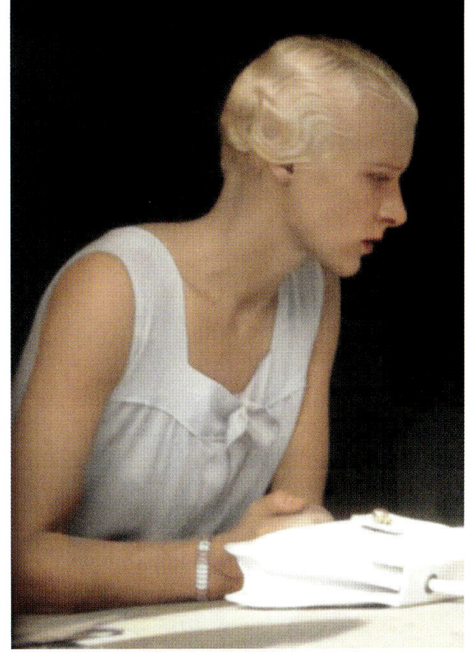

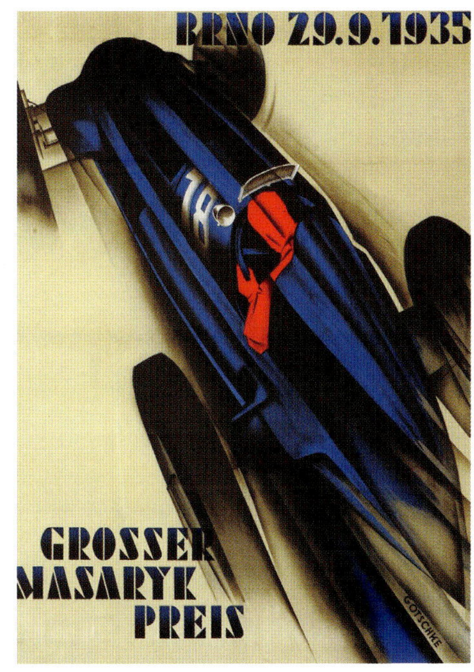

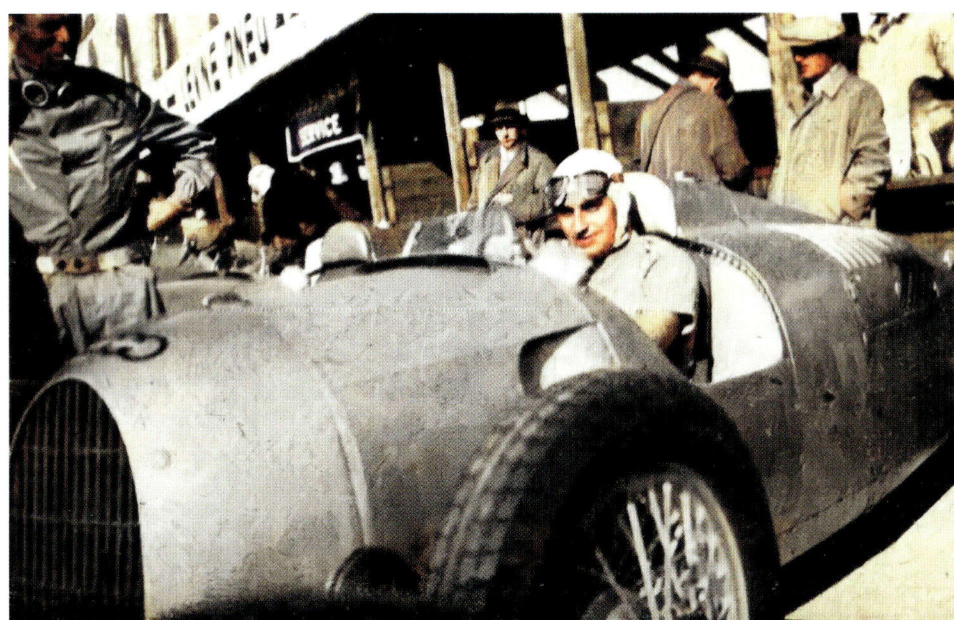

Ilse Pietsch, geborene Engel.
Rechts unten: Pietsch in Brünn. Links am Wagen steht sein Nebenbuhler Varzi.

DIE ÜBERRASCHUNG

In Brünn hat sich einige Prominenz angekündigt, darunter die berühmte Fliegerin Elly Beinhorn, die sich auf Vortragsreise in der Tschechoslowakei befindet und die Gelegenheit wahrnimmt, sich das Rennen anzusehen. Nach der Preisverleihung gratuliert sie Bernd zu seinem Sieg. Die kurze Begegnung lässt beide nicht mehr los. Bei der Siegesfeier sieht man sie schon zusammen tanzen. Als Wilhelm erfährt, dass Frau Beinhorn wenig später in Zwickau einen Vortrag halten wird, bestellt er gleich ein paar Karten und überrascht Bernd damit. Lange Vorträge sind eigentlich nichts für ihn, bis er versteht, wer da präsentiert: „Was die Elly? Aber klar Bastl, da müssen wir hin."

Die Veranstaltung der ehrwürdigen Deutschen Kolonialgesellschaft ist ausverkauft, Wilhelm und Bernd sitzen in der ersten Reihe. Frau Beinhorn erzählt eindrucksvoll über ihre Flugabenteuer und die Erlebnisse bei den Mayas. Bernd versucht ständig, sie mit Zwischenbemerkungen aus dem Konzept zu bringen. Aber sie kann humorvoll kontern. Eins wird klar: Es geht nicht mehr um die Geschichte der Mayas, sondern um die von Bernd und Elly.

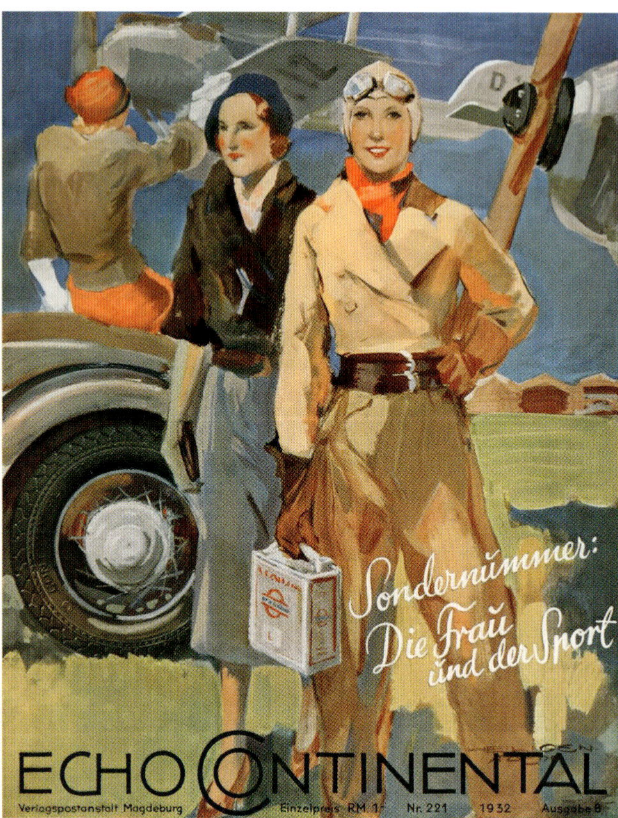

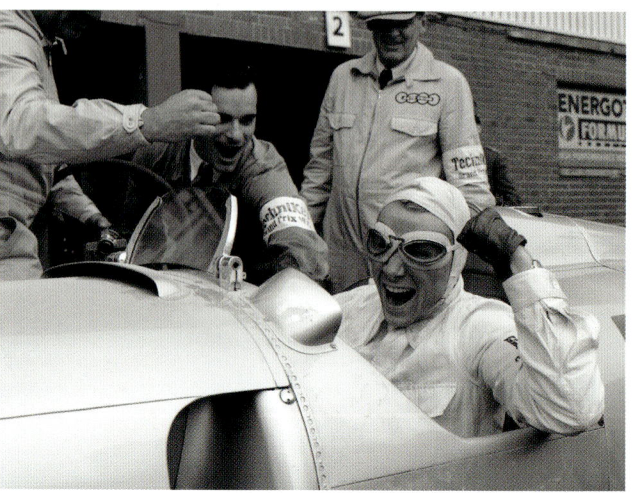

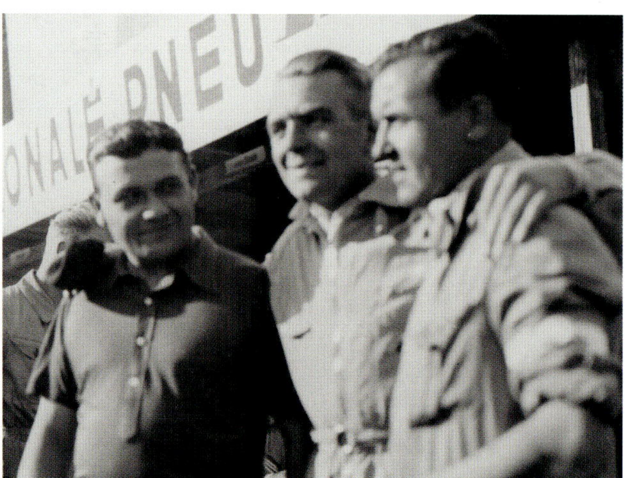

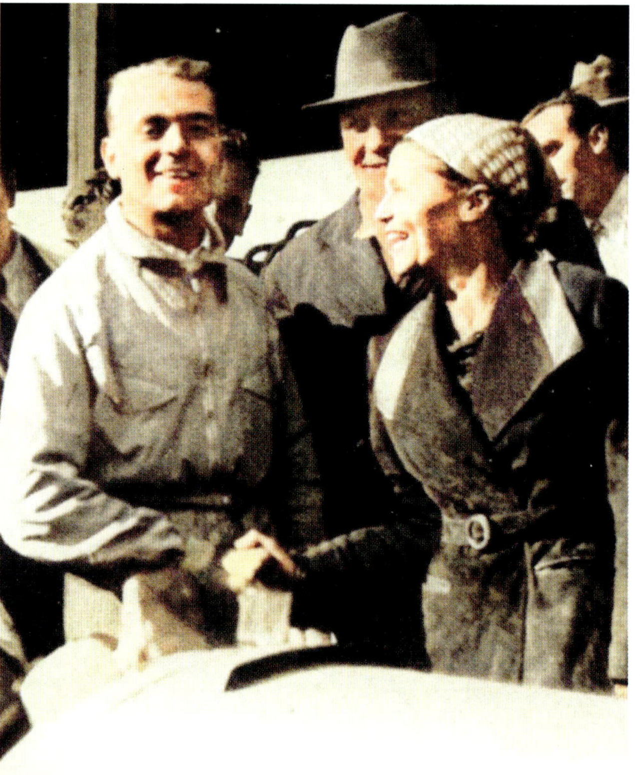

Oben links: Das Cover der Echo Continental Mai 1932 ist inspiriert von Ellys Rekordflügen. Daneben: 2014 wird der Sieg in Brünn nachgestellt für den Spielfilm „Alleinflug". Sogar einen „Film-Sebastian" gibt es. Unten links: Erinnerungsfoto an den Sieg in Brünn mit Sebastian & Sebastian. Rechts daneben: Elly und Bernd treffen sich zum ersten Mal. Rechte Seite: Abschiedsfoto in Brünn mit dem Siegerwagen (Ludwig ganz links mit Hut)

Bernd Rosemeyer's erster Sieg

Der junge Auto-Union-Fahrer gewinnt den Großen Masaryk-Preis bei Brünn vor 100 000 Zuschauern

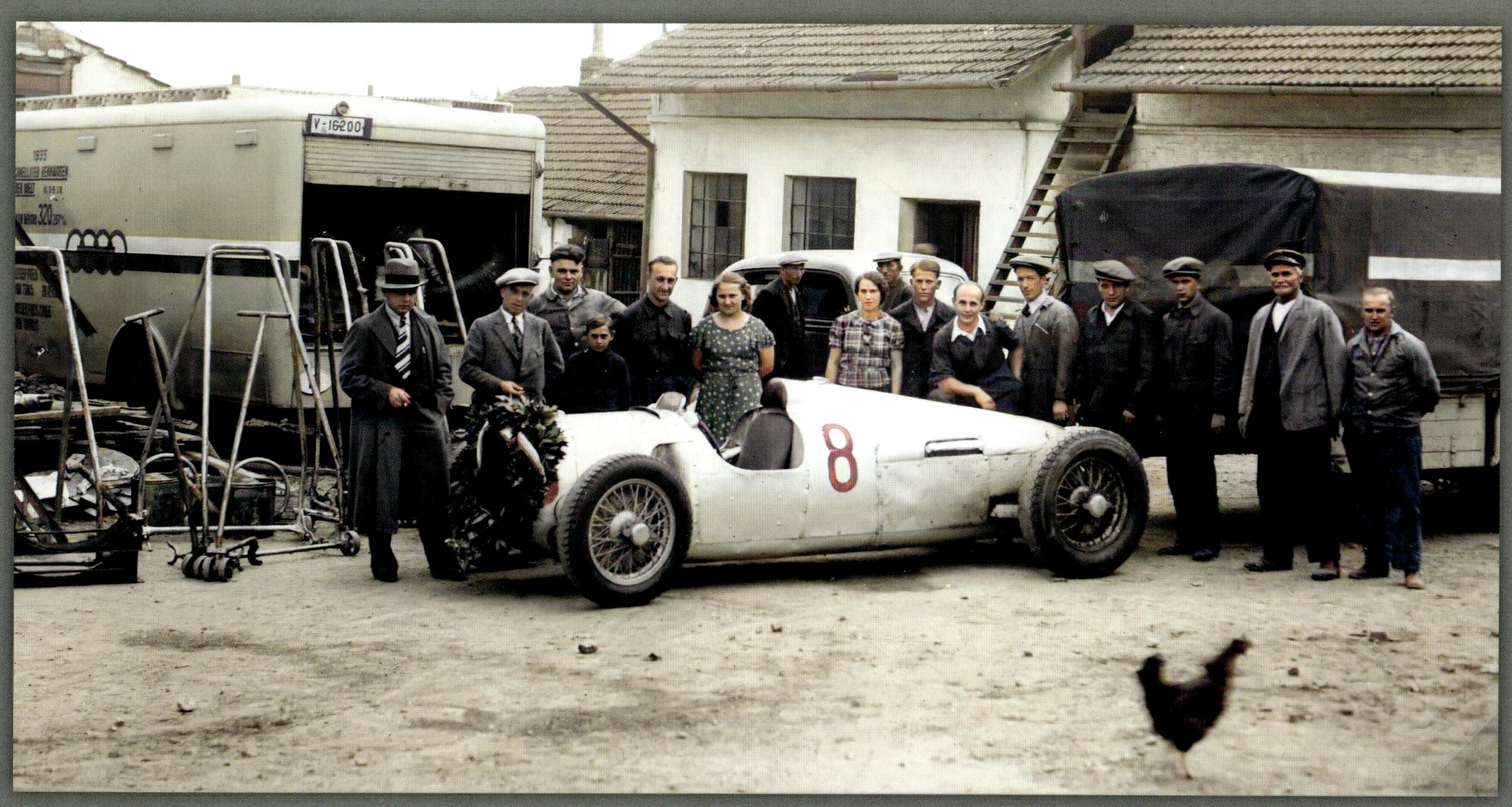

KEINE ATEMPAUSE

Nach der Saison ist vor der Saison. Für 1936 hat Porsche mit Eberan und Walb eine Ausbaustufe auf den Weg gebracht, die es in sich hat. Der neue Motor erreicht Werte über 500 PS. Mit dem Weggang von Walb ist es jetzt Wilhelms Aufgabe, diese Leistung auf die Straße zu bringen. Fieberhaft wird daran gearbeitet, die neuen Modelle fertigzustellen. Besonders laut ist es, wenn die Motorleistung getestet wird. Ludwig steht dann regelmäßig im Kraftstoffnebel. Gleichzeitig geht die Suche nach Reservefahrern weiter. Wie im letzten Jahr findet dazu ein Casting auf dem Nürburgring statt. Der neue Rennleiter Feuereißen hat keinen guten Start. Bei den Probefahrten auf der Nordschleife hat der Nachwuchskandidat Hahn gleich in seiner zweiten Runde einen Unfall, der aber nochmal glimpflich ausgeht. An Wilhelm kann es wohl nicht liegen, der instruiert seine Schützlinge nämlich mit: „… zerschmeißen Sie mir das Ding nicht, es kostet etliche Zigtausende, sonst sind Sie so oder so erledigt", im O-Ton „uff Monnemerisch", versteht sich. Die Auswahl dauert wieder eine Woche und drei Bewerber werden verpflichtet: Rudolf Hasse, Ernst von Delius und Rudolf Heydel, ein Einfahrer von HORCH, dem Feuereißen viel schnellere Zeiten zutraut. Die anstehenden Tests in Monza sind eine gute Gelegenheit für die Neulinge, sich mit den Wagen vertraut zu machen.

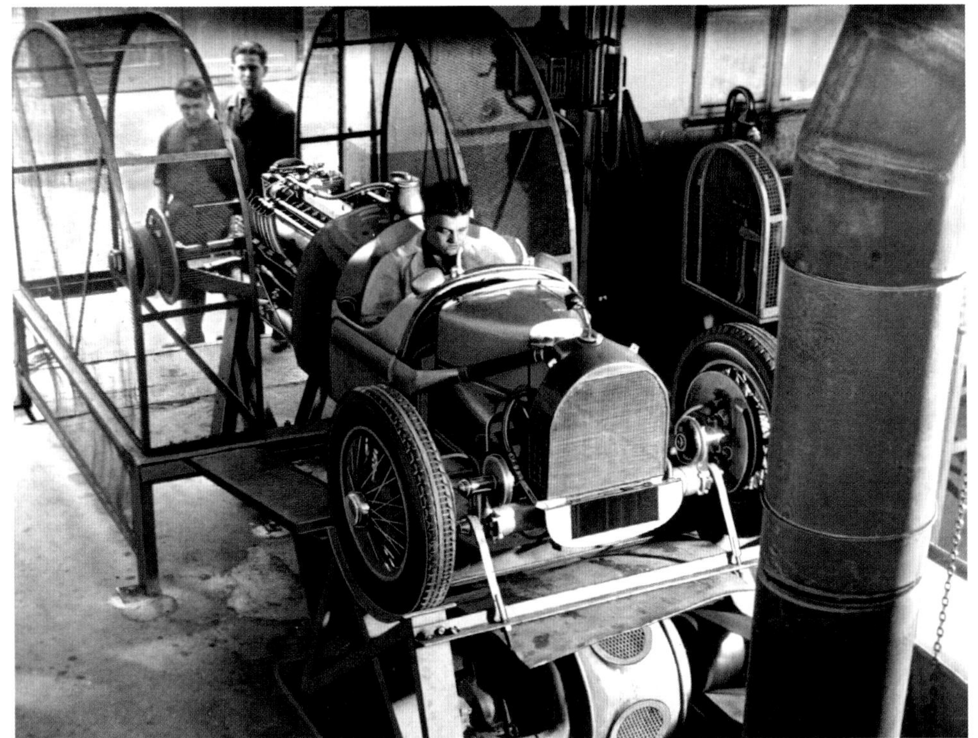

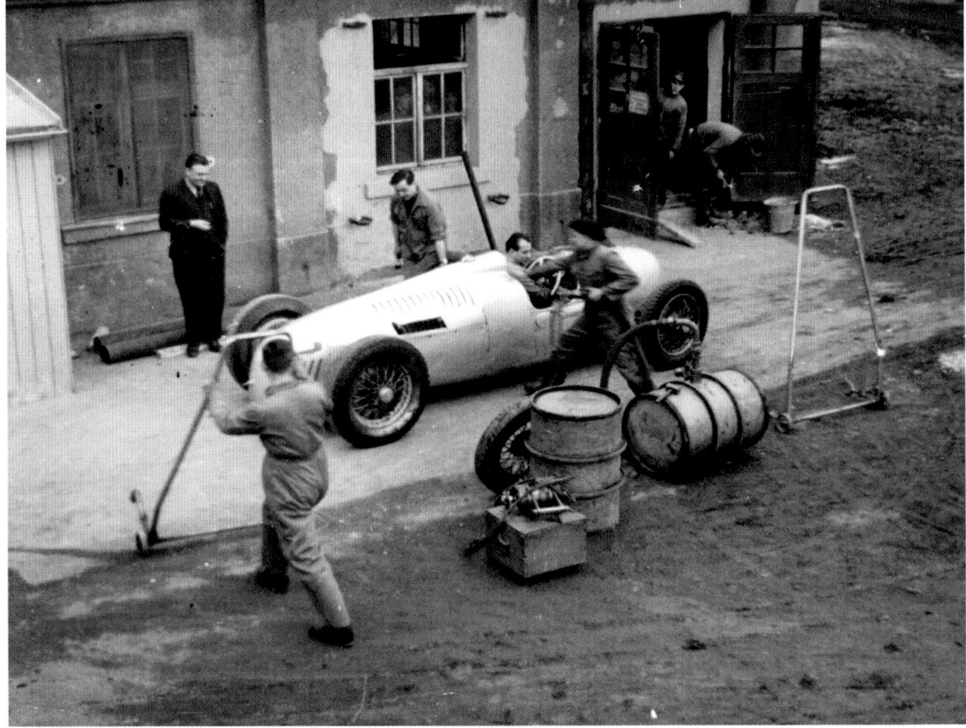

Wilhelm auf dem Prüfstand. Rechts: Boxenstopp-Training mit dem Nachwuchsfahrer Rudolf Heydel. Wilhelm hält sich an der Stoppuhr fest und was macht eigentlich Ludwig gerade?

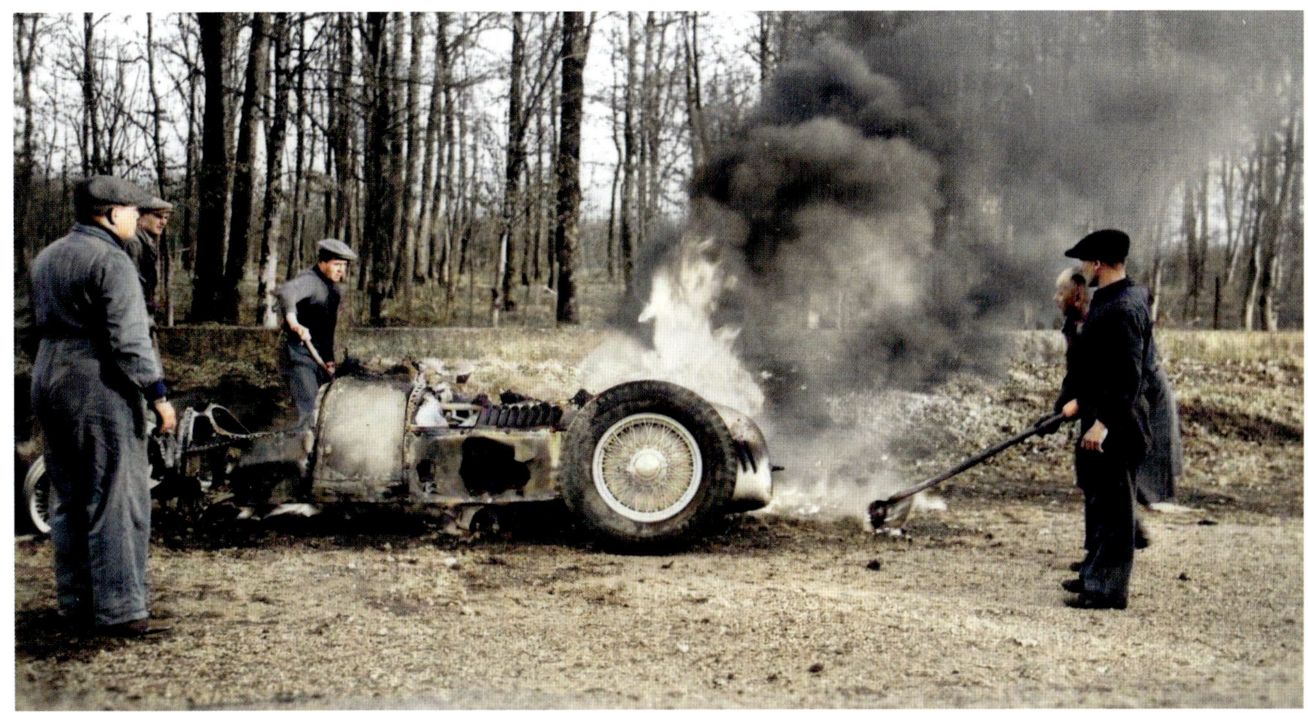

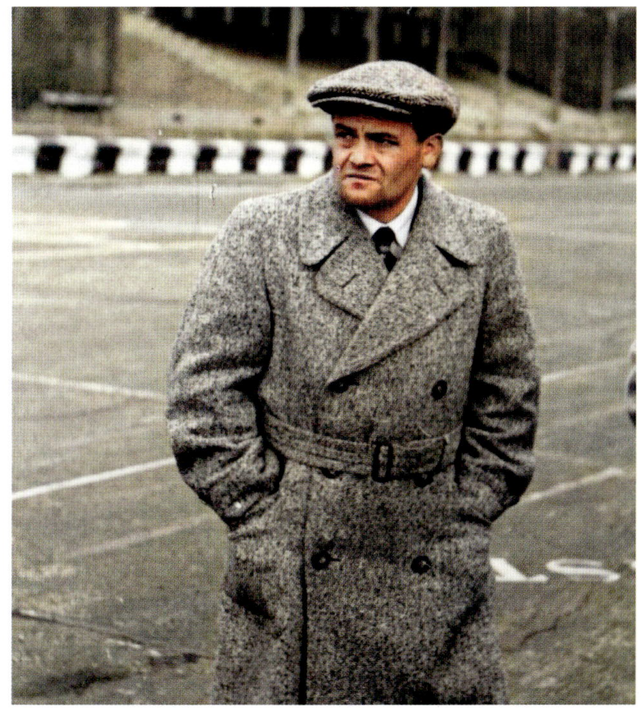

TÖDLICHER EINSTIEG

Als Vorbereitung für die Tests in Monza lässt Feuereißen große Strohballen als zusätzliche Schikanen anbringen, um die Strecke etwas zu verlangsamen. Nach dem Test-Durchgang kommen die Nachwuchsfahrer dran. Heydel wird auf die Strecke geschickt und nach zwei Runden ist ein lautes Quietschen zu hören, das abrupt endet. Ludwig fährt mit dem Rennarzt sofort los und erlebt Schreckliches: *„Ich passiere die Unterführung. Da bemerke ich rechts vorn am Waldrand Flammen, Rauch und Qualm. Bremsend springe ich aus dem Wagen und eile zur Unfallstelle, um zu helfen, zu retten, wenn das noch möglich ist. Ich muss Heydel aus dem Auto holen! Ich stürze hin, kann aber vor Qualm nichts erkennen. Ich taste mich ans Lenkrad, an den Sitz heran – der Wagen ist leer. Heidel liegt drei Meter neben seinem brennenden Wagen. Jede ärztliche Kunst ist vergeblich. Heydel ist tot. Fassungslos stehe ich an der Unglückstelle. Dr. Glaser ruft, ihm zu helfen, den Toten aus der brennenden Umgebung wegzutragen. Ich ziehe meine Kombination aus und bedecke Heydel damit.“*

Heydel ist offenbar zu schnell in die Schikane gefahren und hat sich beim Ausweichmanöver überschlagen. Wilhelm und Eberan müssen mit den Tränen kämpfen, als sie beim brennenden Auto eintreffen. Jeder macht sich Vorwürfe.

An den Trauerfeierlichkeiten und der Überführung nach Monza nehmen auch Nuvolari, Minoia und einige Direktoren von ALFA-ROMEO teil. Die Tests gehen weiter und die meisten im Team retten sich wohl in die Arbeit, um das Erlebte zu verdrängen.

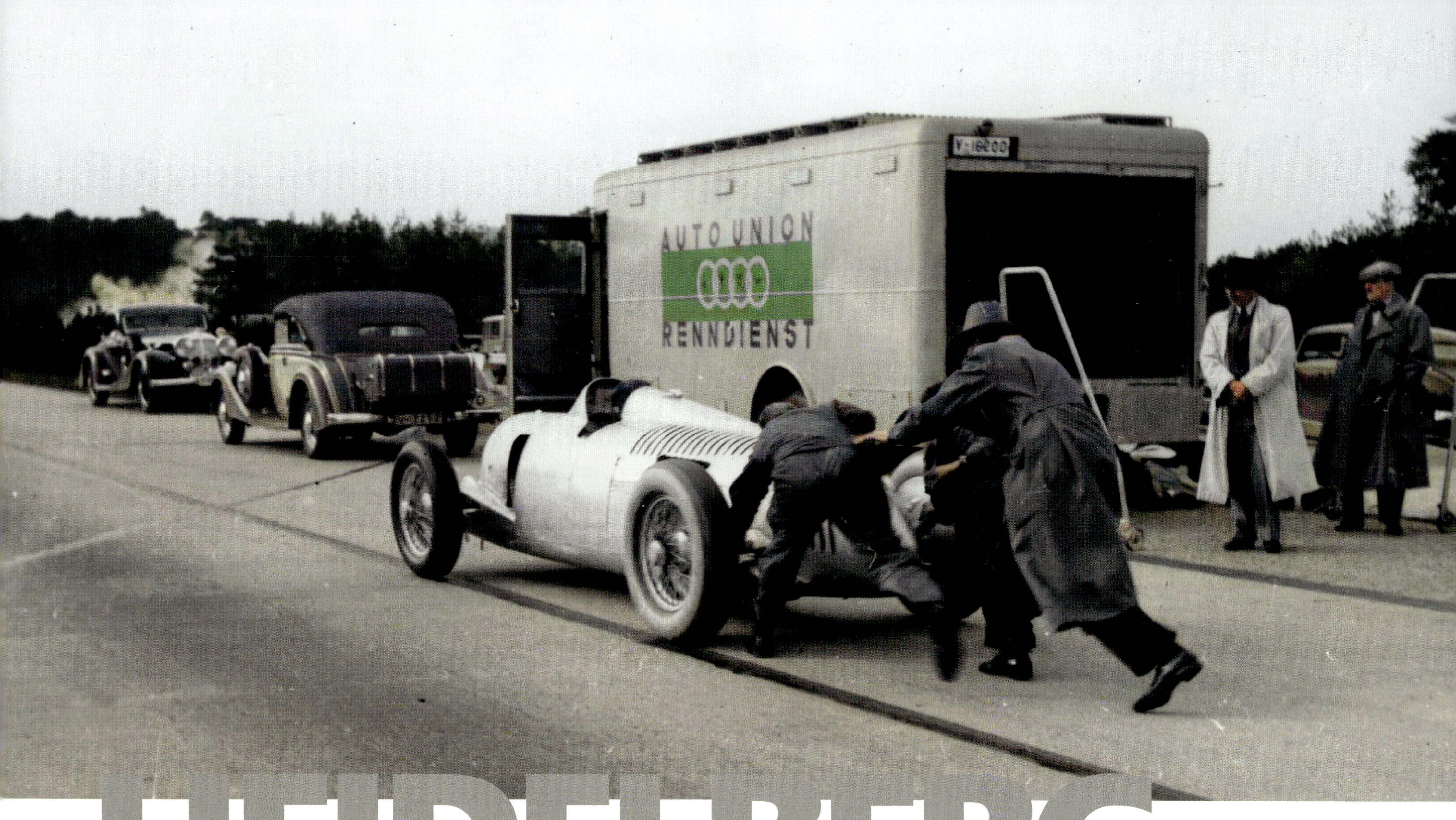

HEIDELBERG 1936

Tatort Autobahn: Wilhelm auf Testfahrt

VOLLSPERRUNG

Auch 1936 möchte sich die AUTO UNION auf der deutschen Automobilausstellung mit neuen Geschwindigkeitsrekorden präsentieren. Schauplatz soll die Autobahn Frankfurt–Darmstadt–Mannheim werden, die erst kürzlich bis nach Heidelberg verlängert worden ist und Langstrecken-Rekorde über 100 Meilen (ca. 160 km) ermöglicht. Dazu geht es von Frankfurt 80 km nach Heidelberg, um einen engen Kreisel herum und wieder zurück. In Heidelberg muss man zwar stark abbremsen und wieder beschleunigen, aber es ist immer noch besser als jede andere Strecke in Deutschland.

Die AUTO UNION ist derart überzeugt von der Idee, dass sie die Kosten für die Pflasterung des Wendepunkts in Heidelberg übernimmt. Es kommt zu Verzögerungen, was nicht weiter tragisch ist, denn auch Konkurrent MERCEDES-BENZ hat keine Rekordfahrten unternommen. Drei Wochen nach der Ausstellung finden die Versuche dann doch noch statt. Dazu wird die Autobahn an zwei Tagen gesperrt (23./24.3.1936), mit Unterstützung der NSKK, die den Großteil der Helfer stellt. So wichtig ist es der Regierung, dass Rekorde aufgestellt werden von „deutschen Autos mit deutschen Fahrern auf des Führers Autobahnen“. Für den Rekordversuch kommt einer der neuen Grand Prix-Wagen zum Einsatz. Eine wichtige Rolle spielen die Spezialreifen, die eigens für die Rekordfahrt hergestellt werden. Als Fahrer ist wieder Stuck benannt, der sich im Vorfeld sehr für diesen Rekordversuch eingesetzt hat.

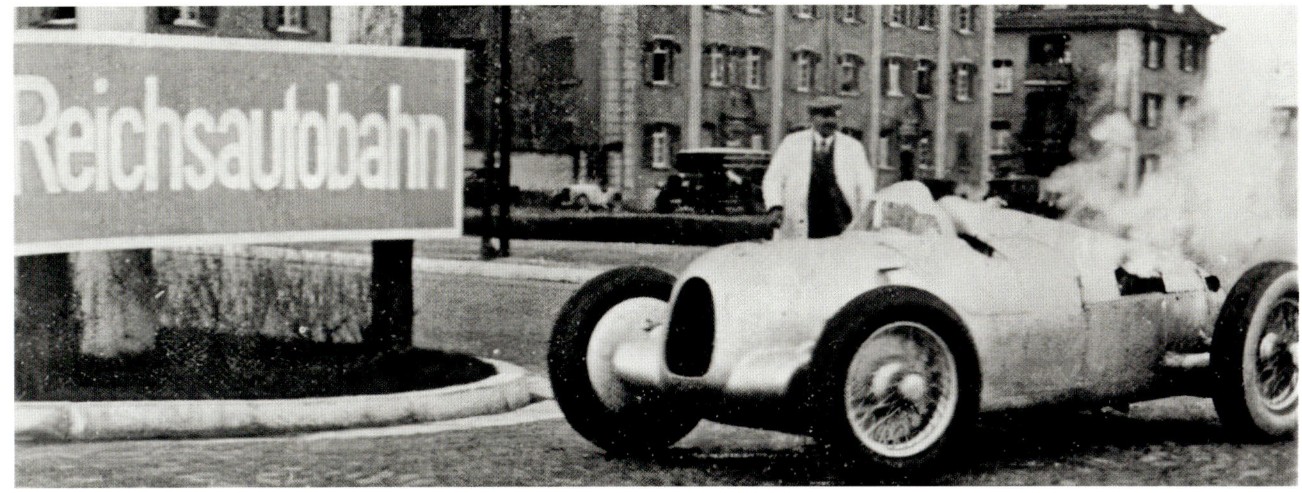

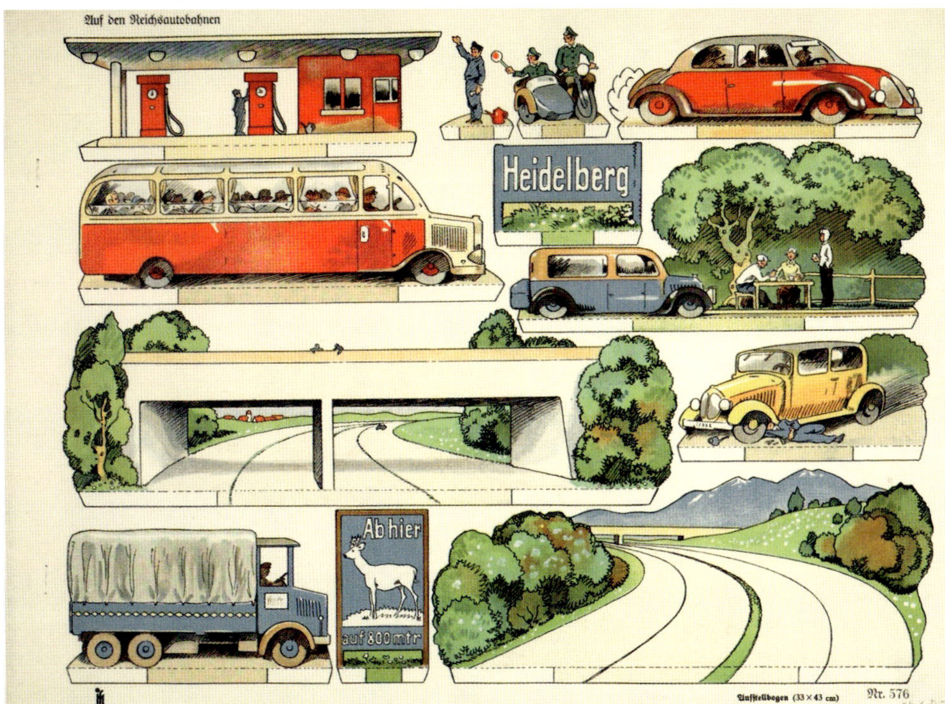

Bastelbogen aus den Dreißigern.
Oben: die Kehre am Heidelberger Stadteingang. Der Mann im Hintergrund ist Meister Dietrich von CONTINENTAL, der beim Vorbeifahren prüft, ob die Hinterreifen noch in Ordnung sind.

REKORD-JAGD

Unter den Augen der Presse wird der Wagen startklar gemacht und Wilhelm übernimmt die Aufwärmrunde. Dann übergibt er an Stuck, der beim zweiten Anlauf einen Rekord aufstellen kann mit 312 km/h über fünf Kilometer. Es wäre wohl noch mehr drin gewesen, aber der Motor hat auf der Rückfahrt an Leistung verloren. Es stellt sich heraus, dass zwei Kolben beschädigt sind. Da kein Ersatzwagen zur Verfügung steht, muss unterbrochen werden. Die Anspannung ist bei den Mechanikern zu spüren. Bis in die Nacht wird fieberhaft gearbeitet. Der neue Tag beginnt mit Regen, aber es hilft nichts, die Autobahn ist nur noch heute gesperrt. Wilhelm macht eine Probefahrt auf der regennassen Fahrbahn, um den Straßenzustand zu testen. Zu seiner Erleichterung fährt der reparierte Wagen einwandfrei, aber oberhalb 250 km/h wird es auf der rutschigen Strecke mit den profillosen Reifen ungemütlich. Endlich klart es etwas auf und Stuck testet die Strecke noch einmal. Aus seiner Sicht ist es bei der Mannheimer Autobahnkurve noch sehr kritisch. Zwischen Frankfurt und Darmstadt hört hingegen der Regen fast auf und es wird beschlossen, den kürzeren 10-Meilen-Rekord in Angriff zu nehmen. Dazu werden alle, die mit dem Wagen angereist sind, gebeten, die Strecke mit ihrem Fahrzeug abzufahren. Man erhofft sich, dass dadurch die Fahrbahn noch ein bisschen trockener wird. Gegen Mittag ist die Strecke wieder frei und Stuck wagt einen Versuch. Er zieht beim Start hohe Spritzwasserfontänen hinter sich her, die noch von Weitem zu sehen sind. Die Freude ist groß, als Stuck wohlbehalten zurückkommt und tatsächlich die geplanten Kurzstrecken-Rekorde erzielt hat. Es wird beschlossen, auch die Langstreckenrekorde in Angriff zu nehmen. Es muss allerdings gleich beim ersten Versuch klappen, da die Autobahn nicht mehr lange zur Verfügung steht.

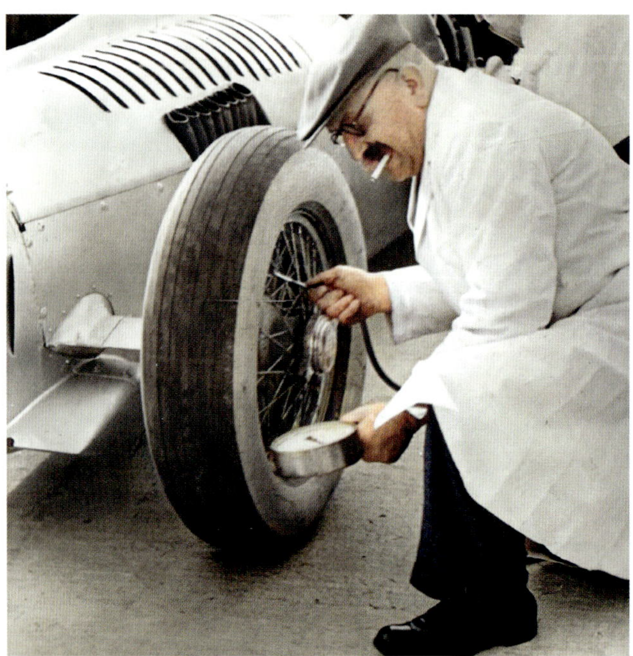

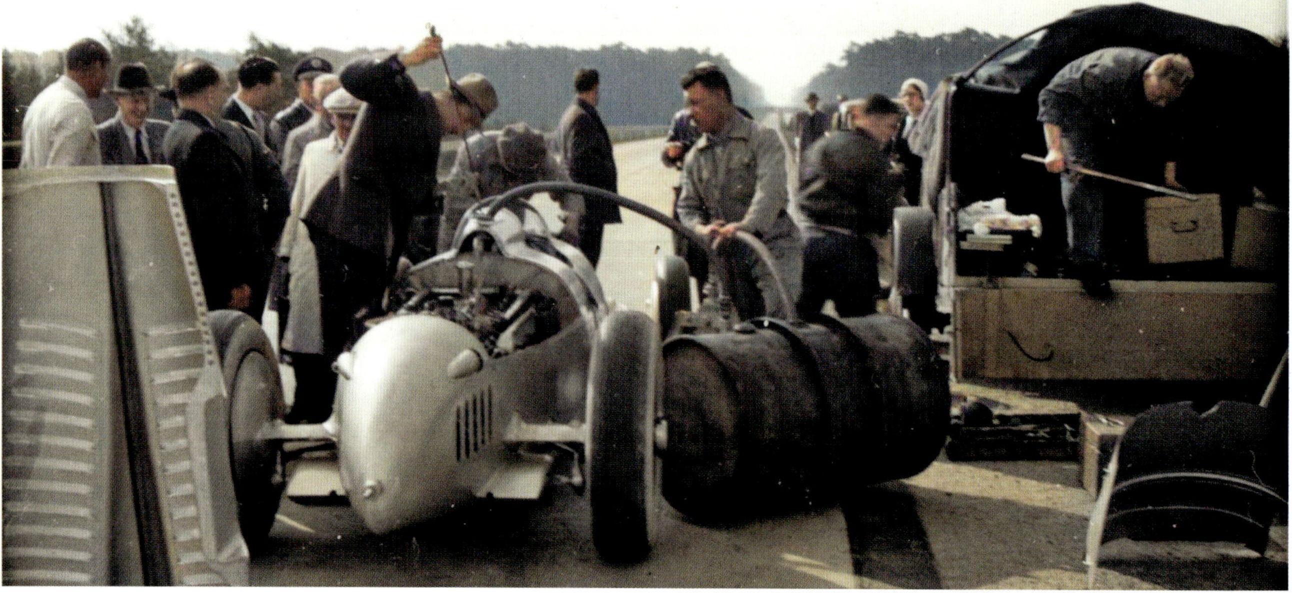

Depot auf der Autobahn bei Frankfurt. Links: „Schnurrbiber" Dietrich prüft die profillosen Weißwand-Reifen am Hinterrad.

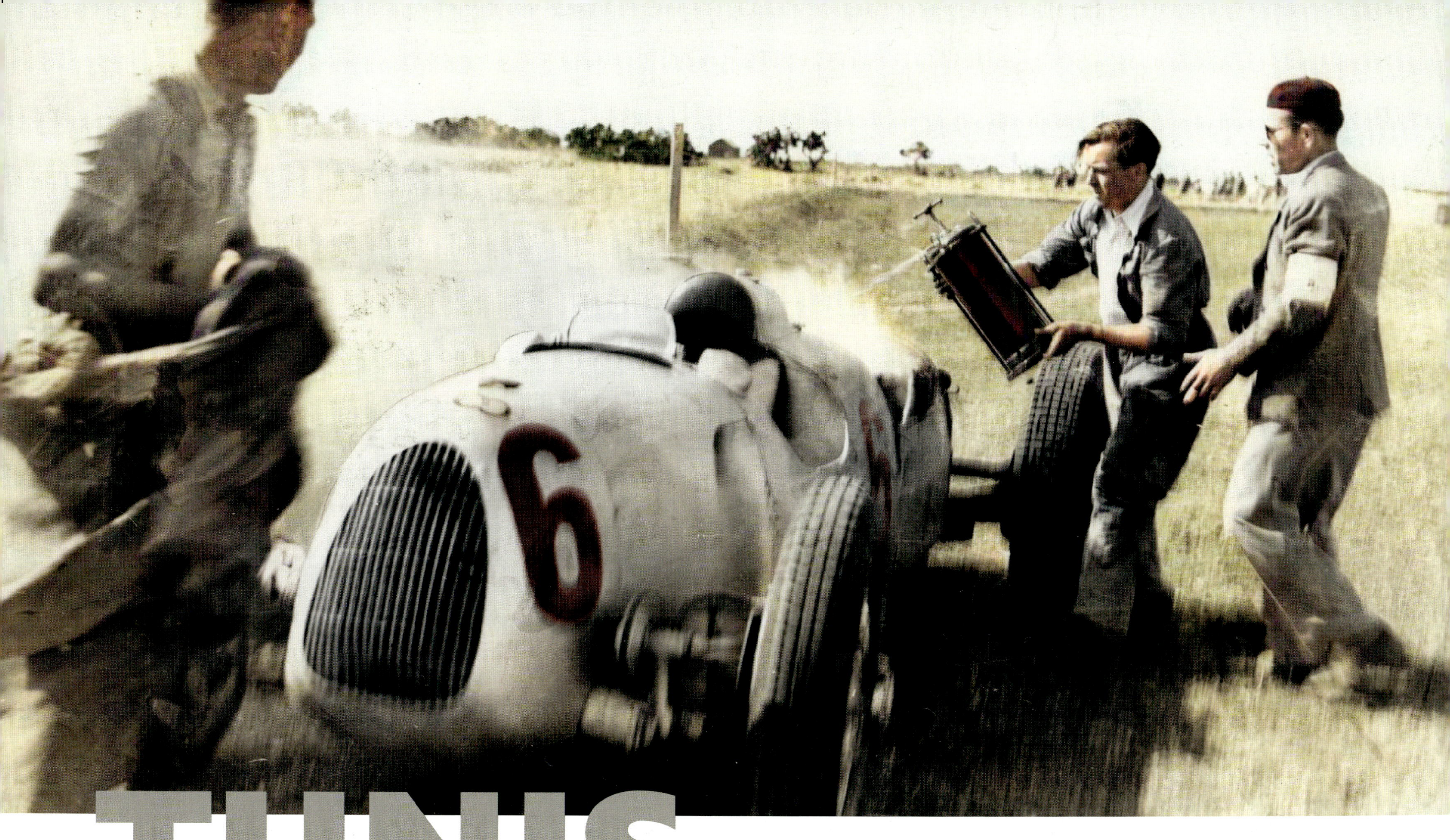

TUNIS 1936

Ende einer Dienstfahrt: Ludwig löscht Bernds Wagen

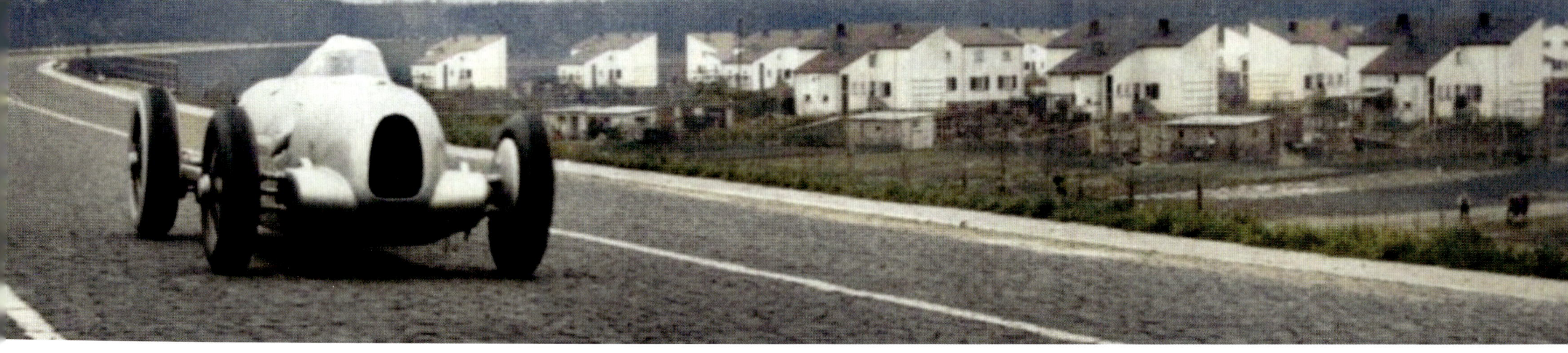

Stuck macht sich bereit und die Absperrmannschaften, Strecken- und Sanitätsposten sowie Zeitnehmer entlang der 80 km langen Strecke werden wieder besetzt. Rund um Darmstadt wird Regen gemeldet, aber es bleibt dabei, der Wagen wird angeschoben. Für den fliegenden Start nimmt Stuck von der Mainbrücke herkommend dreieinhalb Kilometer Anlauf, bevor er über die Startlinie rast. Bald ist nur noch ein weit entferntes Dröhnen zu hören. Mit Spannung werden die Meldungen aus dem Fernsprechwagen erwartet. Die Durchsagen halten alle in Atem: 50-Kilometer-Rekordzeit, 50-Meilen-Rekordzeit, 100-km-Rekordzeit und schließlich schießt der Silberpfeil an ihnen vorbei mit einem neuen Rekord über 100 Meilen, Durchschnitt 287 km/h. Im letzten Moment hat es also doch noch geklappt. Das ganze Team ist überglücklich. Die Zeitungen haben ihre Schlagzeilen und sorgen für den erhofften Pressewirbel. Der „Weltrekord-Rennwagen" wird in der neuen Mannheimer Plankenhof-Passage zur Schau gestellt. Wilhelm muss ja niemandem verraten, dass es sich dabei nicht um den echten Rekordwagen handelt.

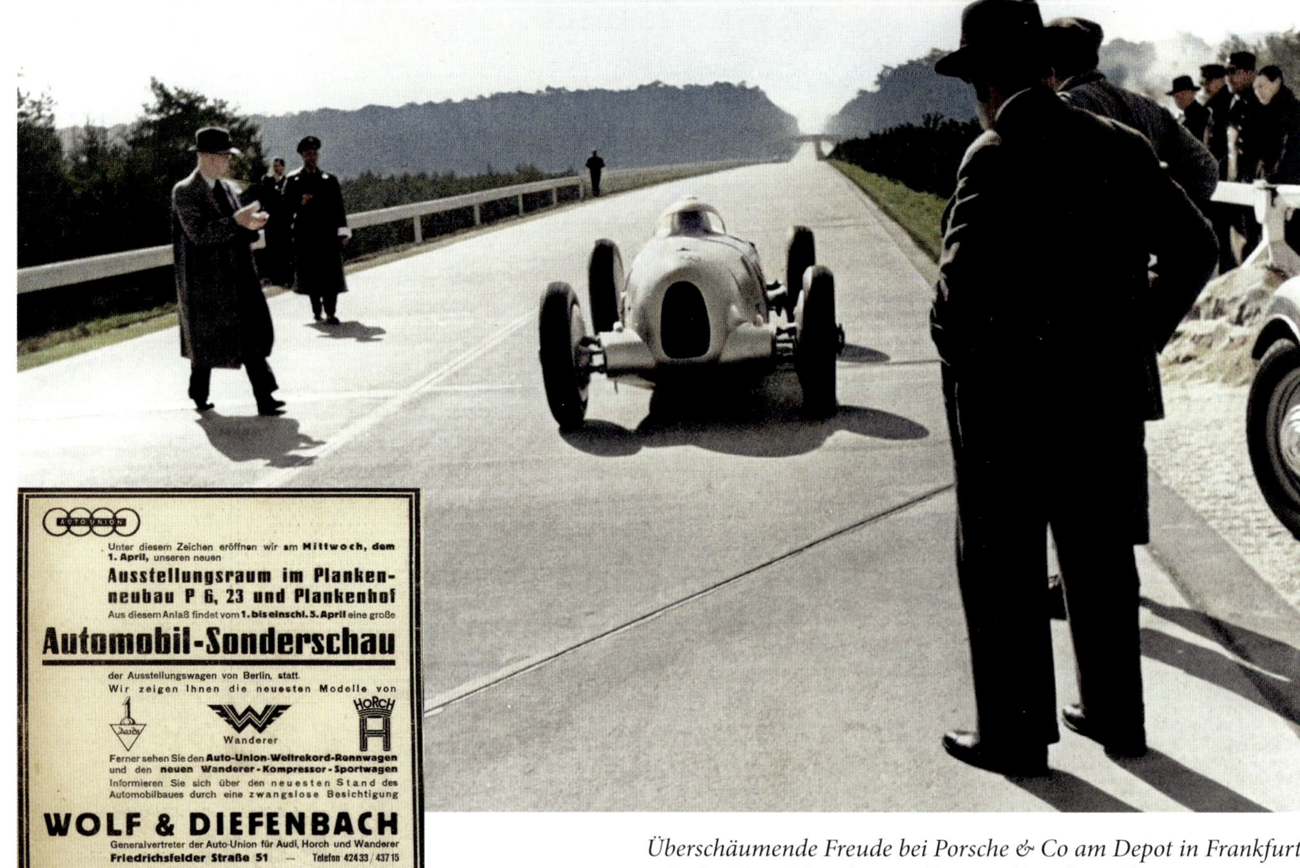

Überschäumende Freude bei Porsche & Co am Depot in Frankfurt
Links: Neue Mannheimer Zeitung Abendausgabe vom 31.3.1936

WÜSTENSCHIFFE

Es kann einem schon angst werden, wenn man sich den Rennkalender für 1936 anschaut. Etliche Grand Prix in Europa und Nordafrika sind da aufgelistet, unterbrochen von Bergrennen und Werbeveranstaltungen. Minutiös wird im Vorfeld geplant, welcher Wagen für welchen Fahrer wann zum Einsatz kommt oder in Zwickau überholt werden soll. Schnelle Umdisposition bei Unfällen inklusive. Zum Transport der Rennwagen sind eigens drei Renntransporter von BÜSSING angeschafft worden, besser bekannt als die „Wüstenschiffe“. Ludwig kennt sie nur zu gut. Für das erste Rennen der Saison in Monaco werden die Rennwagen allerdings mit der Reichsbahn in speziellen Waggons transportiert.

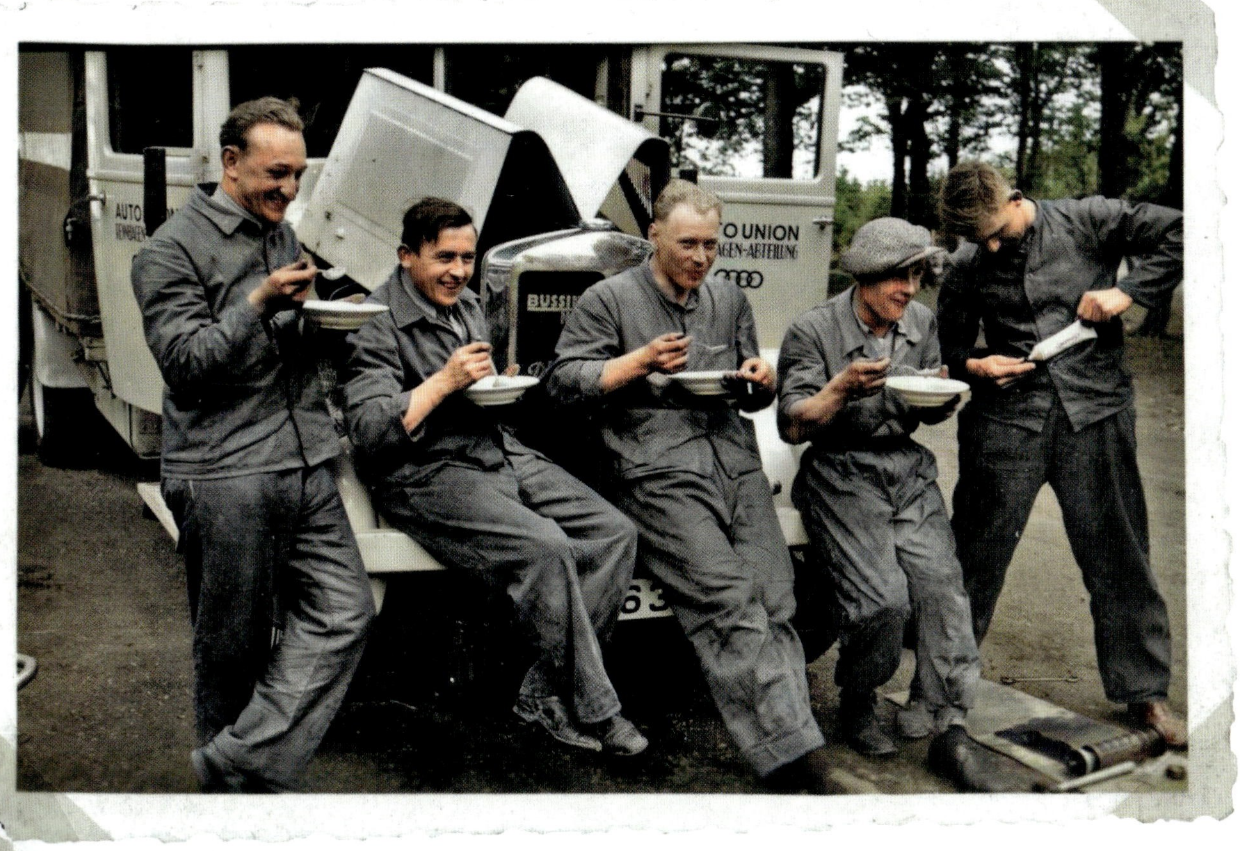

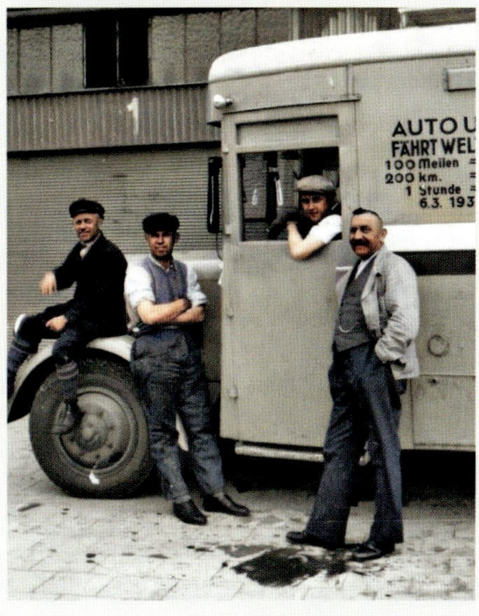

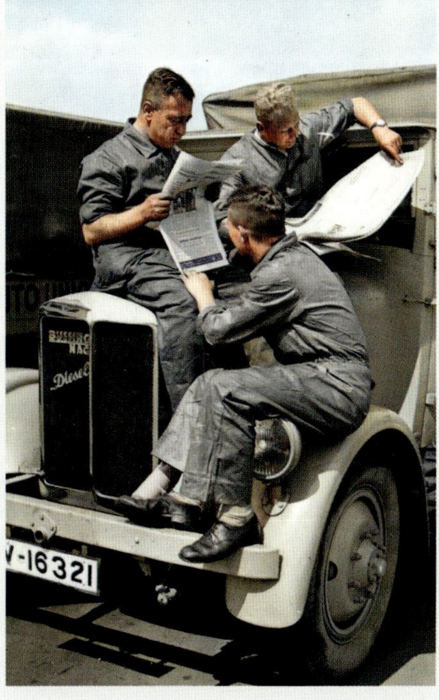

Die „Wüstenschiffe“ und ihre Besatzung. Ludwig ist Zweiter von links. Rechts oben: Ludwig am Steuer

BETON-POKAL

Das Team ist gespannt, wie sich die neuen Wagen schlagen werden. Die Trainingszeiten sind vielversprechend, doch dann hat der Nachwuchsfahrer Delius einen schlimmen Unfall. Sein Wagen bricht aus, überschlägt sich und landet beinahe im Meer. Delius wird herausgeschleudert und verbringt das Rennenwochenende im Krankenhaus. Ausgerechnet an der Côte d'Azur wird der Rennsonntag zum reinsten Regenchaos. Bernd rutscht vor dem Casino aus und versenkt sein Heck in einer edlen Säulen-Balustrade. Er nimmt es mit Humor und bringt ein vasenförmiges Bruchstück mit zur Box als Ersatz für den entgangenen Pokal. Dafür schaffen es Varzi und Stuck aufs Podium. Die Wagen werden nach Zwickau zurückgebracht, überholt, auf der AVUS getestet und wieder verladen für das Rennen in Libyen.

Das Land ist nach einem brutalen Krieg gegen die Zivilbevölkerung wieder zur italienischen Kolonie geworden. Die neue Strecke bei Tripolis ist ein wichtiges Prestigeprojekt der neuen Herrscher. Natürlich schwenkt der faschistische Gouverneur Italo Balbo die Startflagge. Bernd startet von der Pole, aber die Unglücksserie will nicht abreißen. Mitten auf der Strecke fängt sein Wagen Feuer und er rettet sich aus dem Cockpit. Das Rennen machen Stuck und Varzi unter sich aus. Schließlich gewinnt Varzi mit Rundenbestzeit. Ein Höhepunkt in Tripolis ist immer das Abendbankett im Gouverneurspalast, ein prunkvolles Fest unter freiem Himmel. Die AUTO UNION hat heute einen Doppelsieg zu feiern und da nur wenige zu dieser exklusiven Veranstaltung Zutritt haben, lädt Varzi das Team auf eine eigene Siegesfeier ein.

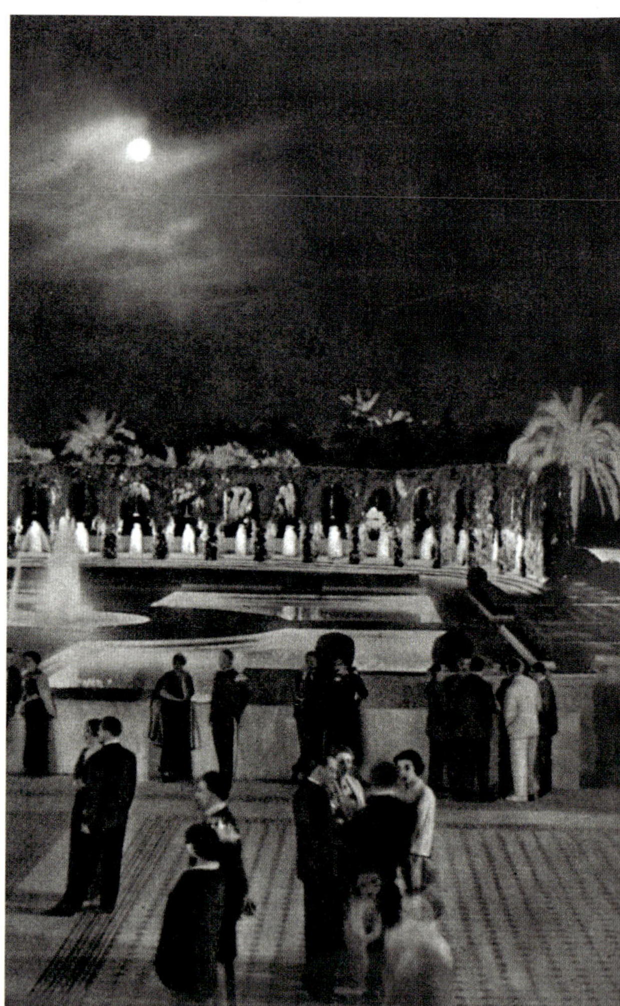

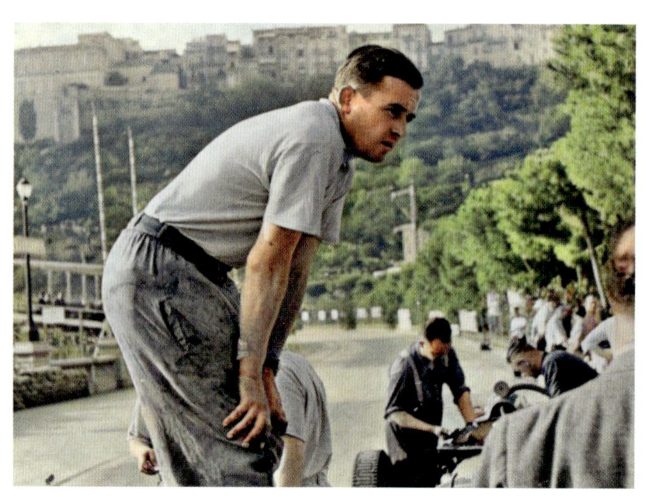

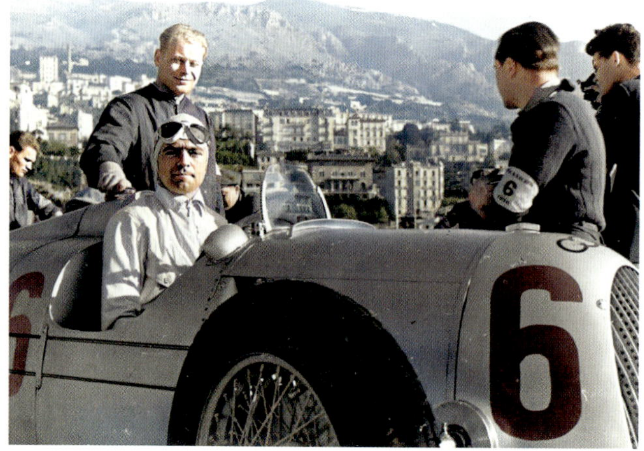

Oben: Die Kolonialherrscher feiern den Doppelsieg im Gouverneurspalast: „Im Halbkreis um ein magisch erhelltes Becken standen regungslos schwarze Diener in leuchtenden Gewändern". Links: Szenen vom Training in Monaco, offenbar noch vor dem Unfall von Delius. Rechte Seite: Plakate für das Rennen in Monaco und einer Lotterie, die mit dem Ergebnis aus dem Rennen in Tripolis verknüpft ist.

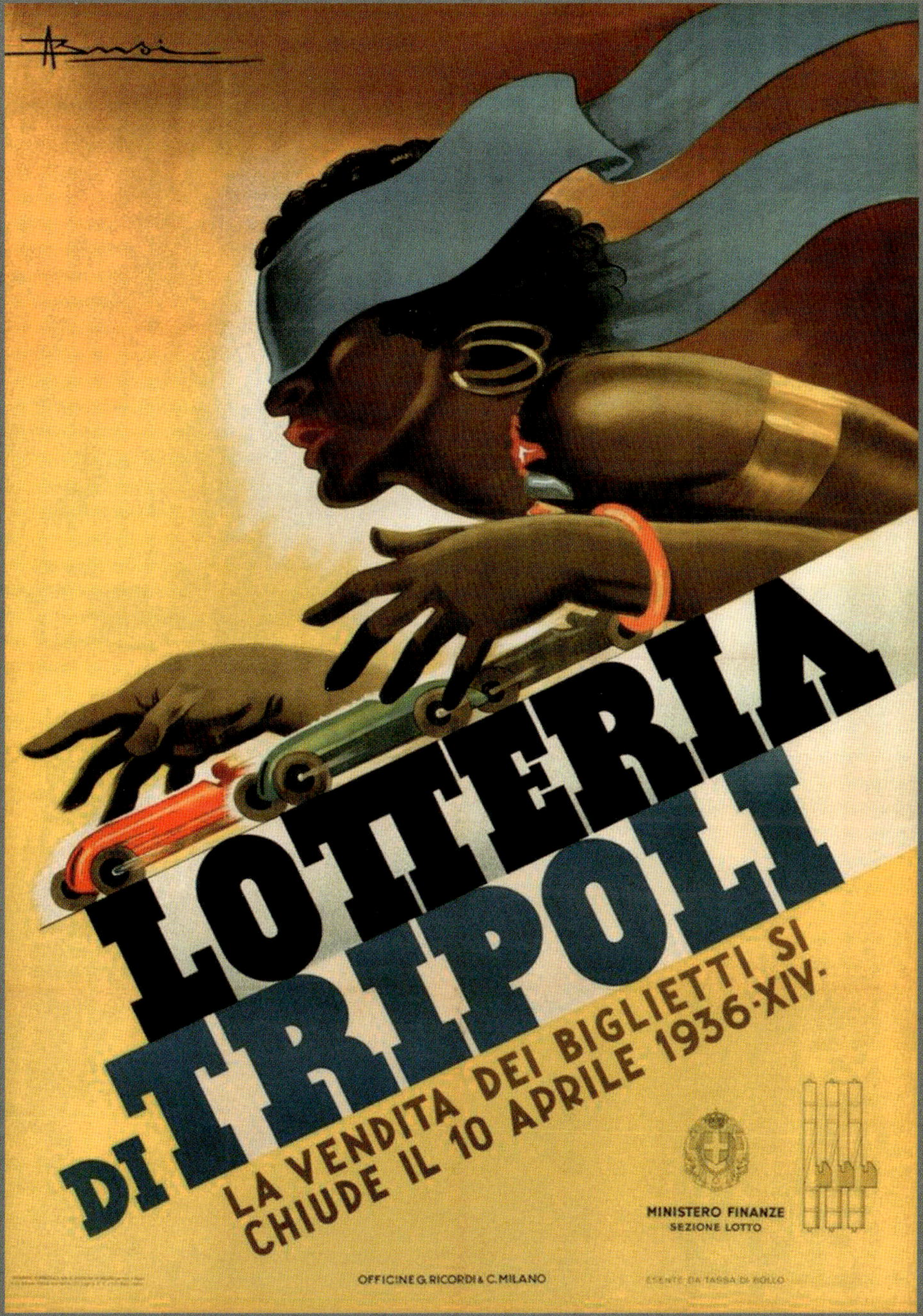

LOTTERIA DI TRIPOLI

LA VENDITA DEI BIGLIETTI SI CHIUDE IL 10 APRILE 1936·XIV·

MINISTERO FINANZE
SEZIONE LOTTO

OFFICINE G. RICORDI & C. MILANO

ESENTE DA TASSA DI BOLLO

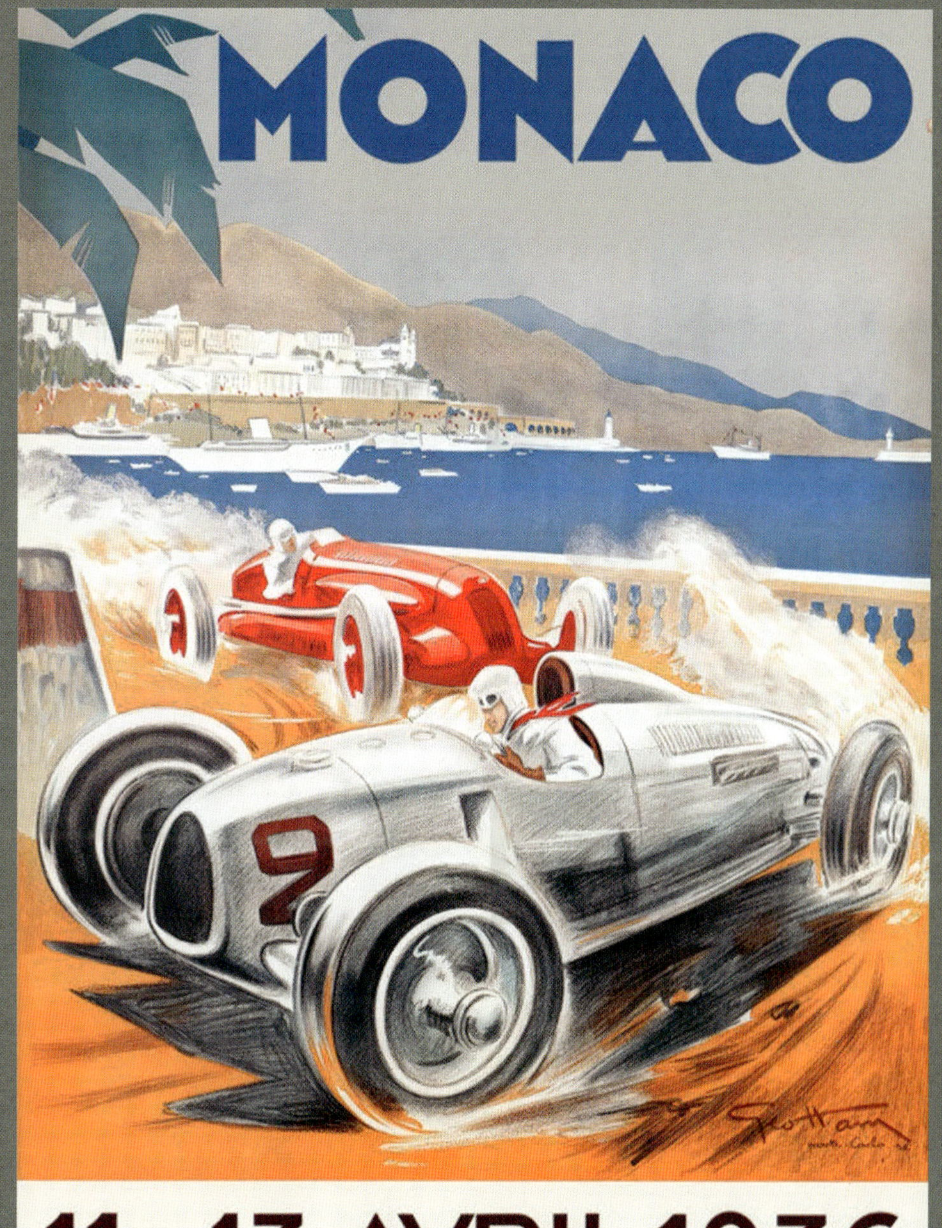

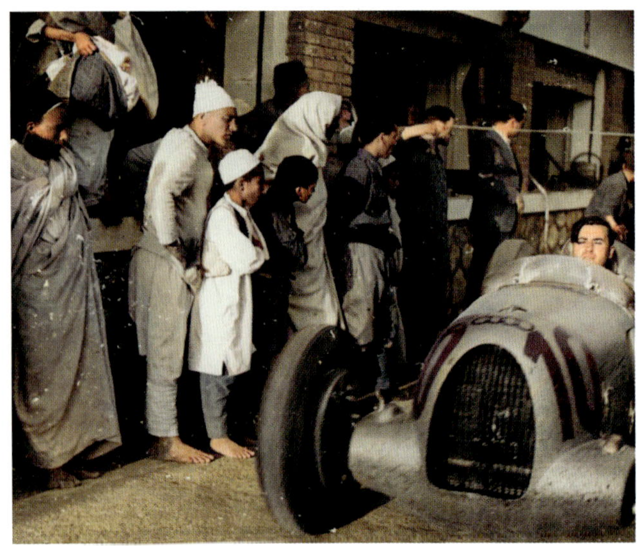

Ludwig beim Verlassen der Boxengasse von Tripolis

Mit dabei ist die Truppe des Reifenherstellers CONTINENTAL, die sich darüber freut, bei fast jeder Siegesfeier eingeladen zu sein, wenn nicht bei der AUTO UNION, dann eben bei MERCEDES-BENZ. Danach geht es direkt weiter nach Tunesien. Ludwig hat zuvor das große Vergnügen, Bernds Wagen zu reparieren. Der verkohlte Motorraum ist voller Sand, mit dem Bernd in aller Eile den Brand gelöscht hatte. Ludwig und seine Mechaniker missbrauchen den Trainingswagen als Ersatzteillager und vollbringen Wunder. Nach zwei Tagen kann wie geplant verschifft werden. Der Unfall hinterlässt trotzdem seine Spuren. Kurz vor dem Start in Tunis entdeckt Ludwig einen Riss am Tank, den er provisorisch mit geknetetem Brot abdichtet. Bernd führt bis zur Hälfte des Rennens, hat dann aber mit Reifenproblemen zu kämpfen und schließlich dringt Rauch aus dem Motorraum. In der Nähe der Boxengasse muss er sich erneut aus einem brennenden Wagen retten. Ludwig rennt sofort los und versucht sich als Feuerwehrmann. Das Unglück bleibt der AUTO UNION in Tunis treu. Stuck fällt mit Motorschaden aus und Varzi erlebt einen Horrorunfall. Er kommt beim Angriff auf den führenden Caracciola mit über 200 km/h von der Strecke ab. Der Wagen überschlägt sich mehrfach und bleibt in einem Olivenhain liegen. Gleich mehrere Schutzengel haben wohl Überstunden gemacht, denn Varzi kehrt mit einer Zigarette im Mund hinkend an die Box zurück. Nächste Station ist Spanien. Das Land ist in Aufruhr, was das Team bald zu spüren bekommt. Die Wagen stecken wegen eines Eisenbahner-Streiks an der spanischen Grenze fest. Ludwig und Testfahrer Ulrich Bigalke machen sich auf die Suche und finden die Waggons schließlich auf einem Abstellgleis. Sie müssen verhandeln, damit sie nach Barcelona weitertransportiert werden.

SEX & DRUGS & AUTO UNION

Tunis ist der erste schwere Unfall in Varzis Karriere. Dass er mit relativ leichten Verletzungen überlebt, grenzt an ein Wunder. Offenbar nimmt er Morphium gegen die Schmerzen. Das ist in solchen Fällen durchaus üblich, die Suchtgefahr wird völlig unterschätzt. Kettenraucher Varzi verfällt der Droge in einer Amour fou mit seiner Freundin Ilse. Sein körperlicher Zustand wird immer dramatischer und am Ende der Saison lässt sich sein Rauschgiftkonsum nicht mehr verbergen. Es kostet ihn schließlich seinen Vertrag als Rennfahrer bei der AUTO UNION.

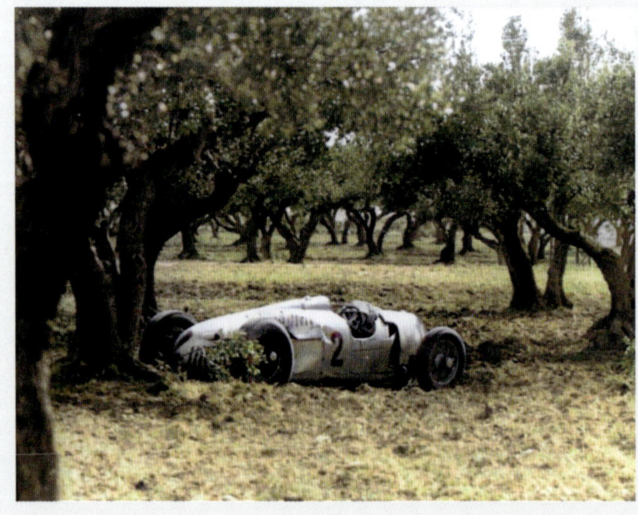

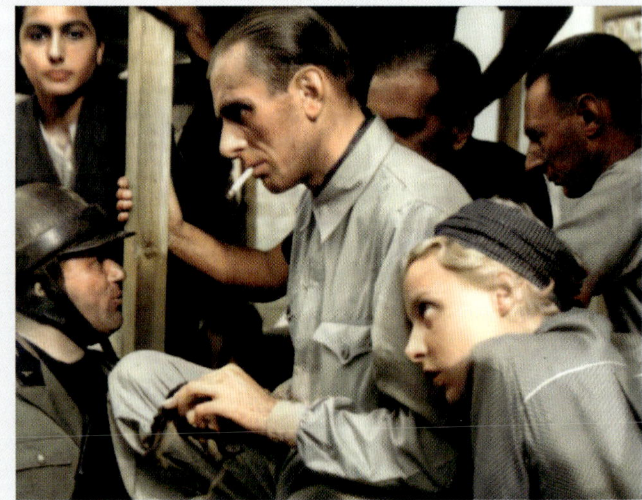

NEBELMEISTER

Beim Training in Barcelona kommt wieder ein Fahrer hinkend an die Box. Dieses Mal ist es Bernd, der aus der Kurve getragen wurde und dabei einen Laternenpfahl abrasierte. Ludwig und seine Mechaniker machen sich sofort an die Reparatur. Sie haben ja fast schon Routine darin, aus Wracks in einem Tag wieder Grand Prix-Wagen zu zaubern. Das Rennen verläuft enttäuschend für die AUTO UNION. Held des Tages wird Nuvolari, der die übermächtige deutsche Konkurrenz besiegt. Die Zuschauer kommen dabei voll auf ihre Kosten, trotz der angespannten politischen Lage. Sicherheitshalber werden die Wagen direkt nach dem Rennen verladen und das Team reist noch in der Nacht ab. Wenige Wochen später bricht ein schrecklicher Bürgerkrieg in Spanien aus. In Deutschland ist davon nichts zu spüren. Beim Eifelrennen liefert sich Bernd ein großartiges Regen-Duell mit Nuvolari und überholt ihn vor den johlenden Tribünen. In der Mitte des Rennens hört der Regen auf und die Strecke hüllt sich in dichten Nebel. Die vorbeirasenden Wagen sind für die Zuschauer fast nicht mehr zu erkennen. Bernd scheint das nicht zu behindern. Er kann den Kurs fast blind abspulen und hält konstant seine Rundenzeiten. Die Menge dreht beinahe durch, als er mit großem Abstand als Sieger durchs Ziel fährt. Auch Nuvolari gratuliert zu diesem eindrucksvollen Sieg.

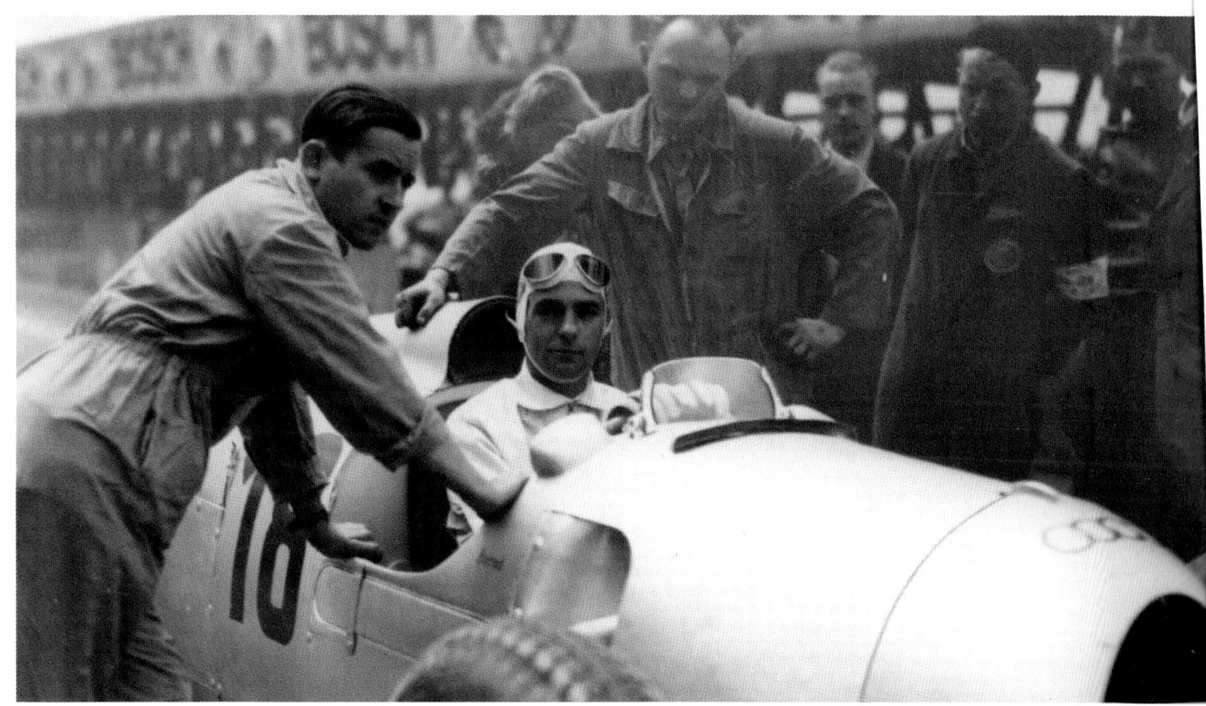

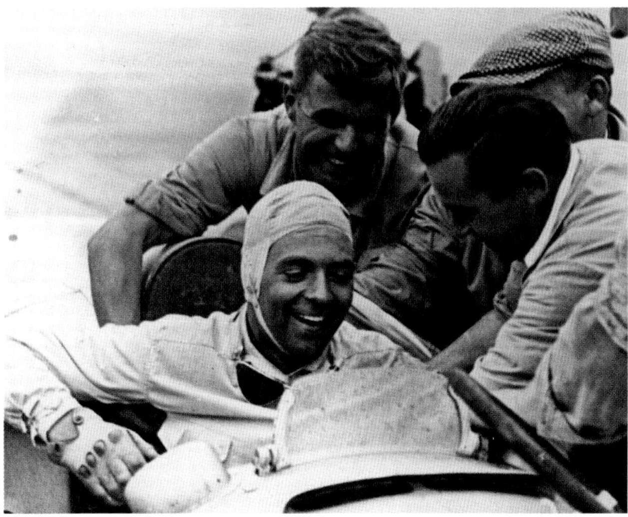

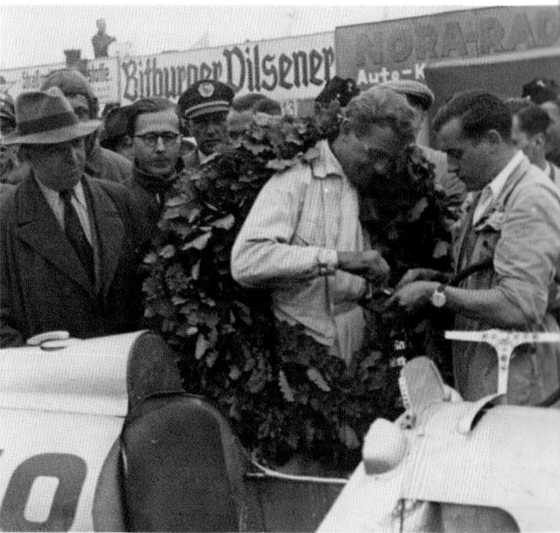

Oben: Demonstration des Eifelwagens in Hohenstein-Ernstthal. Bernd und Ludwig nach der Zieleinfahrt. Daneben: Das obligatorische Zigaretten-Ritual von Ludwig und Bernd macht nach einem Sieg natürlich noch mehr Spaß.

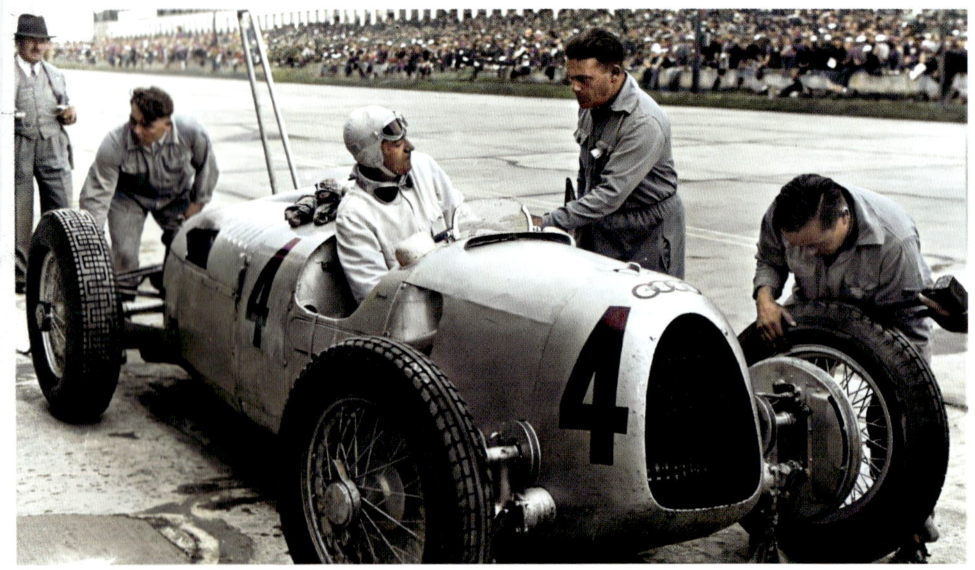

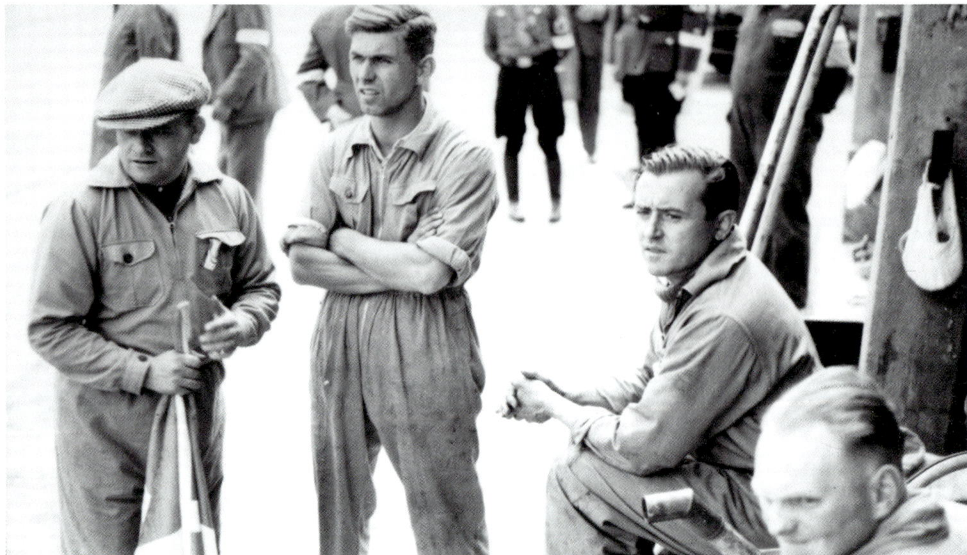

Szenen aus dem Großen Preis von Deutschland

Beim Grand Prix in Ungarn ist die Reihenfolge wieder anders herum und Bernd beglückwünscht Nuvolari zu seinem Sieg. Fest dürften sie sich nicht die Hände geschüttelt haben, denn durch die kurvenreiche Strecke hatten alle Rennfahrer durchgescheuerte Hände. Die AUTO UNION-Piloten leiden ganz besonders unter der stark vibrierenden Lenkung. Handschuhe helfen da wenig. Bernd hat sie unterwegs sogar weggeworfen und ist mit blutenden Händen weitergefahren. Er muss nach dem Rennen aus dem Wagen gehoben werden. Zum Glück ist fast einen Monat Pause. Elly und Bernd nutzen die Zeit, um zu heiraten. Ludwig und viele vom Team fahren natürlich nach Berlin, um Spalier vor der Kirche zu stehen. Nächste Station ist der Große Preis von Deutschland. Sagenhafte dreihundertfünfzigtausend Zuschauer finden sich ein. Bernd fährt wie entfesselt einen Rundenrekord nach dem anderen. Die letzte Runde wird fast schon zu einer Ehrenrunde. Auf der ganzen Strecke jubeln ihm die Zuschauer zu und er winkt zurück. Stuck kommt vier Minuten nach ihm ins Ziel und macht den AUTO UNION-Doppelsieg perfekt. Die Pokalüberreichung wird mit dem üblichen nationalsozialistischen Brimborium zelebriert. Am Abend findet dann die eigentliche Siegesfeier statt. Keine luxuriöse Gala, sondern eher rustikal in der Team-Absteige bei Dauen mit musikalischer Untermalung der örtlichen Feuerwehrkapelle. Porsche und der gesamte AUTO UNION-Vorstand sind gekommen und ja, die Monteure von CONTINENTAL auch.

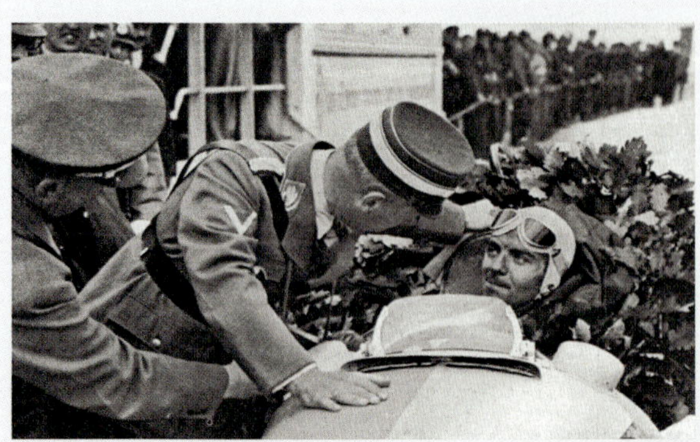

Bernd wird von Hühnlein empfangen, dem Leiter der NSKK und ONS (Oberste Nationale Sportkommission für den Automobilsport in Deutschland). Besonders lächerlich an seiner Fantasieuniform sind die Reitsporen an den Stiefeln, findet Ludwig. Aber Hühnlein ist sehr mächtig und spielt eine wichtige Rolle bei den Kriegsvorbereitungen. Seine Karriere begann im „Freikorps Epp", das für brutale Gewalttaten und Morde bekannt ist.

DREIFACHSIEG

In Livorno fährt Bernd das unmotivierteste Rennen seines Lebens. Er ist in Sorge um seine Elly, die zeitgleich einen Rekordflug von Damaskus nach Berlin unternimmt. Aber schon eine Woche später kommt das Paar zum Rennen in Pescara angeflogen und Bernd ist wie ausgewechselt. Im Training hat Stuck einen schlimmen Unfall, bei dem er sich schwere Prellungen zuzieht. Am Ende des Trainings sind alle Wagen so stark angeschlagen, dass diskutiert wird, ob eine Teilnahme überhaupt Sinn macht. Die Mechaniker geben grünes Licht, obwohl sie wissen, dass das für sie wieder eine Nachtschicht bedeutet. Ludwig schafft es gerade auf den letzten Drücker. Nur eine Stunde vor dem Start wird Bernds Wagen fertig. Die schlaflose Nacht wird mit einem eindrucksvollen Dreifachsieg belohnt. Die Mechaniker sind danach völlig fertig, aber am nächsten Tag geht es schon weiter zum Großen Preis der Schweiz. In Bern kämpft Bernd mit Caracciola um die Spitze, oder genauer gesagt, er fährt rundenlang dicht hinter ihm her, denn Caracciola macht sich sehr, sehr breit. Dann beginnt eine große Ausfallserie. Am Ende bleiben alle vier AUTO UNION-Wagen übrig, garniert mit einem MERCEDES-BENZ. Schließlich ist ein erneuter Dreifachsieg im Kasten mit Bernd, Varzi und Stuck, der sich mit seinen Verletzungen aus Pescara derart verausgabt hat, dass er aus dem Wagen getragen werden muss.

Bernd siegt in Pescara. Rechts: Bernd jubelt nach dem Großen Preis der Schweiz.

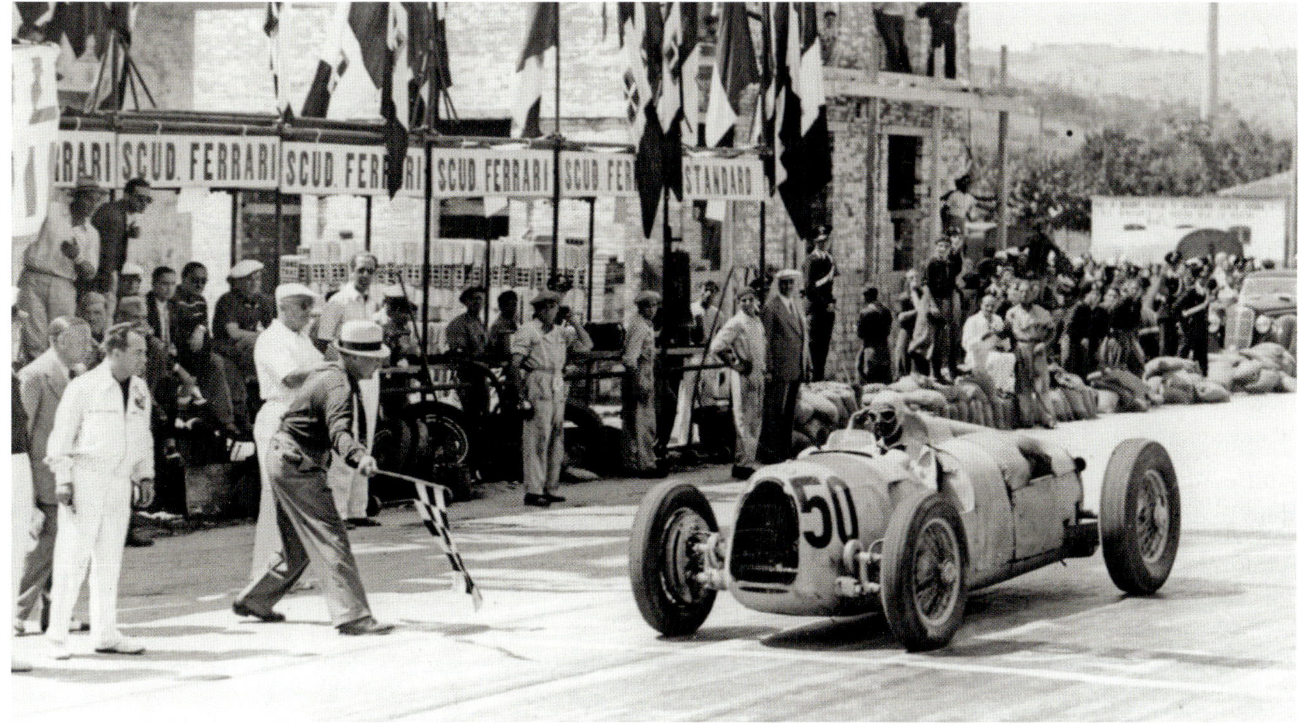

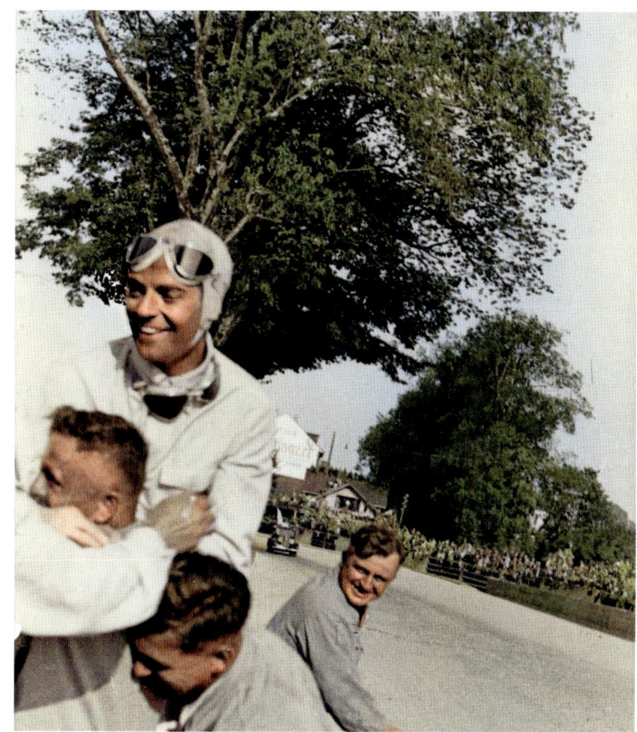

EUROPAMEISTER

Die Wüstenschiffe machen sich auf den Weg nach Monza. Die Strecke hat neue Schikanen bekommen, die dem ALFA ROMEO-Piloten Brivio im Training zum Verhängnis werden. Er überschlägt sich und bleibt unter dem Wagen liegen. Erst Minuten später kommt ein Beamter an die Box geradelt und meldet den Unfall. Ludwig fährt mit dem Teamarzt sofort zur Unfallstelle, um der SCUDERIA FERRARI zu helfen. Brivio kann befreit werden und wird ins Krankenhaus gebracht. Am nächsten Tag trifft Bernd mit Elly ein, für die er eine Überraschung vorbereitet hat. Sie darf ein paar Runden mit dem Reservewagen drehen, aber nur wenn sie verspricht, langsam zu fahren. Und das macht sie auch – genau eine Runde lang – und dann legt sie eine respektable Zeit hin. Bernd fliegt ihr Rekordflugzeug, Elly fährt seinen Grand Prix-Wagen, wen wundert es? Kurz darauf die nächste Überraschung, als Bernd wie selbstverständlich mit einem ALFA ROMEO an der Box vorbeibraust. Er hatte eine Einladung Nuvolaris angenommen, ohne dass jemand im Team davon wusste. Im Rennen geht es wieder ernster zu, schließlich wird die Europameisterschaft heute entschieden. Da nur bestimmte Grand Prix für die Meisterschaft zählen, ist Stuck mit Bernd fast punktgleich. Ein spannendes teaminternes Duell ist zu erwarten. Und genau so kommt es auch. Bernd kann zwar bald die Führung übernehmen, aber Hans Stuck und Nuvolari bleiben in Schlagdistanz. Bis Stuck Opfer einer Schikane wird, ähnlich wie beim tödlichen Unfall von Heydel Anfang des Jahres. Stuck wird aus dem Cockpit katapultiert und bleibt auf der Strecke liegen. Beinahe wird er von seinem Wagen erschlagen, der auf die Strecke zurückprallt.

Der auffahrende Trossi kann rechtzeitig bremsen, sonst wäre Stuck womöglich noch überfahren worden. „Hans im Glück“ zieht sich wie durch ein Wunder keine ernsten Verletzungen zu. Das Rennen wird fortgesetzt und Bernd gewinnt vor Nuvolari und Delius. Obwohl allen noch der Schreck in den Knochen steckt, gibt es Grund zu feiern: Bernd ist Europameister!

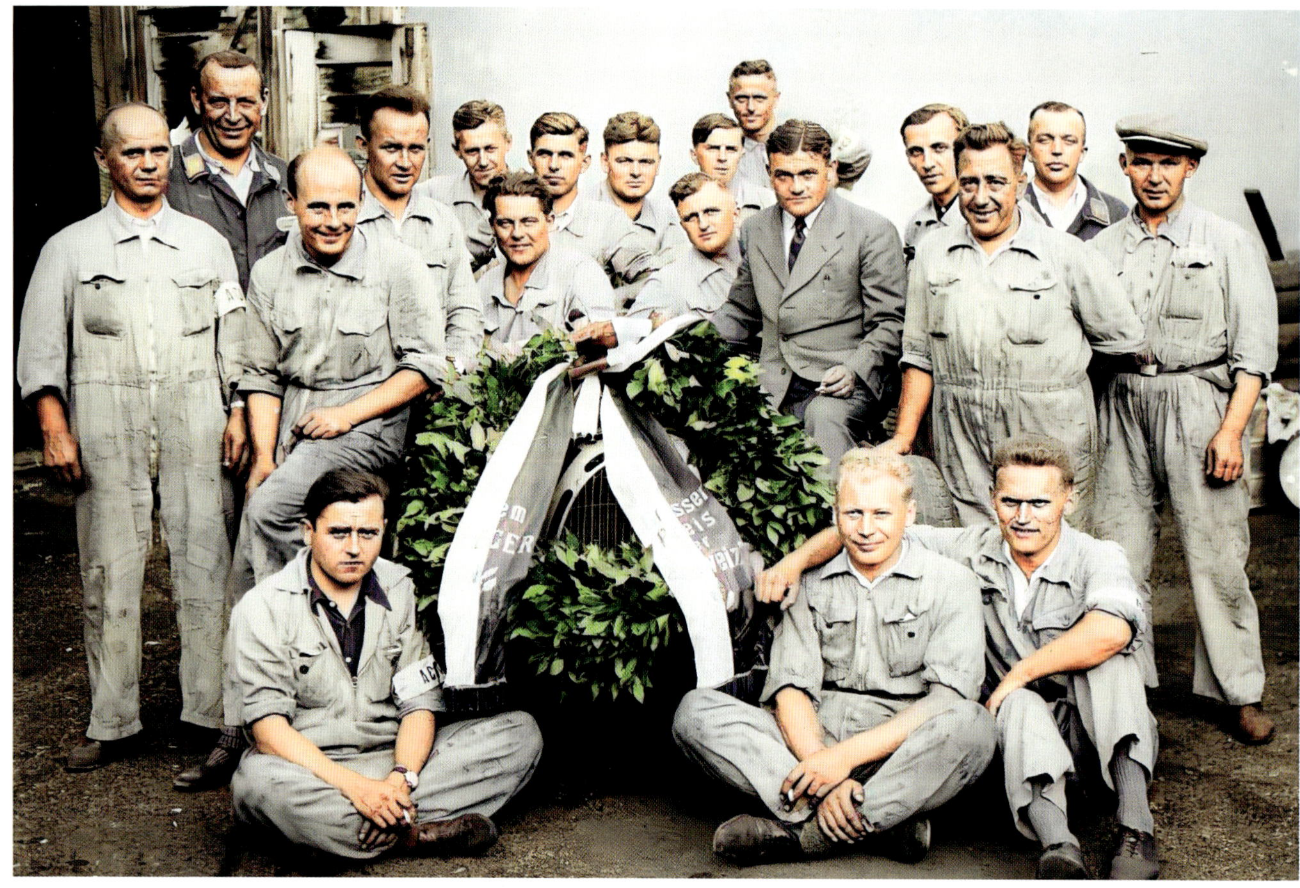

Die Sieger vom Großen Preis der Schweiz: Im Vordergrund sitzen Ludwig, Walter Meyer und Rudolf Friedrich. Dahinter (von links nach rechts) Max Reiher, Mitarbeiter von Continental, Walter Kratel, Alfred Neef, Otto Pfeifer, Fritz Mathaey, Fritz Vogt, German Kraus, Karl Zinnert, Max Luber, Emst Kolibal, Wilhelm, Arthur Frenzel, Kurt Teichert, Mitarbeiter von Continental, Max Tomulka.
Rechte Seite: Werbung von 1934 und 1936

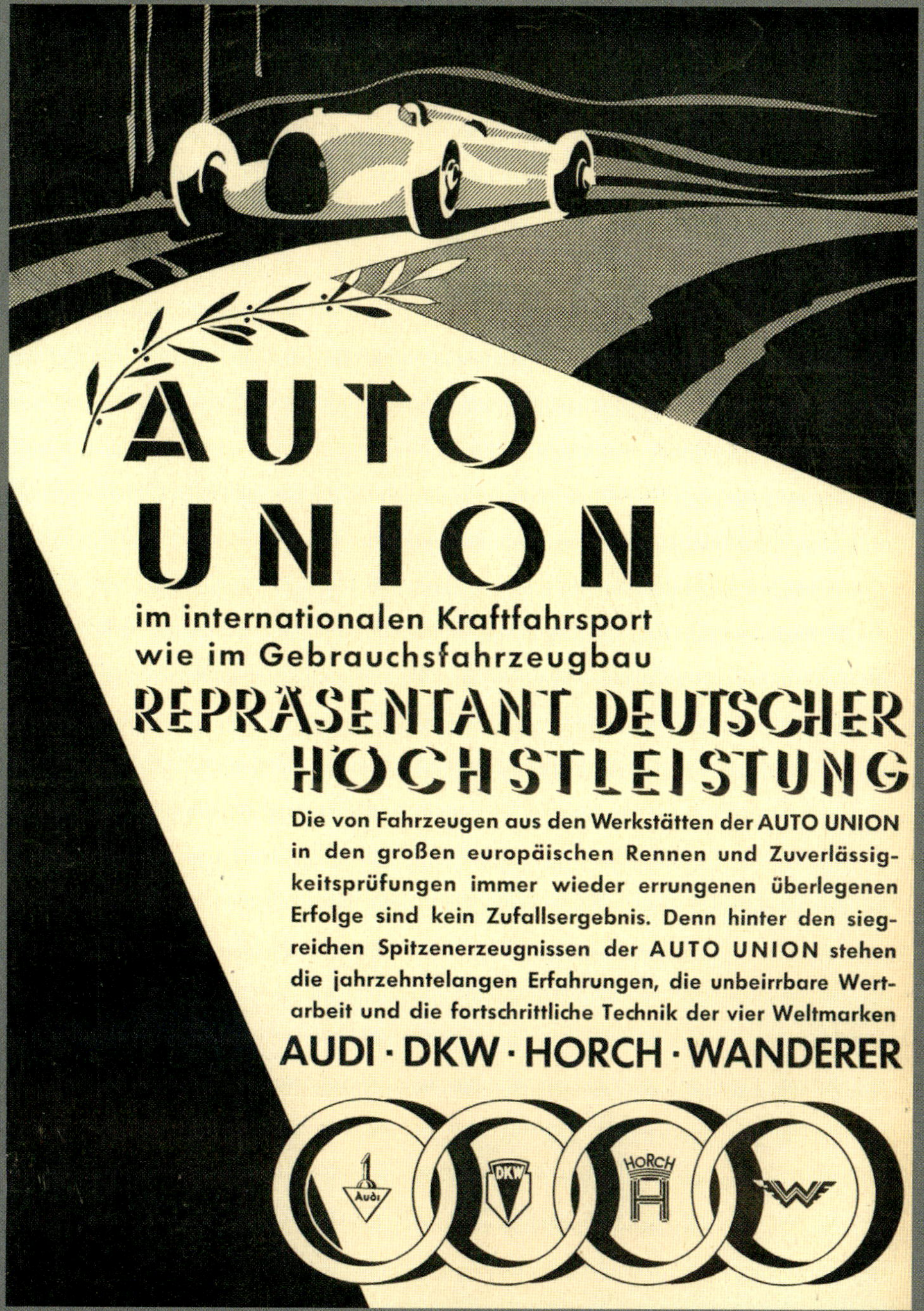

AUTO UNION

im internationalen Kraftfahrsport
wie im Gebrauchsfahrzeugbau

REPRÄSENTANT DEUTSCHER HÖCHSTLEISTUNG

Die von Fahrzeugen aus den Werkstätten der AUTO UNION in den großen europäischen Rennen und Zuverlässigkeitsprüfungen immer wieder errungenen überlegenen Erfolge sind kein Zufallsergebnis. Denn hinter den siegreichen Spitzenerzeugnissen der AUTO UNION stehen die jahrzehntelangen Erfahrungen, die unbeirrbare Wertarbeit und die fortschrittliche Technik der vier Weltmarken

AUDI · DKW · HORCH · WANDERER

Audi DKW HORCH

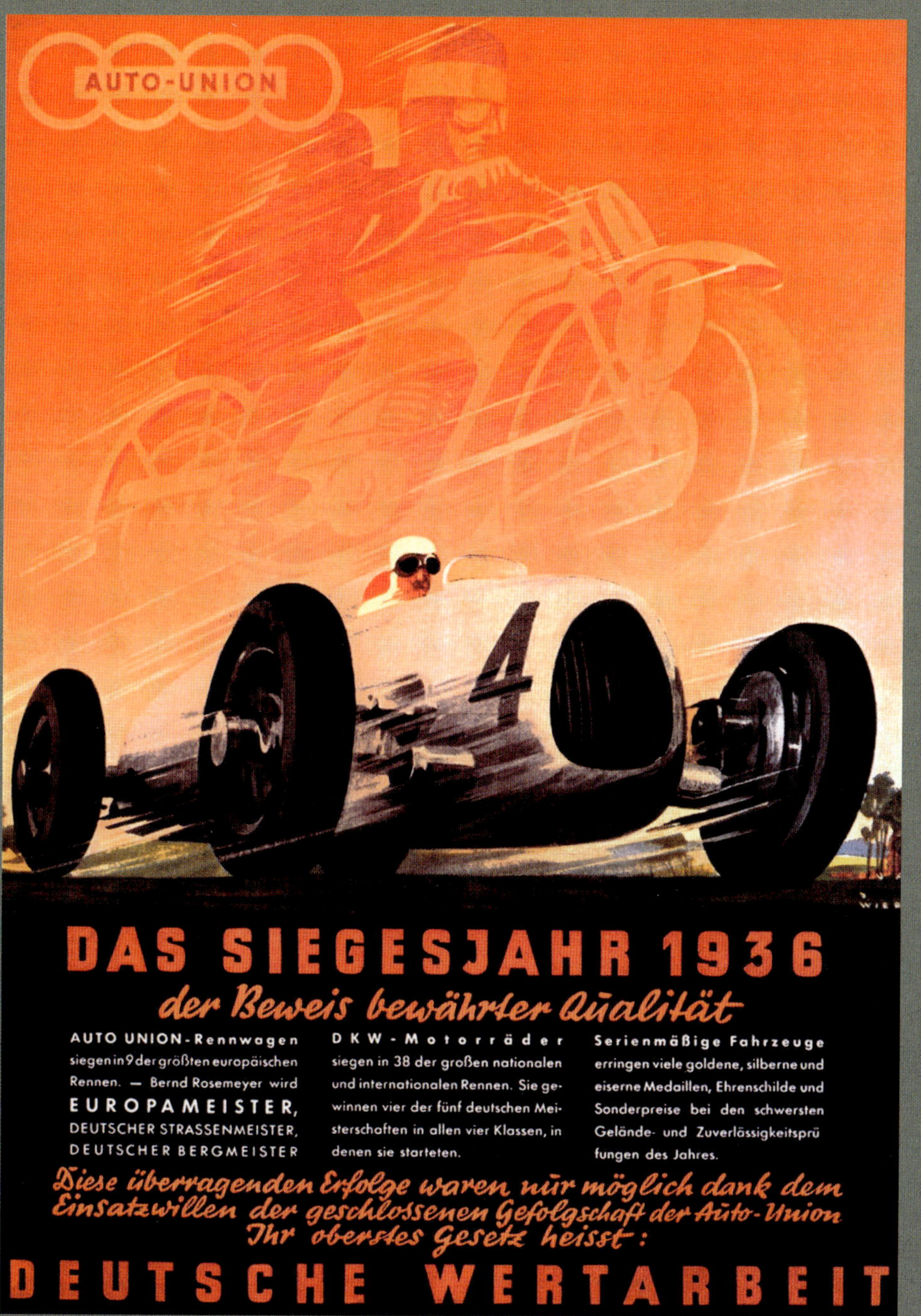

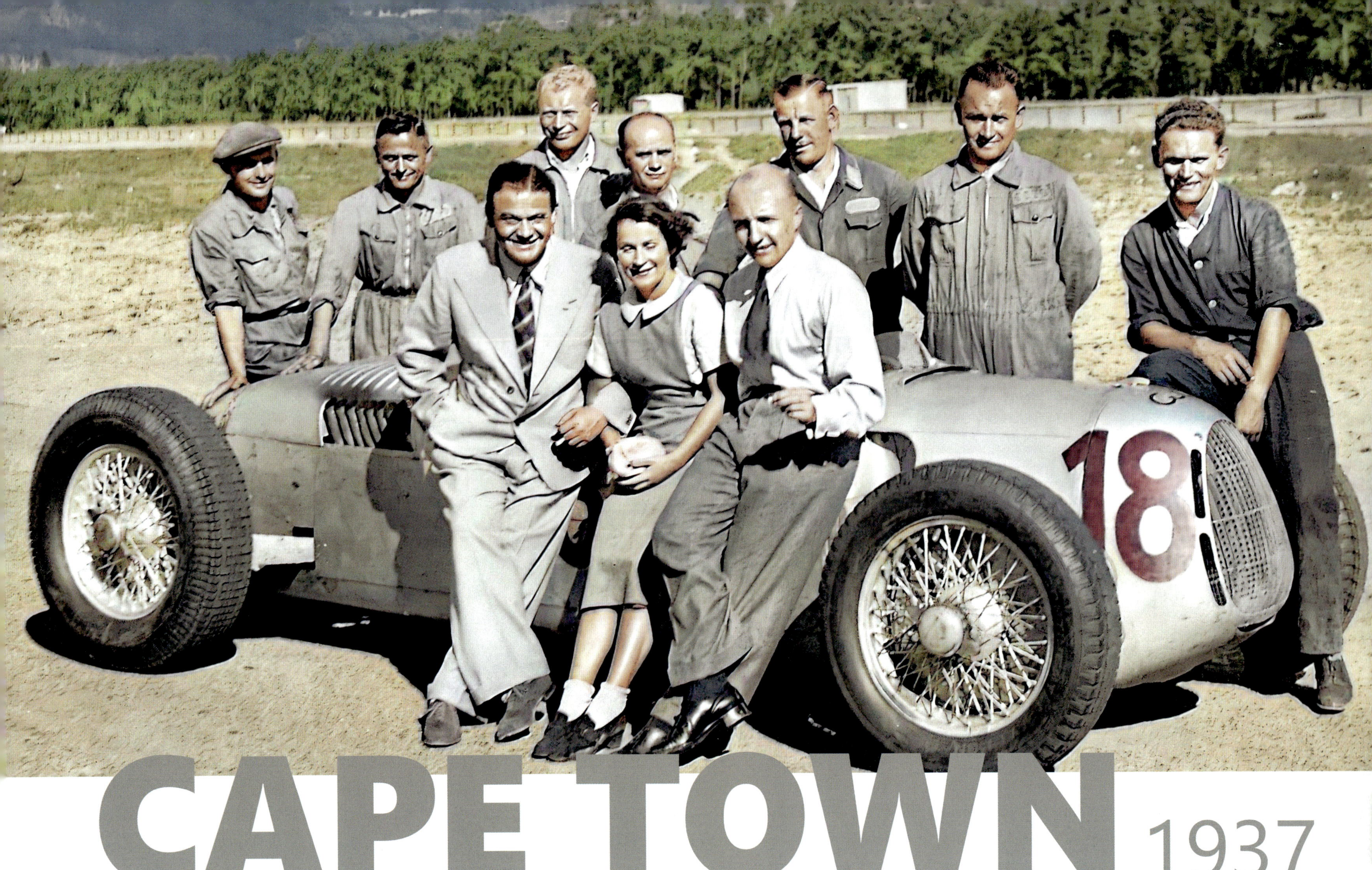

CAPE TOWN 1937

Plötzlich haben alle Zeit: Mit Rennfahrerin Kay Petre und Delius

DER RENNLEITER

Das Jahr endet mit einer weiteren Überraschung. Im Januar sollen Bernd und Delius in Südafrika starten. Und das Beste: Wilhelm wird für diese Expedition als Rennleiter benannt. Südafrika ist jetzt nicht gerade für seine Grand Prix-Strecken bekannt, aber Oertzen ist dort neuer General-Manager der AUTO UNION und hat das Ganze als internationale Werbeveranstaltung eingefädelt. Elly bietet an, ihren Mann und Delius mit ihrer Maschine hinzufliegen. Dem Vorstand ist das erst viel zu riskant, aber schließlich darf sie zumindest mit Bernd fliegen. Allein ihr Flug wird zu einem echten Pressespektakel.

Delius und Wilhelm fliegen mit Linienmaschinen, das Team und die beiden Wagen kommen per Schiff. Leider ist Ludwig nicht dabei, da er sich eine schwere Angina eingefangen hat. Er verbringt Weihnachten bei seiner Mutter in Mannheim und wird dort sicher gut versorgt. Delius und Wilhelm erwartet eine mehrtägige Flugreise, bei der sie gefühlt tausend Mal umsteigen und Zwischenstopps einlegen müssen.

Beim Flug über Ägypten trauen sie ihren Augen nicht, als sie plötzlich Ellys Flugzeug sehen, das Zeichen gibt und dann vorbeifliegt. Sie spielen Hase und Igel mit Delius und Wilhelm. Bei der Zwischenlandung in Wadi Halfa übergibt ihnen der Flugplatzleiter ein Briefchen von Elly und Bernd mit der Einladung zu einem kalten Drink. Und als sie endlich nachts völlig fertig ankommen, empfängt sie das Ehepaar bei bester Laune. Am Weihnachtsmorgen trifft dann auch die Mannschaft ein und alle feiern gemeinsam Weihnachten auf dem Schiff.

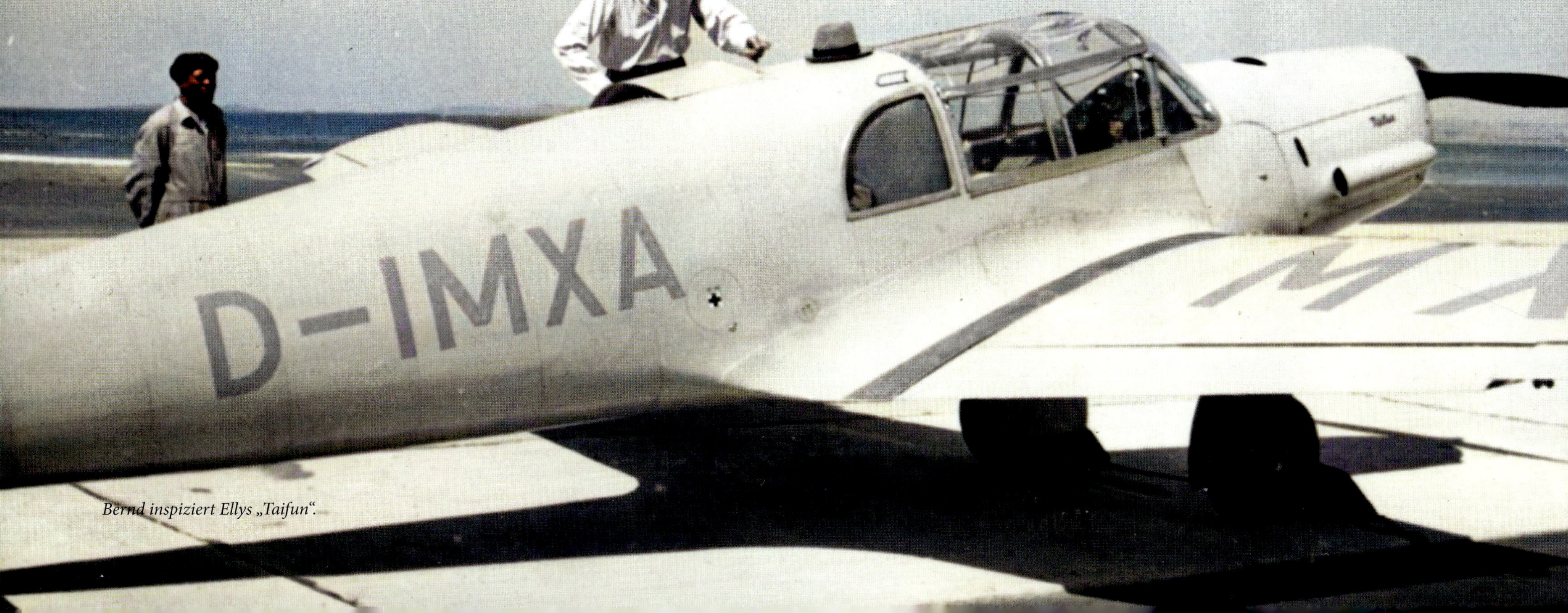

Bernd inspiziert Ellys „Taifun".

OCHSEN UND HANDICAPS

East London ist eine echte Enttäuschung, denn die Piste ist sehr schlecht und es bleibt nur wenig Zeit für das Training. Elly fliegt mit einem Mechaniker über den Rennplatz und warnt vor Ochsengespannen, die sie neben der Stecke ausgemacht hat. Der große Preis von Südafrika findet an Neujahr statt. Gefahren wird nach einem gewöhnungsbedürftigen Reglement, das Handicaps festlegt je nach Hubraum und fahrerischem Können. Konkret bedeutet das für Bernd, dass er nach Rennbeginn fast eine Stunde warten muss, bis er endlich starten darf. Die deutschen Wagen haben einen gewaltigen Geschwindigkeitsüberschuss gegenüber den oft unerfahrenen Wettbewerbern, was die Sache ziemlich gefährlich macht. Eins ist klar, hier geht es nicht um Siege, sondern um Schadensbegrenzung. Über 200 Überrundungsmanöver müssen Bernd und Delius auf der kurvenreichen Strecke hinter sich bringen, um allein das Handicap auszugleichen. Das ständige Überholen auf der schlechten Piste führt zu einem enormen Reifenverschleiß. Delius hat mitten auf dem Kurs einen Reifenschaden und verliert auf dem Weg zur Box viel Zeit. Auch Bernd wird es fast zum Verhängnis. In einer Kurve kommt er mit einem blanken Reifen gefährlich ins Schleudern, kann den Wagen aber wieder einfangen. Bei der Boxenanfahrt platzt ihm der Reifen und nach dem Rennen platzt ihm der Kragen, als er erfährt, dass er von einem sonderbaren zweiten Platz auf den Fünften rückversetzt wurde. Oertzen muss ihn beruhigen. Die „silver bullets“, wie sie hier genannt werden, haben ihren Eindruck bei den über fünfzigtausend Zuschauern trotz allem nicht verfehlt.

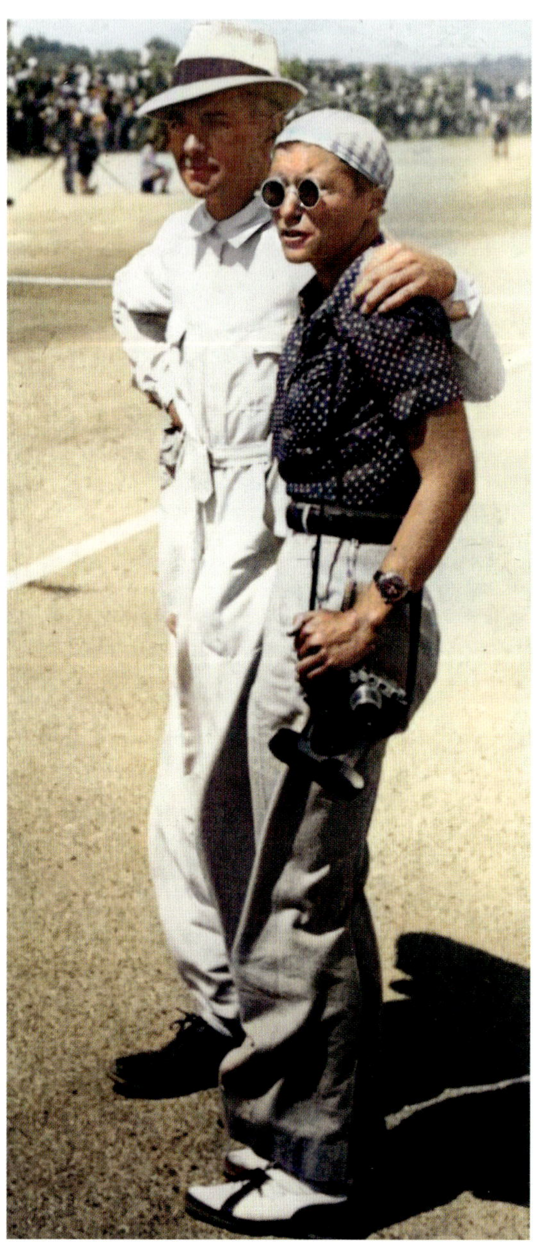

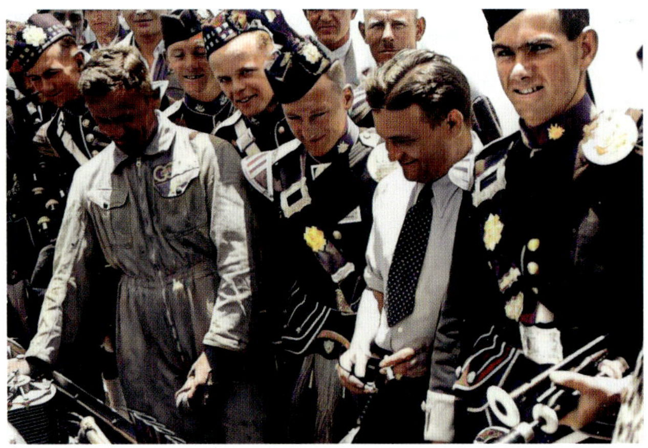

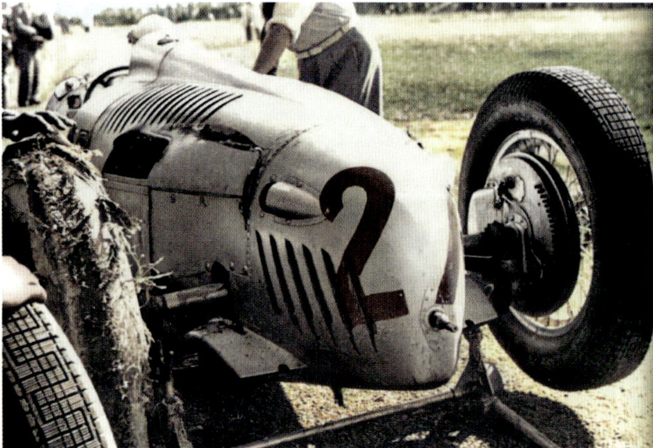

Wilhelm wird umringt von den Dudelsackspielern der Regimentskapelle. Daneben: Der Reifenzustand an Delius Wagen in East London. Rechts: Bernd und Elly bei einer Trainingspause

SANDIGER DOPPELSIEG

Zwei Wochen später geht es weiter beim Grosvenor Cup in der Nähe von Kapstadt. Wieder eine schlechte, kurvenreiche Piste, wieder mit Zeit-Handicap, wenn auch etwas geringer. Bernd schafft es irgendwie mit zwei Reifenwechseln hinzukommen, während Delius fünf Mal die Ehre hat. Plötzlich kommt ein kleiner Sandsturm auf, der etliche Teilnehmer behindert und den hochgezüchteten Silberpfeilen sicher nicht gut bekommt. Aber sie halten durch und schließlich führt Delius. Bernd kann trotz miserabler Sicht aufschließen und sie fahren hintereinander ins Ziel. An einem teaminternen Duell hat keiner mehr Interesse. Bereits vor der Veranstaltung war mit Oertzen geklärt worden, dass auf das letzte Rennen in Johannesburg verzichtet wird. Das Team bekommt ein paar zusätzliche Urlaubstage und Elly kann mit Bernd etwas früher aufbrechen. Ihr Rückflug ist als Hochzeitsreise geplant, mit Abschluss auf dem Oasenflug-Wettbewerb in Kairo. Als sie unterwegs erfahren, dass Bernds Mutter gestorben ist, kehren sie umgehend nach Deutschland zurück. Schließlich landen auch Delius und Wilhelm wieder wohlbehalten in Berlin und so endet Wilhelms Abenteuer als AUTO UNION-Rennleiter.

Den Blumenstrauß zum Empfang hat Delius bekommen.

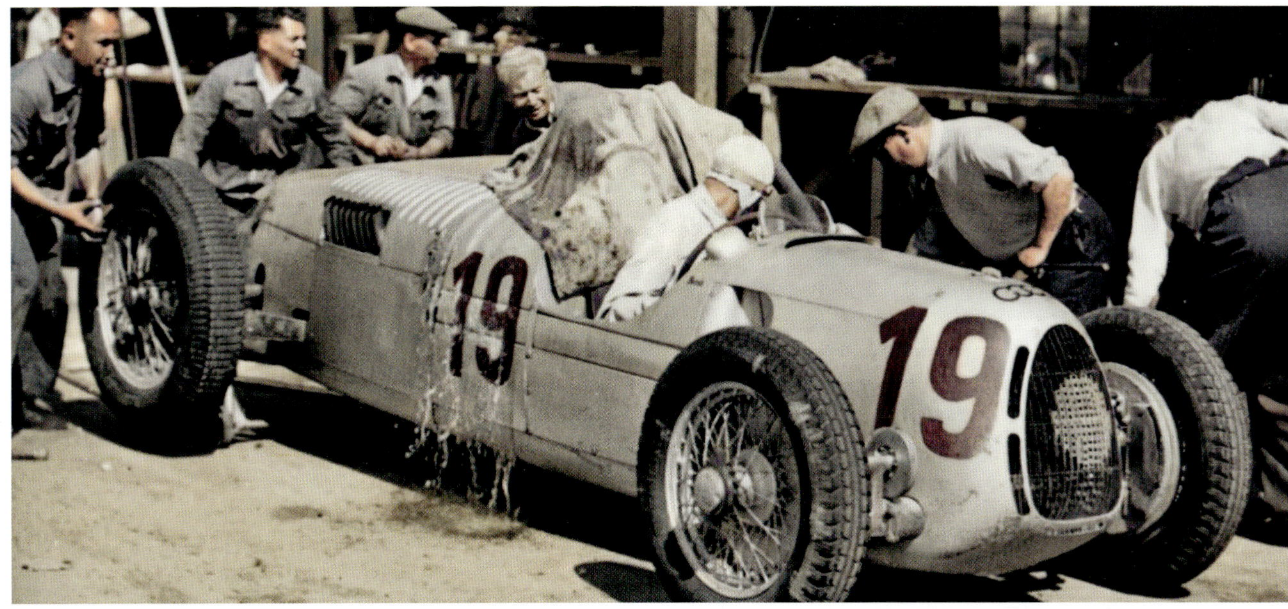

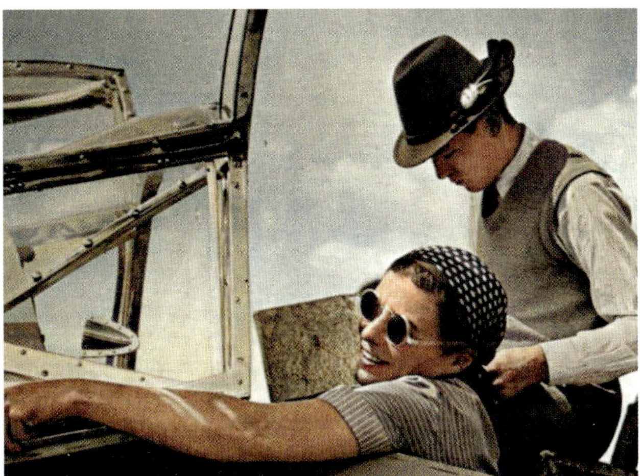

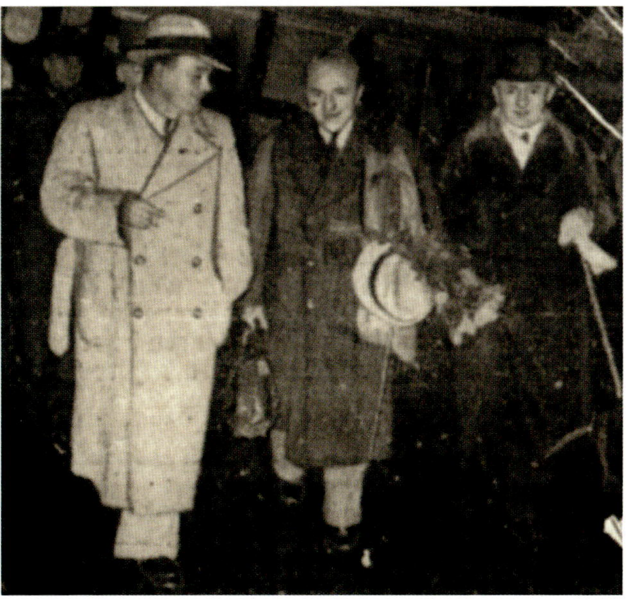

Elly und Bernd in ihrer „Taifun"
Daneben: Rückkehr in Berlin „mit Rennleiter Sebastian"
Oben: Bernd beim Boxenstopp in Kapstadt

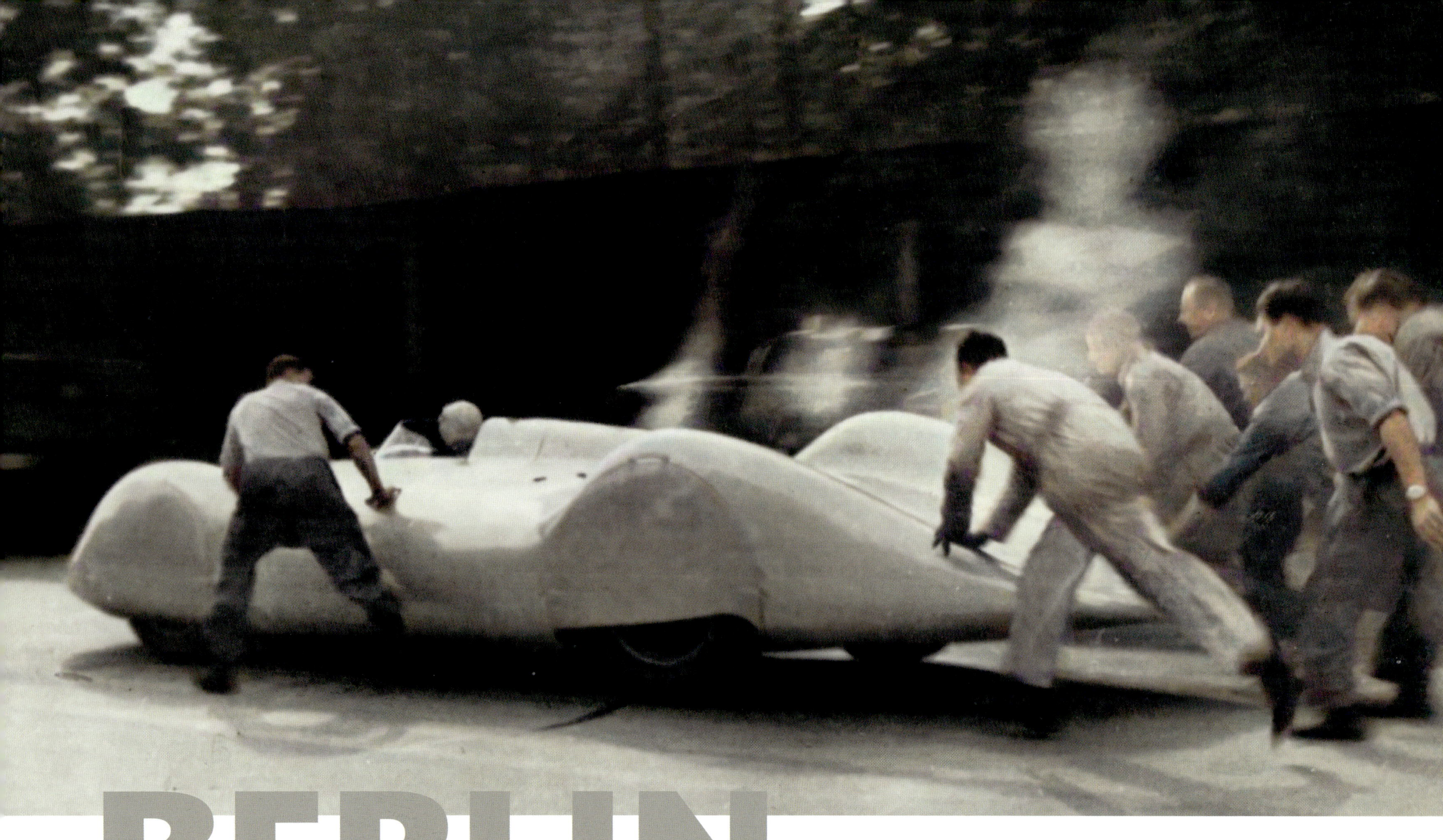

BERLIN 1937

Schön, schnell und ganz schön schnell: Ludwig kann nicht loslassen

NORDKURVE MORDKURVE

Deutschland will das schnellste Rennen der Welt austragen und lässt sich das einiges kosten. Die AVUS-Strecke in Berlin bekommt eine neue Hochgeschwindigkeits-Steilwandkurve. Ein gigantisches Monument, 12 Meter hoch und so steil, dass man bei hoher Geschwindigkeit förmlich auf der Fahrbahn klebt. Wieder einmal sollen die Silberpfeile für Rekorde sorgen, wofür ein ziemlich großer Aufwand betrieben wird. Eberan forciert mit Wilhelm und den PORSCHE-Aerodynamikern die Entwicklung einer neuen Stromlinienkarosserie. Zwei Wagen werden damit ausgestattet und die Tests beginnen Ende April, kurz nach Fertigstellung der monströsen Kurve. Die Steilwand hat ihre eigenen Regeln. Die hohen Anpresskräfte verlangen eine besondere Abstimmung mit hoch belastbaren Reifen. In der Kurve fährt man im Prinzip auf einer Mauer entlang, auf ganz normalen Klinkersteinen ohne Straßenbelag. Ab der oberen weißen Linie wird die Bahn zu einer tödlichen Sprungschanze, rettende Leitplanken gibt es keine. Am Kurvenausgang wurde beim Bau gepfuscht. Kurz vor dem neuen Zielrichter-Turm gibt es einen gefährlichen Knick in der Fahrbahn. Es ist also höchste Konzentration angesagt, wenn man in die Steilwand rast und mit dem Mehrfachen seines Körpergewichts in den Sitz gedrückt wird.

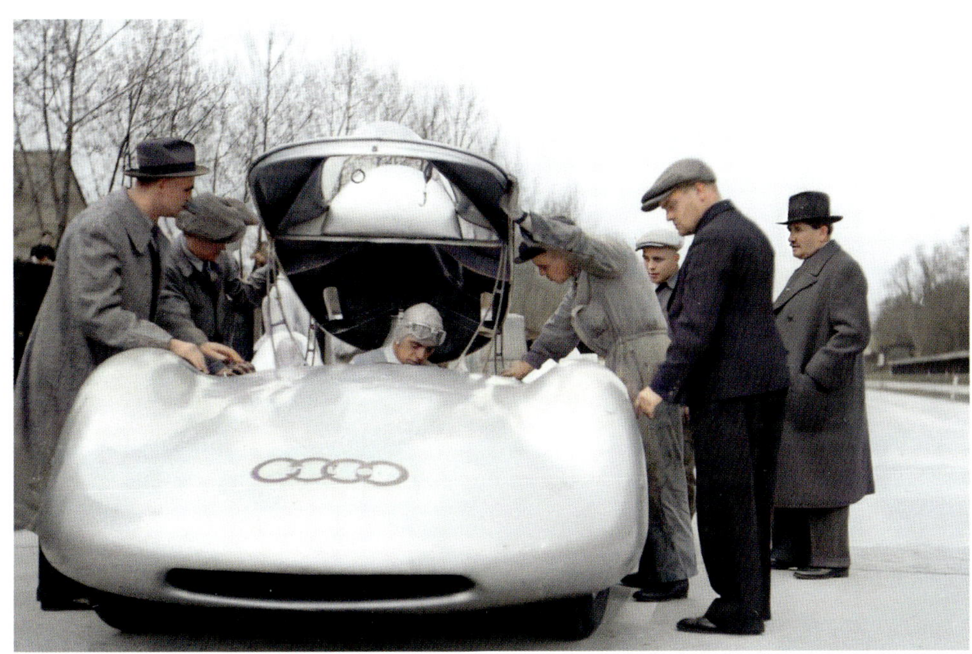

Bernd bei den Tests
Rechts: Fagioli im Training

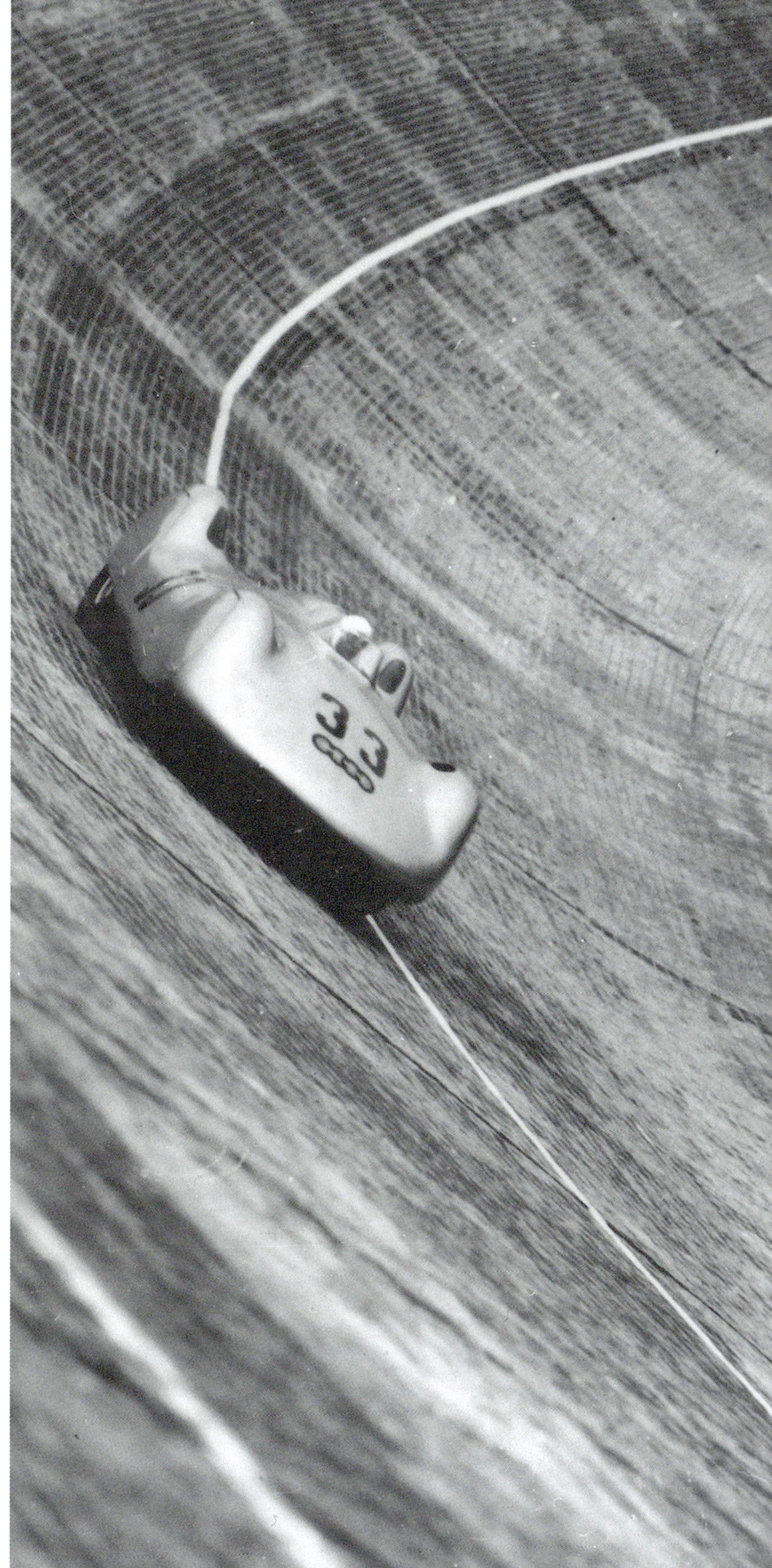

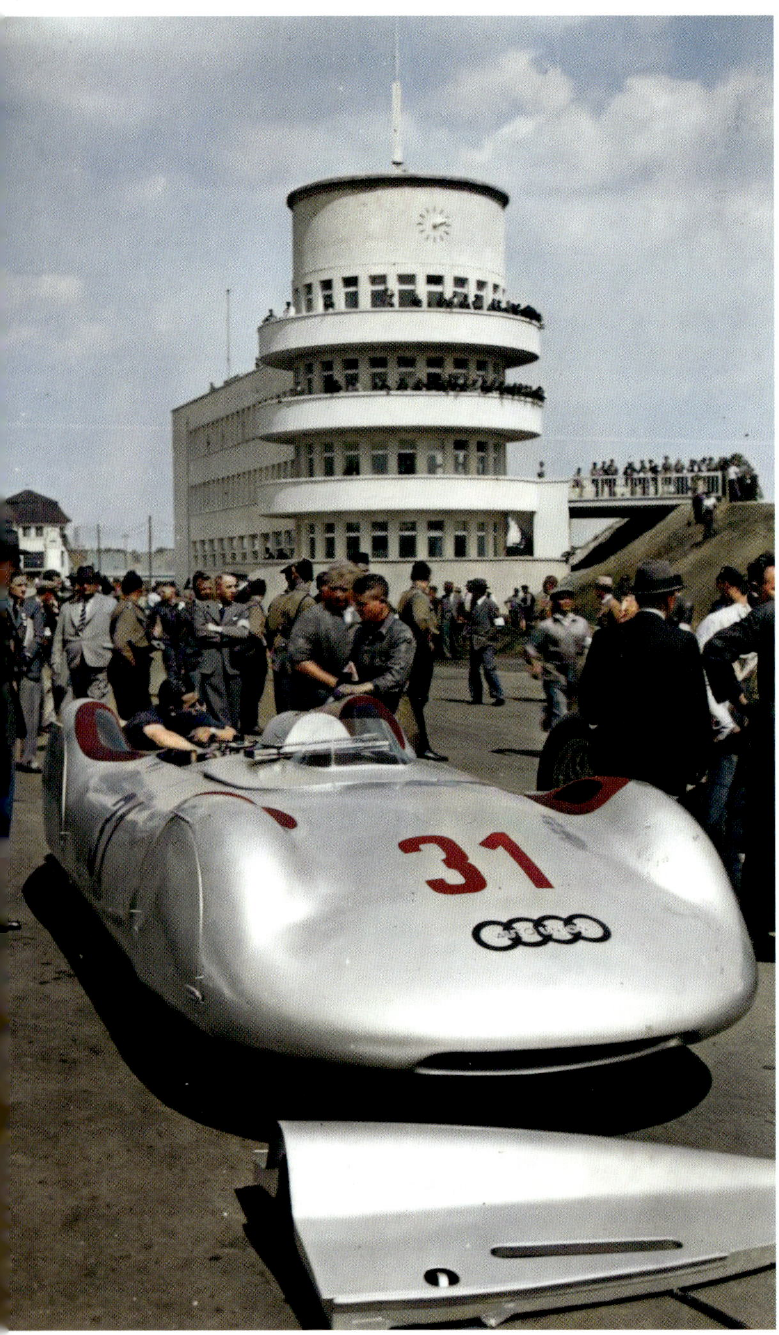

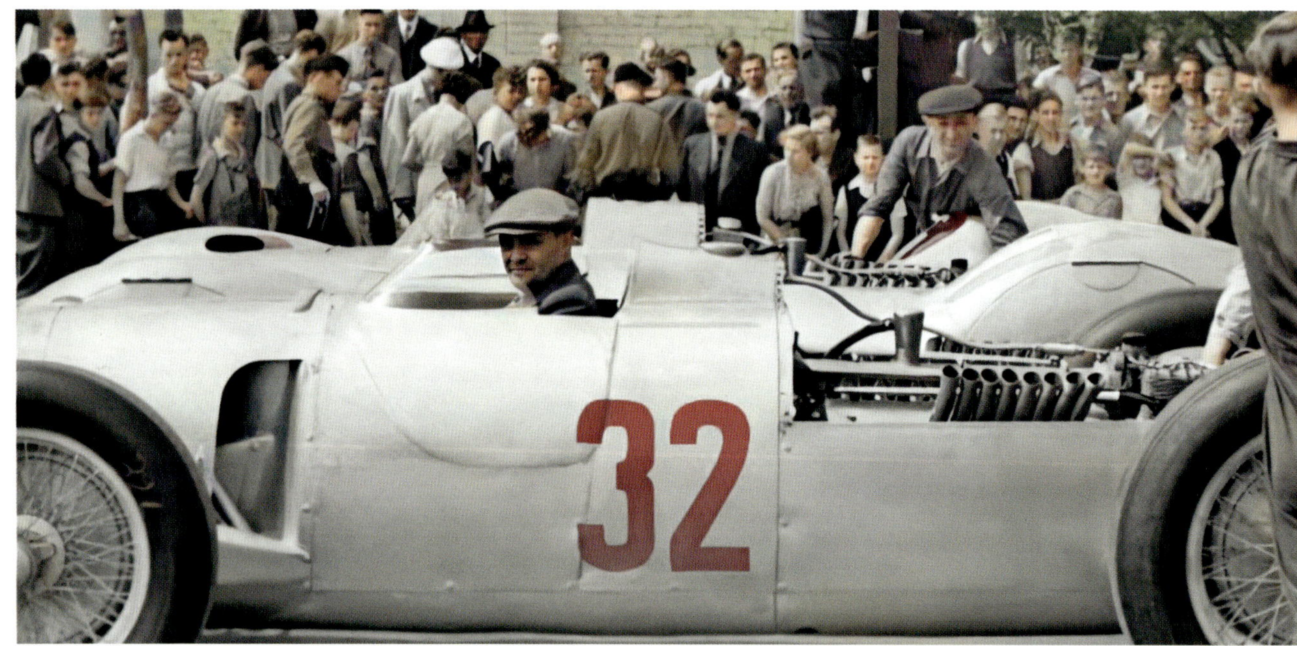

Wilhelm testet den Wagen von Delius.
Links: Ludwig macht letzte Einstellungen an Bernds Wagen.
Rechts: Ludwigs Protokoll vom ersten Trainingstag und Bernd im Rennen

Im Training zeigt sich, wie gut Bernd mit dem Stromlinienwagen zurechtkommt. Er fährt sagenhaft schnell mit 360 km/h auf der langen Geraden, im Schnitt ist er mit fast 280 Sachen unterwegs. Ein Jahr nach der großen Olympiade erlebt Berlin mit der neuen Steilkurve ein Rennspektakel, das über dreihunderttausend Zuschauer anlockt. Viel Nazi-Prominenz ist vertreten, denn es steht von vornherein fest, dass ein deutscher Sieg gefeiert wird. Das Rennen wird nämlich ohne Gewichtsbegrenzung ausgetragen, damit die überlegenen deutschen Spezialboliden starten können. Die meisten ausländischen Teams treten daher gar nicht erst an. Die AUTO UNION verspricht sich recht viel von ihren Stromlinienwagen, aber kurz vor dem Rennen macht ihnen der Renn-Gott einen Strich durch die Rechnung. Fagiolis Stromlinienwagen fällt in den Vorläufen überraschend aus. Dann stellt Ludwig kurz vor dem Hauptrennen fest, dass Bernds Wagen aufgrund einer defekten Zylinderkopfdichtung Öl verliert. Eine Reparatur ist nicht mehr möglich und Bernd muss mit dem angeschlagenen Motor starten. Im Rennen wirft ihn eine Reifenpanne weiter zurück. Delius fährt einen unverkleideten Grand Prix-Wagen, der aufgrund des geringeren Gewichts besser beschleunigt und weniger Reifenverschleiß hat. Er verpasst den Sieg nur knapp. Bernd hingegen kämpft während des ganzen Rennens mit heißem Öl, das ihm auf seinen Overall spritzt. Er fährt hinter Hasse schließlich auf Platz vier und Ludwig muss einer schimpfenden Ölsardine aus dem Wagen helfen.

1. ter Tag.
1 Runde Rosemeyer
400 Ry. 370/40 – 370/40
Windscheibe geht nicht in Ordnung
zweite einsetzen.
Sitze unterlegen und Rücken-
lehne besser ausfüllen.
Lenksäule 15 m/m kürzen
Benzin für Messprobe.
Rosemeyer 2 Runden
Wasser 93° Öl 75°
linkes Vorderrad defekt.
vordere Haube arbeitet beim fahren
stark.
Rosm. 2 Rd. linkes Rad
wieder defekt.
W. 90° Öl 78°
Karosserie beim Reifenschaden
beschädigt

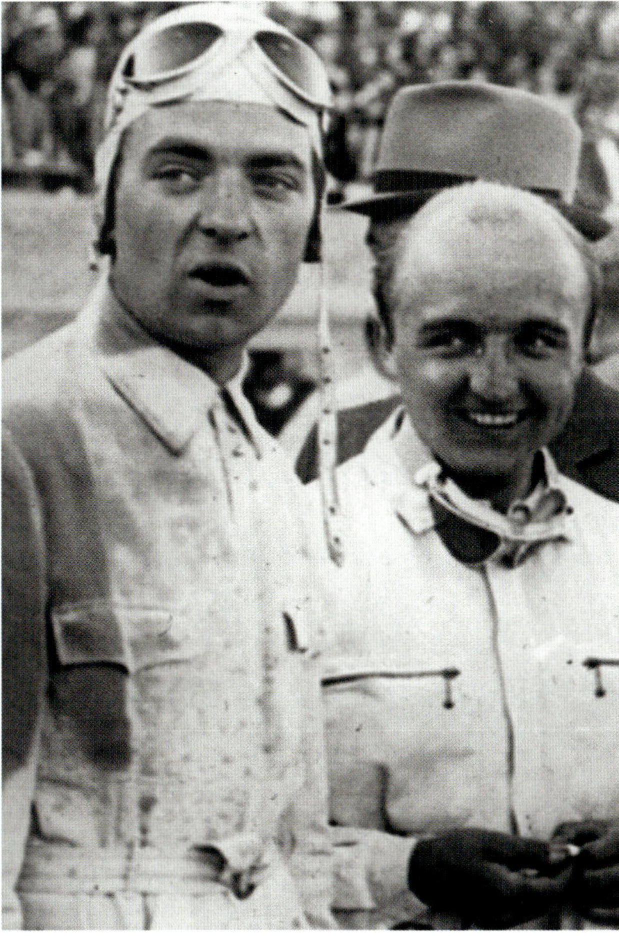

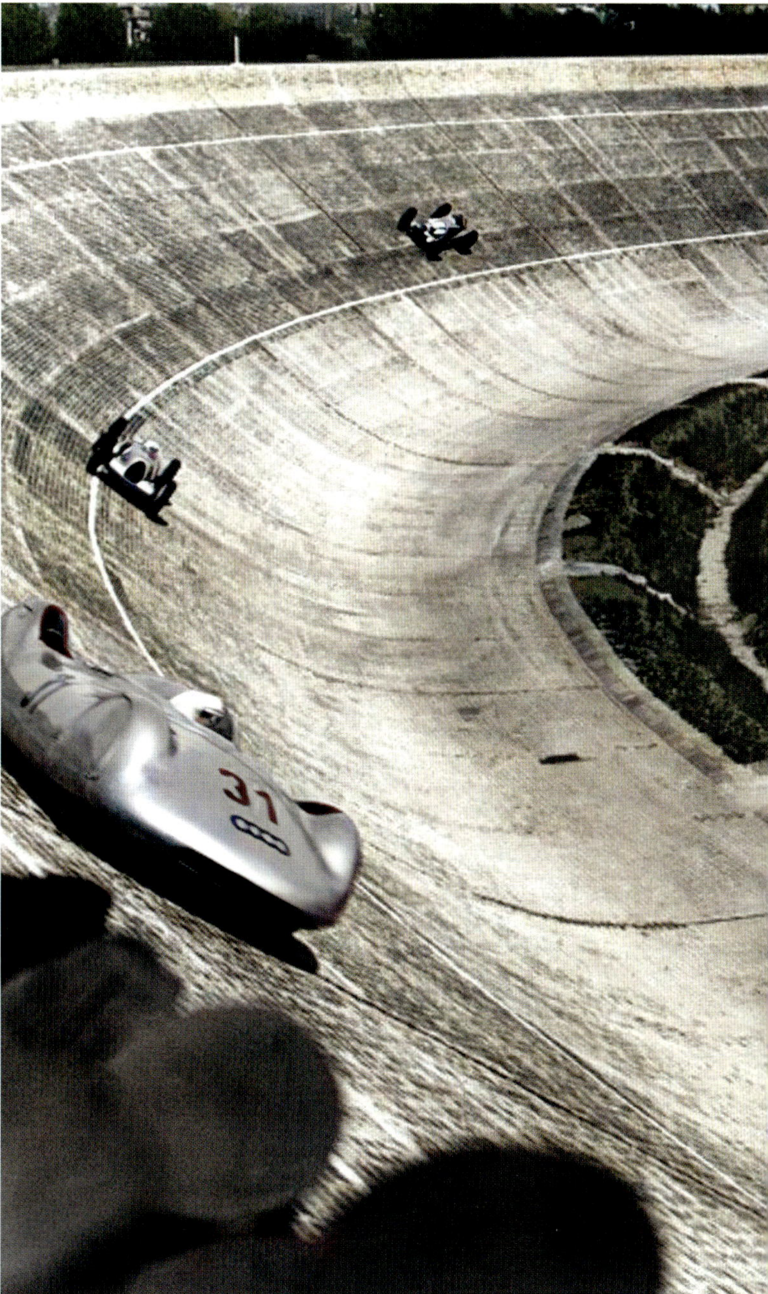

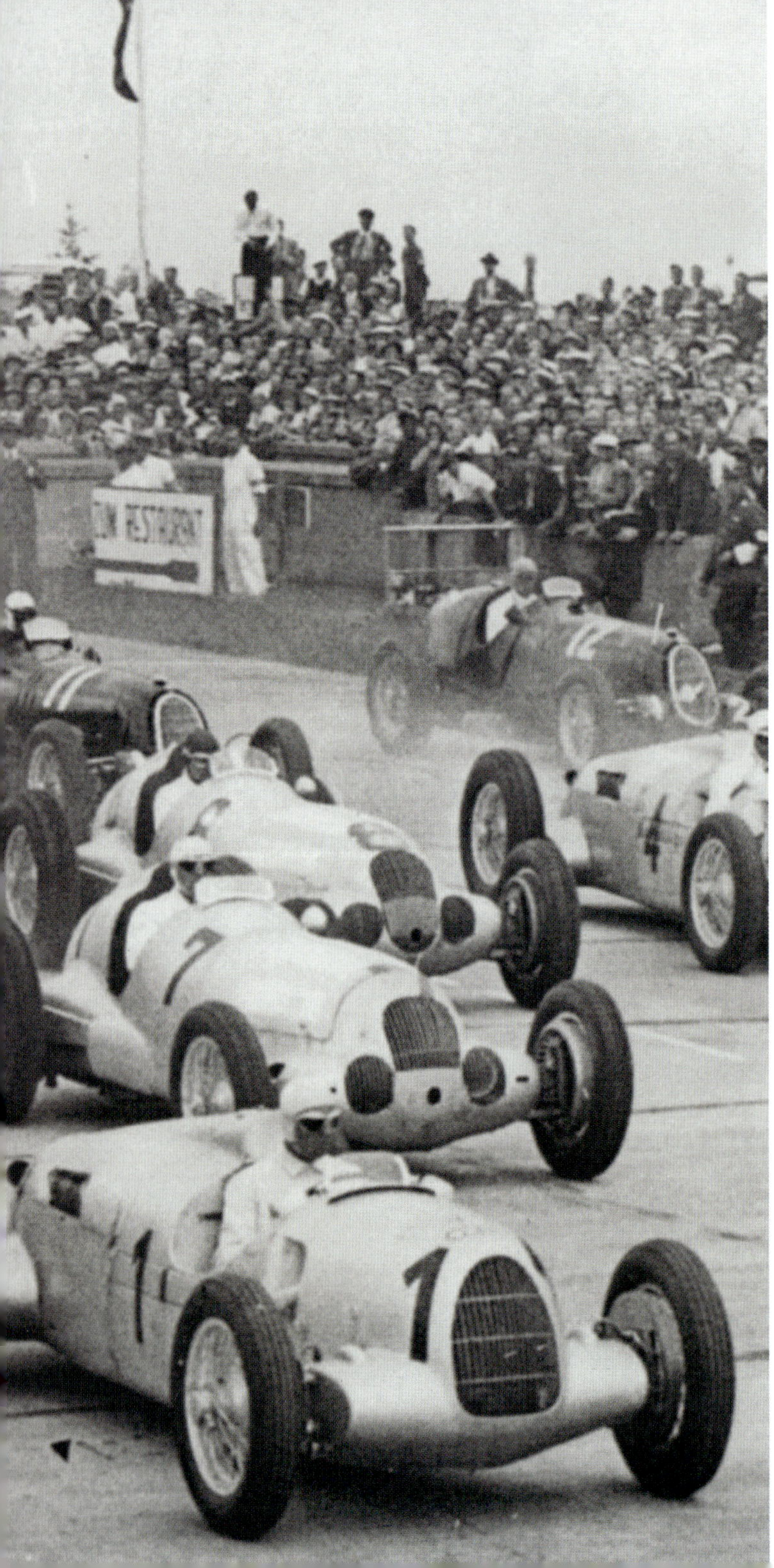

LUDWIGS RENNEN

Zwei Wochen später beginnt das Training zum Eifelrennen. Bernd kommt mit einem Doppeldecker angeflogen und baut eine kleine Bruchlandung neben der Strecke. Die Maschine wird zur Tribüne geschleppt, wo Ludwig sie verarzten kann. Auch im Training gibt es einen Ausrutscher. Delius wird in voller Fahrt von einem Spatzen am Kopf getroffen und landet im Graben. Er kommt aber mit leichten Blessuren davon. Das Rennen beginnt mit der gewohnten Routine. Ludwig beschreibt das so: „… *Rechts und links hinter mir dröhnen die Motoren. Ich bin allein in der vorderen Reihe zwischen den Wagen. Schon gibt mir Rosemeyer das Zeichen zum Anlassen. Aus technischen Gründen werden unsere Motoren jedoch erst 20 bis 25 Sekunden vor dem Start angeworfen. Ich habe nur meine Stoppuhr im Auge. Noch 40 Sekunden. Gleichmäßig läuft der Zeiger zum Nullpunkt. Meine Nerven sind aufs Äußerste angespannt. Die Augen tränen von den Abgasen der Motoren. Noch 35 Sekunden! Wieder gibt Rosemeyer Zeichen mit dem Arm. Nur jetzt die Ruhe bewahren! Der Daumen liegt ruhig auf dem Anlasser-Knopf. Noch 20 Sekunden noch 15 Sekunden! Ein Druck mit dem Daumen und als letzter springt mein Motor an. Schon schiebt sich das hintere Feld nach vorn. Der Motorenlärm schwillt an, die Startflagge senkt sich…*“ Bernd liefert sich ein spannendes Duell mit Caracciola. Für beide ist nur ein Boxenstopp vorgesehen und der könnte rennentscheidend werden. Ludwig hat das eindringlich erlebt: *„Wie gebannt hängen meine Augen dort an der Brücke, wo er erscheinen muss. Fest halte ich den Hammer in der Rechten und das Reserverad in der Linken. Da taucht Bernd auf. Er fährt noch sehr rasch und muss scharf abbremsen.*

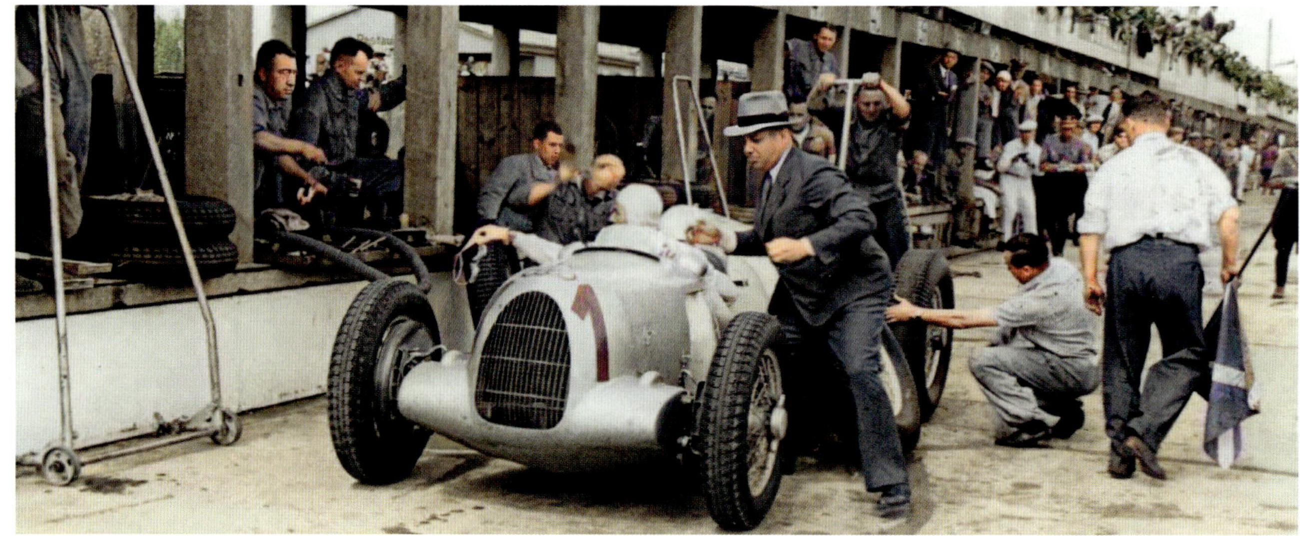

Bald rechts, bald links sich querstellend, kommt er mehr rutschend als fahrend an die Boxen. Die abgefahrenen Reifen schreien auf. Ich stehe unverändert auf meinem Platz. Hier muss er halten, sonst reicht der Schlauch nicht zum Tanken. Schon sitzt der Wagenheber in seiner Führung. Gleich darauf sind die Räder frei. Fritz hat bereits die Tankanlage in Tätigkeit gesetzt. Schlag auf Schlag saust nun mein Kupferhammer auf die Flügelmutter. „Fritz, den Anlasser!", schreie ich aus Leibeskräften. Endlich habe ich die sich sträubende Mutter gelöst. Mit dem letzten Schlag läuft sie vom Gewinde ab. Ein Griff in die Speichen, und das Rad ist unten! Sofort setze ich das neue darauf. Nach einem Hammerschlag auf die Radmutter bin ich links fertig. Auf der rechten Seite arbeitet Walter, und ich weiß, er wird es schaffen.

Fritz steht schon hinten mit dem Anlasser und wartet auf mein Zeichen. Ich mache eine Flanke über den Wagen, gerade schlägt das Absperrventil zu. Ich reiße den Tankschlauch heraus.

„Rosemeyer, Zündung einschalten!" „Fritz, Anlasser los!" Unsere braven PS brüllen auf, da gebe ich Rosemeyer das Zeichen zum Starten. Während sich die Räder zu drehen beginnen, reißen wir vereint den Wagenheber heraus. Rosemeyer braust unter dem Jubel der Massen als erster von den Boxen!! Mit 26 Sekunden hatten wir eine neue Rekordzeit erreicht. Als Rosemeyer schon aus der Südkurve geht, fahren Caracciola und kurz darauf auch Brauchitsch erst von den Boxen ab. Von den Tribünen ertönt der Ruf: „Die Monteure der AUTO UNION vor die Boxen!"

Noch außer Atem folgen sie der Aufforderung und erhalten riesigen Applaus. Überflüssig zu erwähnen, dass Bernd das Rennen gewinnt.

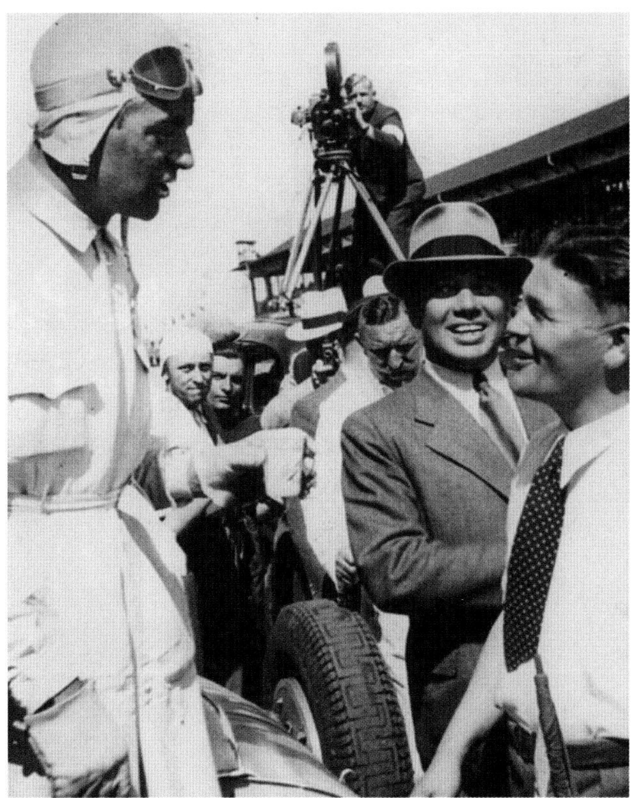

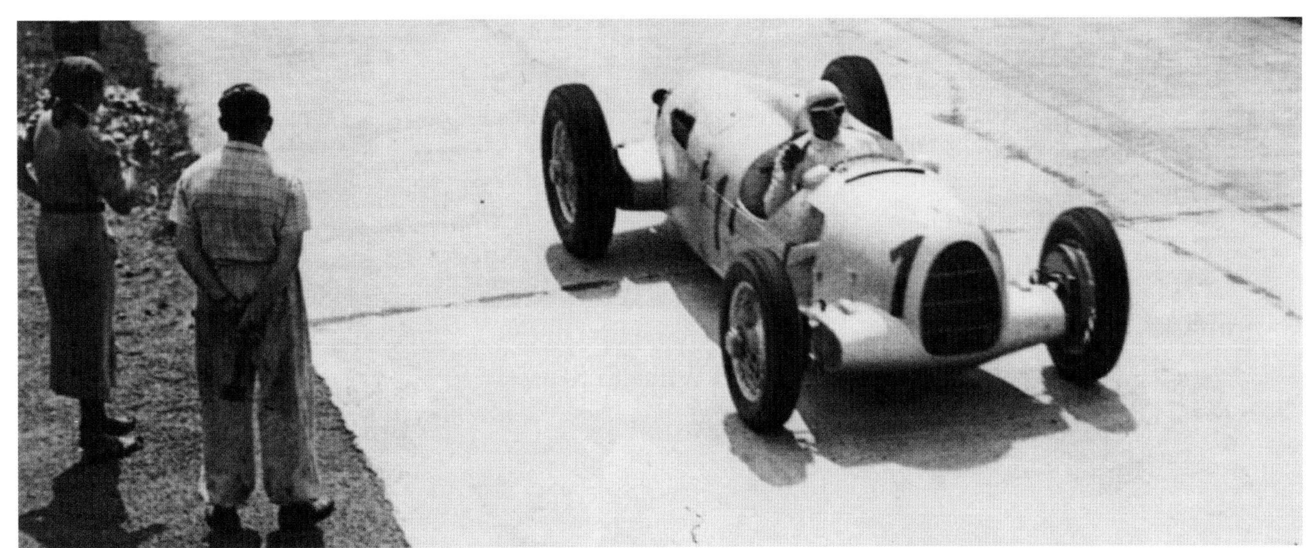

Bernd als stolzer Sieger im Gespräch mit Wilhelm.
Links: Elly winkt Bernd im Rennen zu. Daneben steht Ludwig und hat aus irgendwelchen Gründen noch den Kupferhammer in der Hand. Linke Seite: Der entscheidende Boxenstopp. Wilhelm hat Bernd hereingewunken, Walter Meyer und Ludwig machen sich über die Hinterräder her und Feuereißen rennt um den Wagen herum.

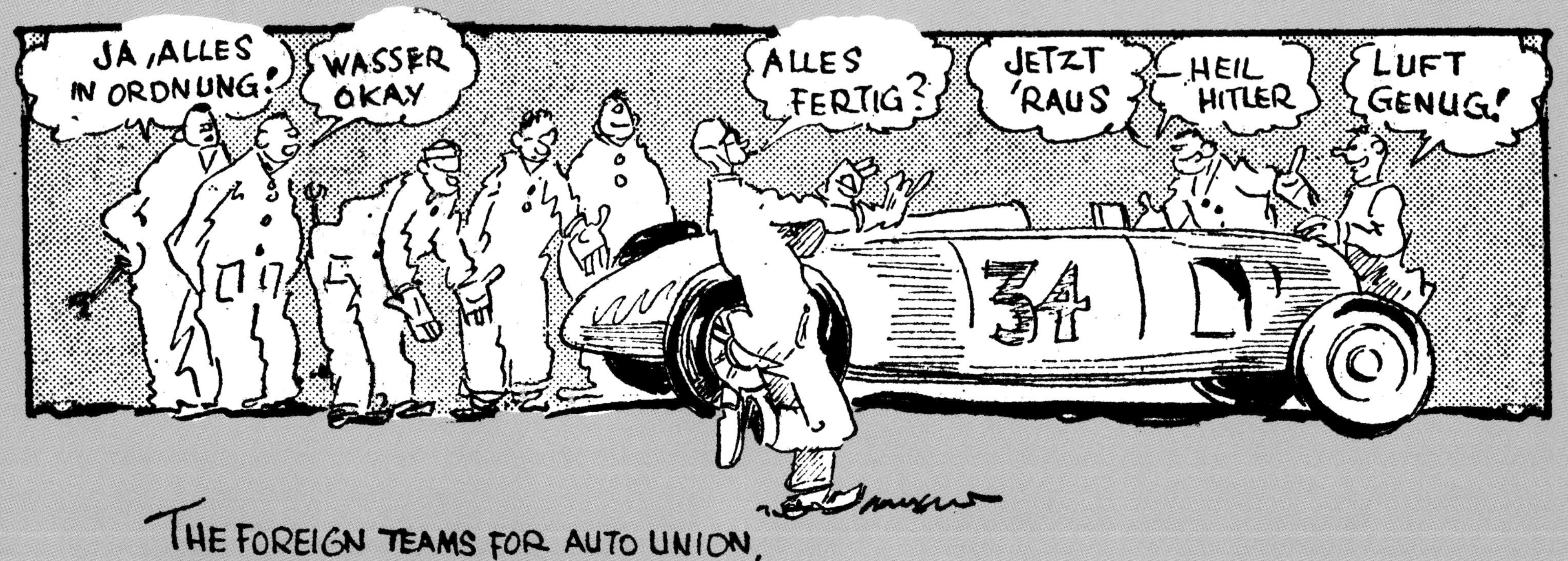

NEW YORK 1937

Aus einer anderen Welt: Die europäischen Teams in den USA

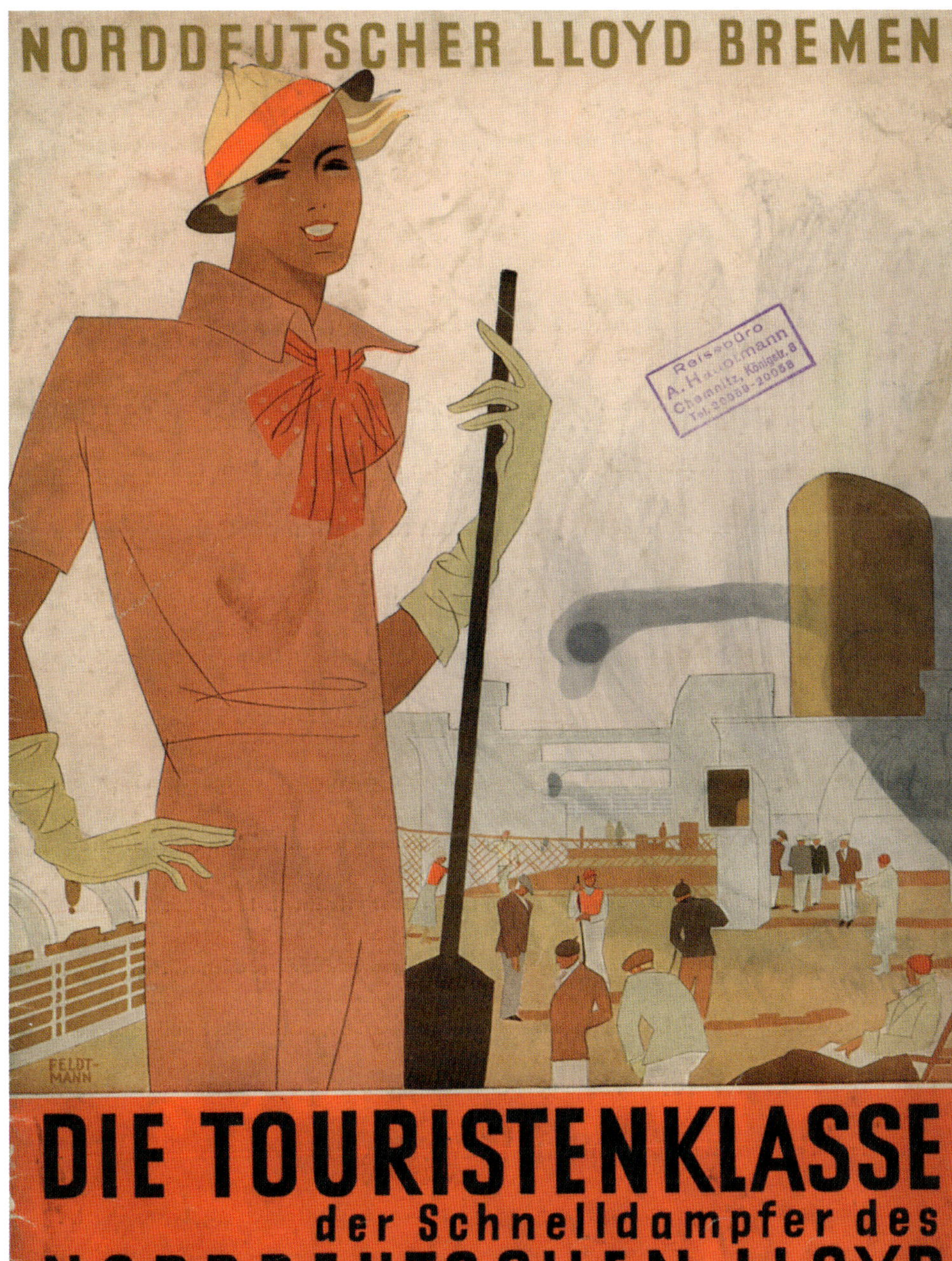

LUXUS-DAMPFER

In diesem Jahr sollen die deutschen Teams in Amerika beim Vanderbilt Cup starten. Erst letztes Jahr wurde das Rennen auf der neuen Roosevelt-Bahn bei New York wiederbelebt. Für die europäischen Teams ist es sehr teuer, Mannschaft und Wagen per Schiff in die USA zu transportieren. Aber die hohen Preisgelder locken und es ist eine gute Gelegenheit für die nationalsozialistische Regierung, sich als weltoffen und technisch überlegen zu präsentieren. Da der Große Preis von Belgien nur eine Woche später stattfindet, teilen sich die Teams auf. Wilhelm wird das Rennen in Belgien leiten, Ludwig betreut Bernd in New York. Allein die Überfahrt mit dem Luxus-Dampfer ist für Ludwig ein richtiges Abenteuer. Das MERCEDES-BENZ-Team ist auch mit an Bord und für ein paar Tage ist der Konkurrenzkampf Nebensache.

1	EBERAN VON EBERHORST	ROBERT	35	M	M	ENGINEER
2	BRAULKE	EMIL	45	M	M	MERCHANT
3	LAFFERENTZ DR.	BODO	39	M	M	GOVERNM. OFFICIAL
4	VON DELIUS	ERNST	25	M	S	RACE-DRIVER
5	SCHMID DR.	ALFRED	39	M	S	CHEMIST
6	ROSEMEYER	BERND	27	M	M	RACE-DRIVER
7	ROSEMEYER	ELLI	30	F	M	H-WIFE
8	FEUEREISSEN DR.	KARL	40	M	M	RACE-LEADER
9	KAES	GHISLAINE	27	M	M	SECRETARY
10	PORSCHE DR.	FERDINAND	62	M	M	CHIEF-CONSTRUCTOR
11	PORSCHE	FERDINAND	28	M	M	CONSTRUCTOR
12	NEUBAUER	ALFRED	46	M	M	ENGINEER-IN-CHIEF
13	HUN[illegible]	EBERHARD	29	M	M	JOURNALIS
14	GIRGNER	WALTER	32	M	S	MERCHANT
15	DRESCHER	ERNA	27	F	S	PURCHASER
16	UHLENHAUT	RUDOLF	31	M	M	ENGINEER
17	SEAMAN	RICHARD	24	M	S	RACE-DRIVER
18	KERLIN	JACOB	51	M	M	MERCHANT

Passagierliste mit Rang und Namen.
Linke Seite: „Die ausländischen Teams von Auto Union, Mercedes-Benz und Alfa Romeo haben jeweils eine Mannschaft von 16 Mechanikern, Ersatzmotoren und sogar Aufwärmpiloten dabei."

LEDERHOSEN

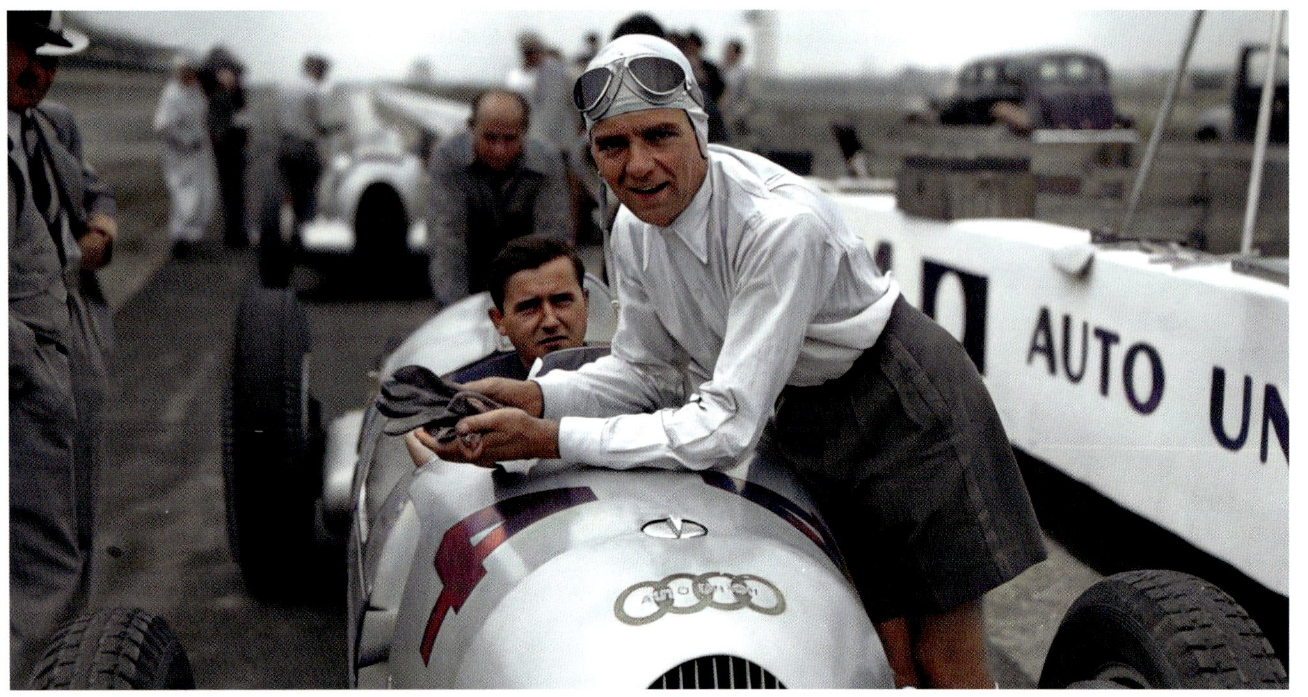

Kaum angekommen, erfährt Bernd, dass Nuvolaris Sohn gestorben ist. Umgehend besucht er Nuvolari und spricht ihm sein Beileid aus. Porsche fährt mit seiner Delegation weiter nach Detroit, um die Fließbandfertigung bei FORD zu besichtigen und mit Gründer Henry Ford zu sprechen. Ford ist mit seinem Buch „Der internationale Jude" ganz auf Hitlers Linie. Beim Ausladen der Rennwagen-Container kommt es zu Anti-Nazi-Protesten. Die Polizei muss einschreiten. Delius und Bernd sind derweil schon mit einem Privatwagen auf der Rennstrecke. Die Ernüchterung folgt bald: kurze Geraden und viele Kurven, dazu Leitplanken und hoch eingezäunte Kurven, bei denen es sehr schwer ist, einen Bremspunkt zu finden. Im Training ist ordentlicher Rummel mit dreißig Teilnehmern. Darunter etliche amerikanische Indianapolis-Wagen mit geringen Siegeschancen. Die amerikanischen Wettbewerber wissen nicht so recht, was sie von den durchorganisierten Rennvorbereitungen der Europäer halten sollen. Schon die uniformen Overalls der Monteure wirken sehr fremdartig. Die deutschen Teams bedienen alle Klischees. Auf den Rennwagen sind Hakenkreuzflaggen aufgepinselt und Bernd taucht im Training einmal in Lederhosen und Loden auf.

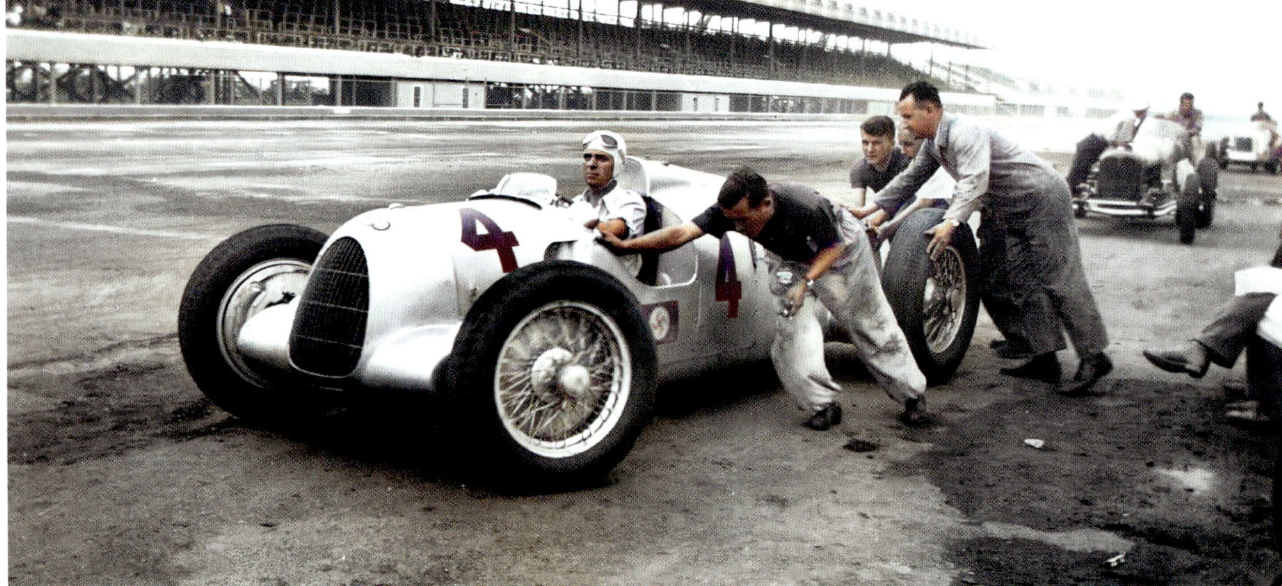

Bernd und „sein" Ludwig im Training

VANDERBILT CUP

Das Rennen soll am Samstag stattfinden, aber kurz vor dem Start fängt es an zu regnen, daher wird alles um zwei Tage auf einen Feiertag verschoben. Für die Europäer ist das unbegreiflich, aber bei amerikanischen Rennen ist so etwas völlig normal: safety first. Sicher erhofft sich der Veranstalter aber auch mehr Zuschauer an dem arbeitsfreien Tag. Ludwig hat den ganzen Sonntag über Zeit, sich mit alten Freunden aus Mannheim zu treffen, die nach Amerika ausgewandert sind. Am Montag strömen über siebzigtausend Zuschauer zur Strecke bei Westbury, Long Island. Elly muss das Rennen von der Empore aus beobachten, da Frauen an der Box verboten sind. Ludwig fällt beim Start unangenehm auf, als er wie üblich Bernds Maschine erst Sekunden vor dem Start anlässt.

Aber dann bricht ein heißer Kampf los zwischen Caracciola und Bernd. Sehr früh im Rennen muss Caracciola wegen eines Kompressor-Defekts aufgeben. Kurz danach ein Aufschrei von den Rängen. Ein ALFA ROMEO hat bei hoher Geschwindigkeit Feuer gefangen und bremst stark ab. Es ist Nuvolari, dem die Flammen schon ins Gesicht schlagen. Er bringt es fertig, halb stehend zu bremsen und mit einer Hand den Wagen aus der Bahn zu lenken, um niemanden zu gefährden. Schließlich muss er abspringen und rollt unverletzt ab. Die Zuschauer feiern ihn mit endlosem Applaus, als er wieder an die Box zurückkehrt. Bernd liegt derweil souverän in Führung, muss aber noch mal an die Box. Um die Führung zu behalten, reicht sein Vorsprung jedoch nicht aus.

Feuereißen gibt Zeichen, schneller zu fahren, aber Bernd bekommt es offenbar nicht mit. Ludwig greift sich kurzerhand die Zeittafel und vertauscht die Ziffern. Er gestikuliert wie wild und zeigt Bernd 12 statt 21 Sekunden Abstand an. Prompt kommt Protest von Porsche und Elly, die eifrig dabei sind, Zeiten messen. Ludwig bleibt aber dabei und ruft entgegen „Jetzt oder nie!“ Und es klappt. Bernd fährt in den folgenden Runden genügend Zeit heraus, um auch nach seinem Boxenstopp in Führung zu bleiben. Seaman verbraucht bei seiner Aufholjagd so viel Sprit, dass er in der letzten Runde außerplanmäßig tanken muss. Bernd wird schließlich mit großem Vorsprung als Sieger abgewunken. In den Klubräumen gibt es danach eine kleine Feier.

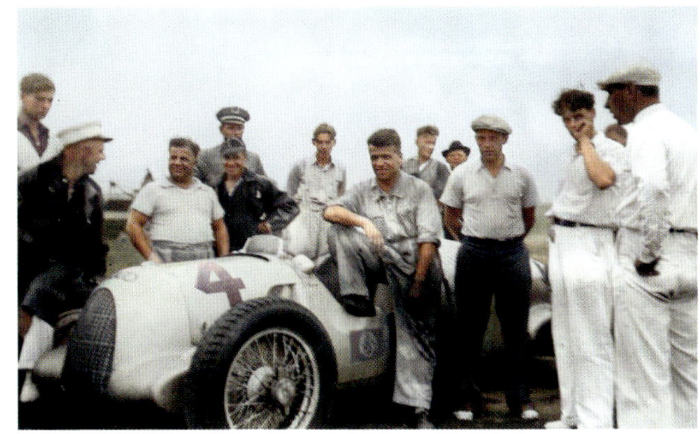

Bernds Wagen als Objekt der Begierde

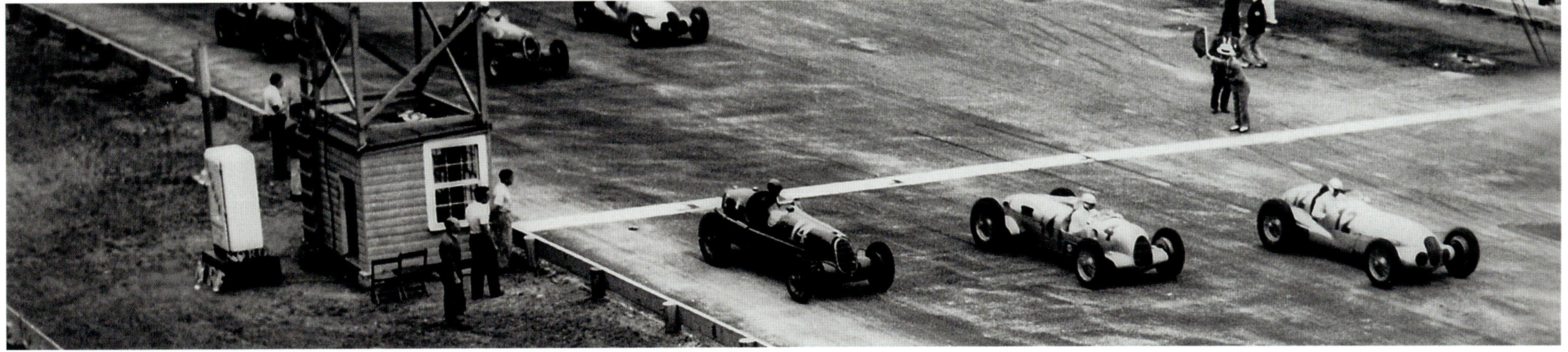

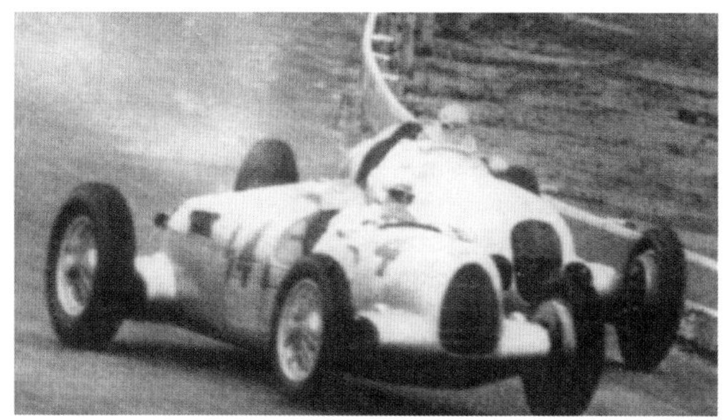
Bernd attackiert Caracciola.

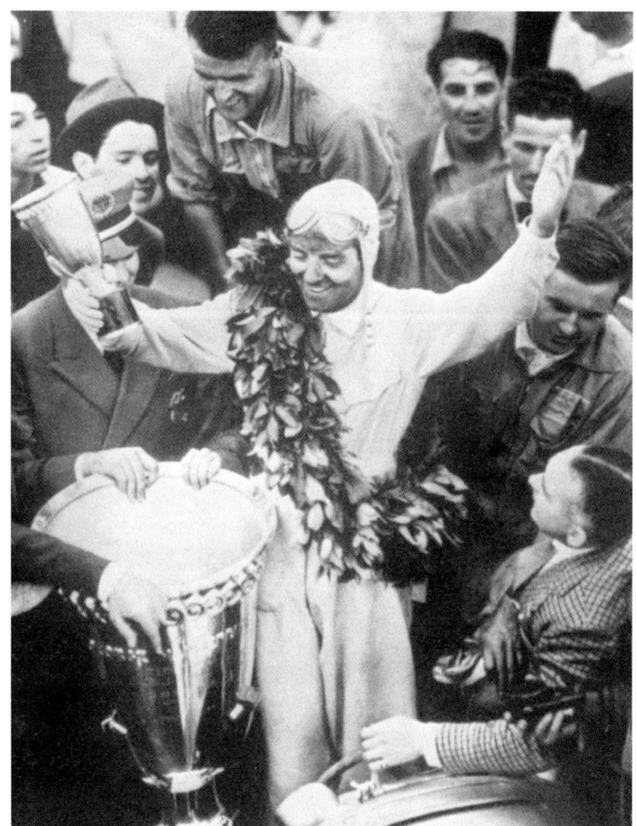
Ein riesiger Pokal, Bernd und Ludwig

Als Elly ihren Mann endlich findet, ist der große Champion von Hunderten Menschen umringt auf dem Sessel … eingeschlafen. Für Ludwig ist das Rennen noch nicht vorbei. Die Wagen und das Material müssen wieder verpackt werden, da am nächsten Tag schon die Rückreise ansteht.
Er trifft sich zum Abschied noch einmal mit seinen Mannheimer Freunden, aber keiner von ihnen möchte Ludwig bei der Abfahrt zusehen, so groß ist ihr Heimweh. Bernd vergisst „seinen" Ludwig nicht und lobt ihn bei einem Interview. Auch sonst findet der Sieg ein großes Echo in der amerikanischen Presse, wenngleich die Skepsis gegenüber der Nazi-Propaganda immer ein bisschen mitschwingt. Nicht ganz unbegründet, wenn man den Kommentar in der „Deutschen Kraftfahrt" liest: „Auch die Siegerehrung brachte den beiden deutschen Mannschaften die Genugtuung, drüben in Amerika die deutsche Flagge und die deutschen Nationalhymnen mit dem deutschen Gruß ehren zu dürfen"

RENNSIEGER LOBT MECHANIKER (DAILY NEWS, MITTWOCH 5.7.1937)

Der unbesungene Held des heutigen 300-Meilen-Rennens um den Vanderbilt Cup – Ludwig Sebastian, 27 – raste nicht um die Kurven in Westbury. Er ist nicht einmal mitgefahren. Aber als Bernd Rosemeyers Mechaniker in der Box war es seine Kunst, das 16-Zylinder AUTO UNION für den Sieg fit zu machen. Gestern war Sebastians Tag. Der erste, der ihm einen großen Applaus gab, war der blonde Rosey selbst. „Ein Flieger ist nicht besser als sein Motor", erklärte Rosey in unbeholfenem Englisch. „Und der Motor ist so gut wie der Mechaniker. Das Gleiche gilt auf der Autorennstrecke, nicht wahr? Sebastian ist ein Mechaniker, – wunderbar – yah! Du sagst es! Ich schulde ihm viel!" Obwohl er ein Held ist, war Sebastian gestern nirgends zu finden. Er fehlte auffallend bei den ganztägigen Feierlichkeiten, die für Rosey abgehalten wurden, bevor er um Mitternacht mit der „Europa" abreiste. Der jugendliche Preisträger wurde von seiner hübschen Fliegergattin bei seinem Programm begleitet. Aber kein Sebastian. Dann wurde die Andeutung gemacht, man wolle nicht, dass Sebastian mit Reportern in Berührung kommt. Er kennt die technischen Geheimnisse der AUTO UNION-Konstruktion – Geheimnisse, die die Nazis für sich behalten wollen. Andere Länder sind nicht in der Lage, die Geschwindigkeit und Leistung dieses rätselhaften Benzinmotors nachzumachen. Und wenn sie es täten, gab Herr Rosemeyer gestern zu, könnte es ihn viel kosten. Kalte weiße Hühnerbrust, serviert auf heißem Toast, war eines der Dinge, denen Rosey gestern seinen Erfolg zuschrieb. Wenn möglich, bestellt er das immer. Er trinkt nie. Und er schläft zehn Stunden pro Nacht in seinem Haus vor den Toren Berlins, wo er nichts mehr liebt, als in seinem Blumengarten zu werkeln, wenn er nicht gerade einen seiner drei AUTO UNION-Wagen fährt. Und was macht er mit seinem 22.100 $ Gewinn? Er wird Blumenzwiebeln kaufen.

AUTO WINNER GIVES CREDIT TO MECHANIC

By GUY RICHARDS.

The unsung hero of Monday's 300-mile Vanderbilt Cup Race—Ludwig Sebastian, 27—didn't go whizzing 'round the corners at Westbury. He didn't even ride.

But as Bernd Rosemeyer's mechanic in the pit, it was his artistry that kept the 16-cylinder Auto Union tuned up for the winning grind.

Yesterday was Sebastian's day. First to give him a great big hand was the blonde Rosey himself.

"No better than his engine is an aviator," declared Rosey, in diffi-

They're Going Back Home

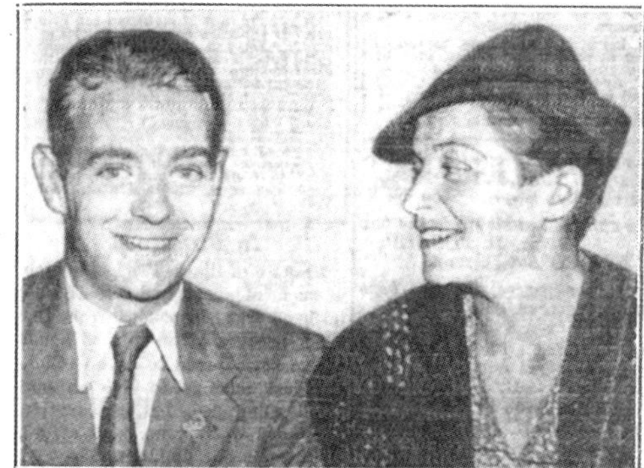

(NEWS foto)

Bernd Rosemeyer, winner of Vanderbilt Cup race, and his wife, at the Custom House yesterday making arrangements to sail back to Germany.

BOSTON POST, FRIDAY

NEW RACING GARB

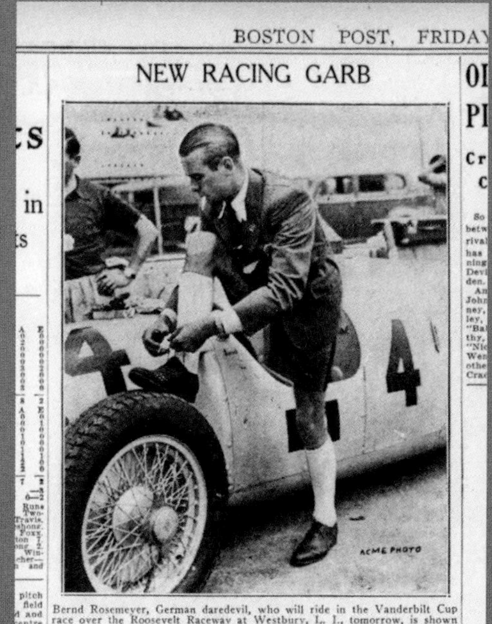

Bernd Rosemeyer, German daredevil, who will ride in the Vanderbilt Cup race over the Roosevelt Raceway at Westbury, L. I., tomorrow, is shown tying his shoe-lace before a recent workout. The rest of his attire is a modified Bavarian outfit which he will wear during the long dangerous grind.

German Speed King Wins Vanderbilt Cup

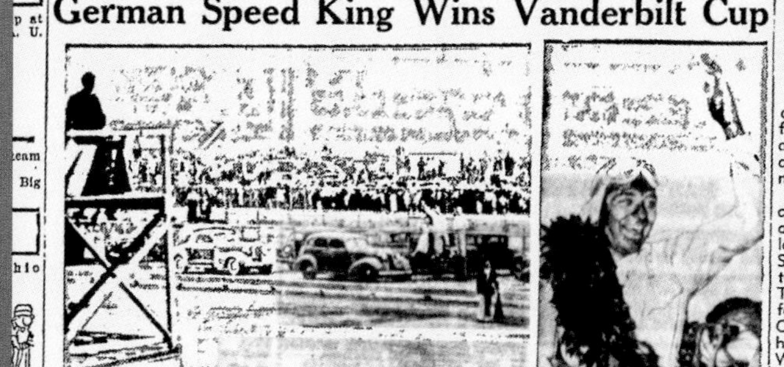

Rosemeyer flashing past finish line

THE CHAMPION

Attaining at times the fastest speed ever recorded in an automobile race on American tracks, Bernd Rosemeyer, German speed king, wins the 300-mile Vanderbilt Cup race over the pretzel-shaped Roose-

Sets New Wimbledon History

German Racer Shows Speed in His Qualifying Dash

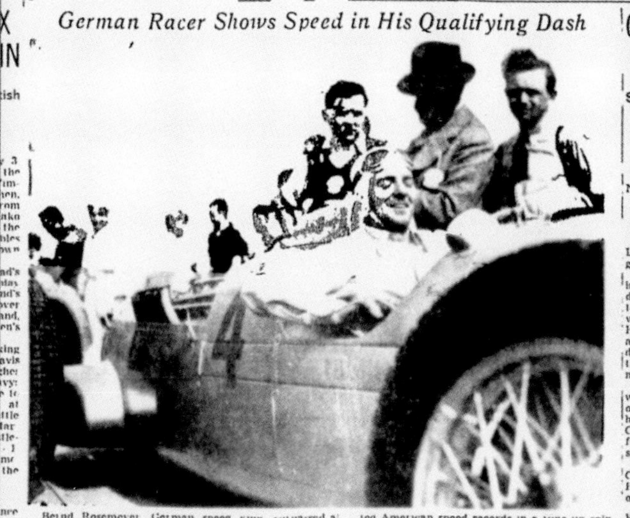

Bernd Rosemeyer German speed king, surpassed al... ted American speed records in a tune-up spin when he was officially timed at 158.3 miles per ho... on the Roosevelt speedway, preparing for the George Vanderbilt cup race held yesterday. The sp... was attained on one of the two long straightaways in a rear-engined Auto Union car with wh... he won the European Grand Prix championship

Foreign Speedsters Race Here

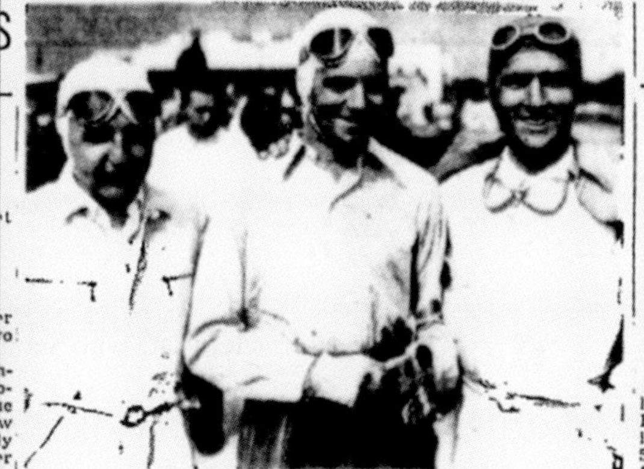

These three foreign race drivers are among Europe's best and are entered in the George Vanderbilt cup race at the Roosevelt speedway tomorrow. Rosemyer and Delius were timed 158.3 and 154 miles per hour in warm-up trials. Left to right: Ernest Delius and Bernd Rosemeyer of Germany and Dr. Guiseppe Farina of Italy. (Spokesman-Review-AP photo.)

JULY 7, 1937. THE TUSCAL

Sportswoman Weds Nazi Auto Racer

Elly Beinhorn looks forward eagerly to new thrills on arrival at New York with her racer husband, Bernd Rosemeyer.

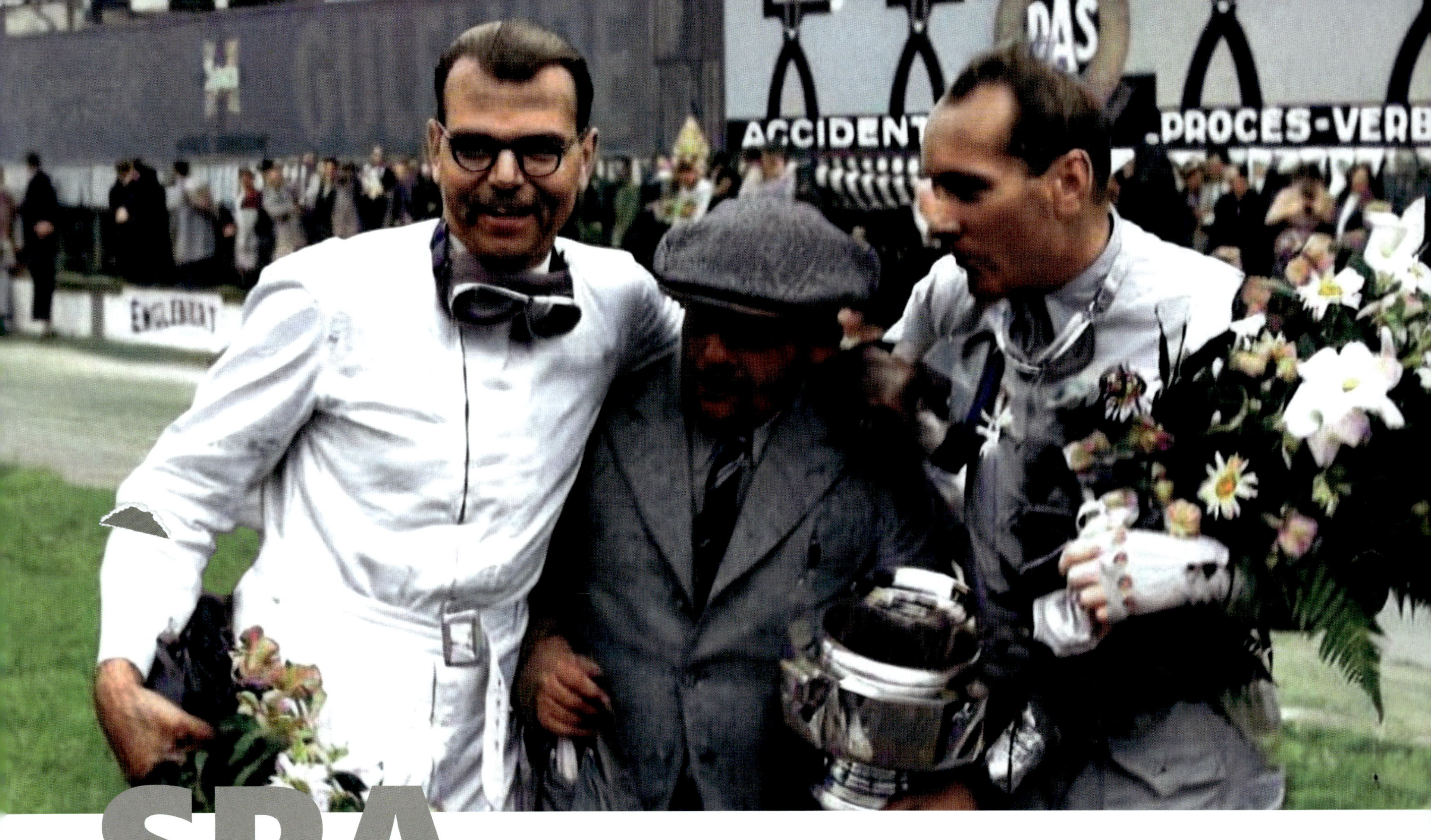

SPA 1937

Wilhelm als Rennleiter: Erdrückender Doppelsieg mit Hasse und Stuck

DOPPELSTRATEGIE

Während sich die anderen bei ihrer Rückfahrt von New York auf dem Luxusdampfer vergnügen, läuft das Training in Spa auf Hochtouren. Das Rennen zählt für die Europameisterschaft und es war daher geplant, dass Bernd mit dem Zeppelin aus Amerika zurückfliegt, um hier mitfahren zu können. Aber das deutsche Parade-Luftschiff ist vor Kurzem bei einem schrecklichen Unfall in Amerika verbrannt. Wilhelm ist als Rennleiter gefordert. Nach dem Training entscheidet er sich für eine Doppelstrategie. Stuck wird sprinten und zwei Mal Reifen wechseln. Hasse ist schnell, kommt aber nicht an Stucks Zeiten heran. Daher soll er reifenschonend fahren, um mit einem Boxenstopp auszukommen. Und Müller wird Erfahrungen sammeln.

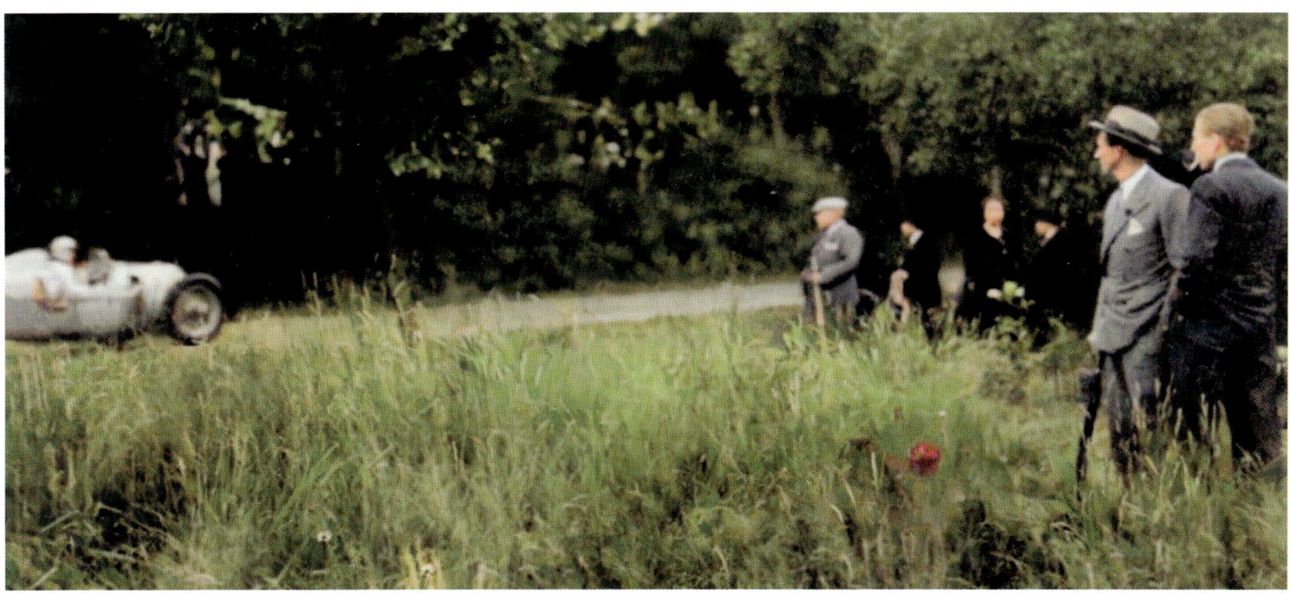

König Leopold (rechts mit Hut) schaut sich mit seinem Bruder das Rennen aus nächster Nähe an.

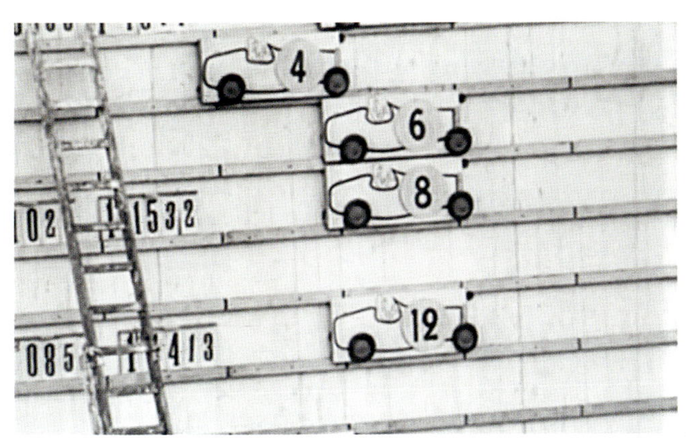

Zum Rennen versammeln sich etwa fünfzigtausend Zuschauer rund um die Strecke. Wie üblich besucht der belgische König Leopold III die einzelnen Teams und informiert sich ausgiebig. Als er das Signal zum Start gibt, kann sich Stuck gleich absetzen und fährt einen Rundenrekord nach dem anderen. Wilhelm gibt Zeichen, es etwas langsamer anzugehen, was Stuck nicht besonders inspiriert. Nach sieben Runden muss er an die Box, um sich neue Reifen zu holen – viel zu früh! Gut möglich, dass er damit jegliche Sieg-Chancen vergeben hat. Bei Hasse läuft dagegen alles nach Plan. Zur Hälfte des Rennens winkt ihn Wilhelm heraus. Gerade noch rechtzeitig, denn an seinem linken Hinterreifen ist schon der weiße Signalstreifen sichtbar. Die „Ein-Stopp-Strategie" scheint sich zu bewähren, denn Hasse kommt als Zweiter hinter Lang zurück auf die Strecke, der noch einmal an die Box muss. Stuck holt sich derweil einen Satz frische Reifen und Wilhelm beschwört ihn, langsamer zu fahren. Mit einem weiteren Stopp kann Stuck jeden Podiumsplatz vergessen. Der führende Lang dreht seinen MERCEDES-BENZ noch mal richtig auf. Die lange Gerade nimmt er mit 310 km/h, fast 30 km/h schneller als AUTO UNION. Nach seinem Boxenstopp liegt er eine Minute hinter Hasse. Die finale Aufholjagdjagd beginnt und es entscheidet sich, ob Wilhelms Strategie aufgeht.

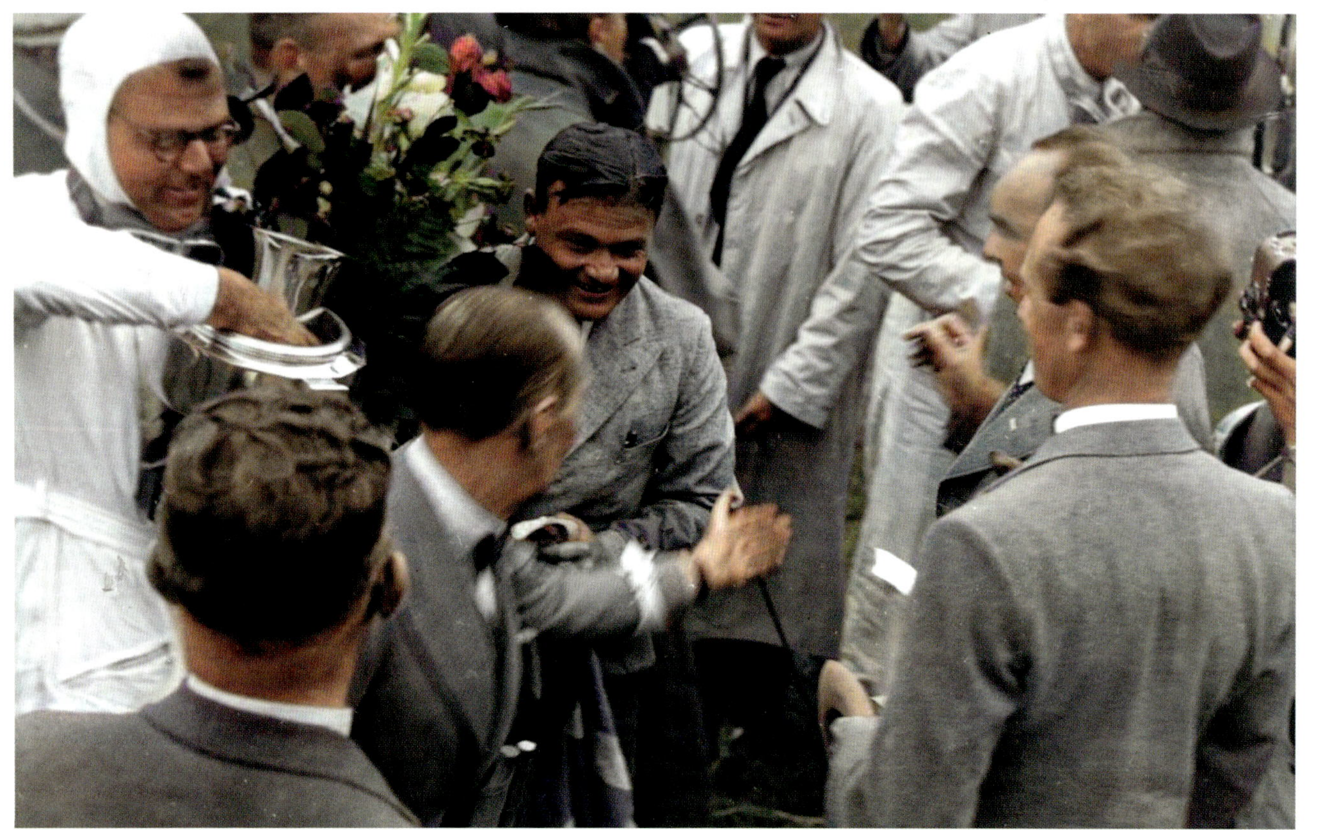

BASTL UND DER KÖNIG

Wilhelm kann aufatmen, denn Lang wird nach einem Dreher langsamer, offenbar hat er sich dabei einen technischen Defekt zugezogen. Selbst Stuck kann ihn noch überholen und fährt hinter einem überglücklichen Hasse ins Ziel. Das Team ist nicht mehr zu halten und nimmt die beiden jubelnd in Empfang. Wilhelm kommt erst gar nicht durch. Dann kommt der große Moment und Wilhelm darf als Rennleiter an der königlichen Siegerehrung teilnehmen. Während der Nationalhymne posieren die deutschen Teams wie immer mit dem „deutschen“ Gruß. Außerhalb von Deutschland und Italien ist das immer ein ziemlich komisches Theater, aber die netten belgischen Gastgeber sehen drüber hinweg und freuen sich mit ihnen. Auch irgendwo mitten auf dem Atlantik wird ihr Doppelsieg mit einem berauschenden Fest gefeiert.

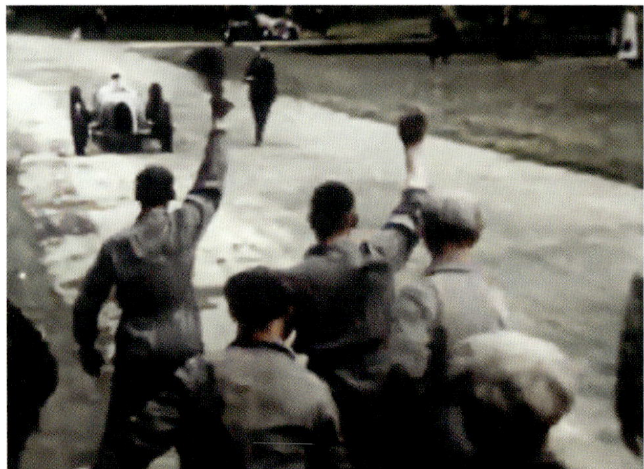

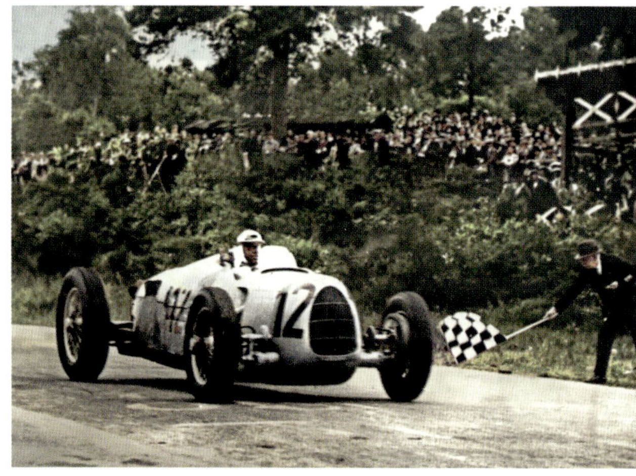

Oben: Hasse und Wilhelm nach der Preisverleihung durch König Leopold.
Unten: Hasse (12) wird als Sieger abgewunken. Vor dem Rennen hatte er ein „Glücks“- Ferkel in seinen Wagen gesetzt und ist überzeugt davon, dass das der wahre Grund für seinen Sieg sei.

IM ZENIT

Es gibt viel zu erzählen, als Wilhelm die Amerika-Heimkehrer in Bremerhaven empfängt. Sie fahren gemeinsam mit dem Zug nach Berlin. Am Bahnhof Zoo werden sie von Menschenmassen erwartet, die ihren Rosemeyer feiern möchten. Bernd ist in Deutschland zum Superstar geworden, größer als der Rennsport. Bernd und Elly, das „schnellste Paar Deutschlands", füllen die Schlagzeilen. Mitten in der Euphorie erlebt die AUTO UNION einen schweren Schicksalsschlag. Beim Großen Preis von Deutschland setzt Delius zu einem gewagten Überholmanöver an. In voller Fahrt kommt es zu einer Berührung mit dem MERCEDES-BENZ von Dick Seaman. Sie fliegen mit über 200 km/h von der Piste ab. Die Wagen überschlagen sich mehrfach und beide Piloten werden herausgeschleudert. Seaman kommt mit ein paar Brüchen vergleichsweise gut davon, aber Delius bleibt mit schweren Verletzungen liegen. Alle sind froh, dass es ihm im Krankenhaus wieder besser zu gehen scheint. Umso größer der Schock, als am nächsten Morgen bekannt wird, dass er in der Nacht seinen Verletzungen erlegen ist. Wilhelm und viele andere haben einen guten Freund verloren, der mit 25 Jahren eigentlich sein ganzes Leben noch vor sich hatte.

Delius im Training zum Großen Preis von Deutschland, 1936

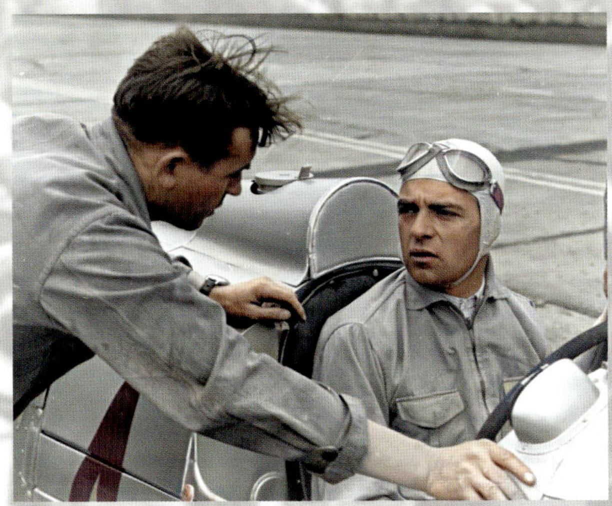

Ludwig und Bernd im Training

Rechts: Der abgedeckte Unfallwagen von Delius wird verladen (Wilhelm rechts). Das Entsetzen ist in den Gesichtern abzulesen.

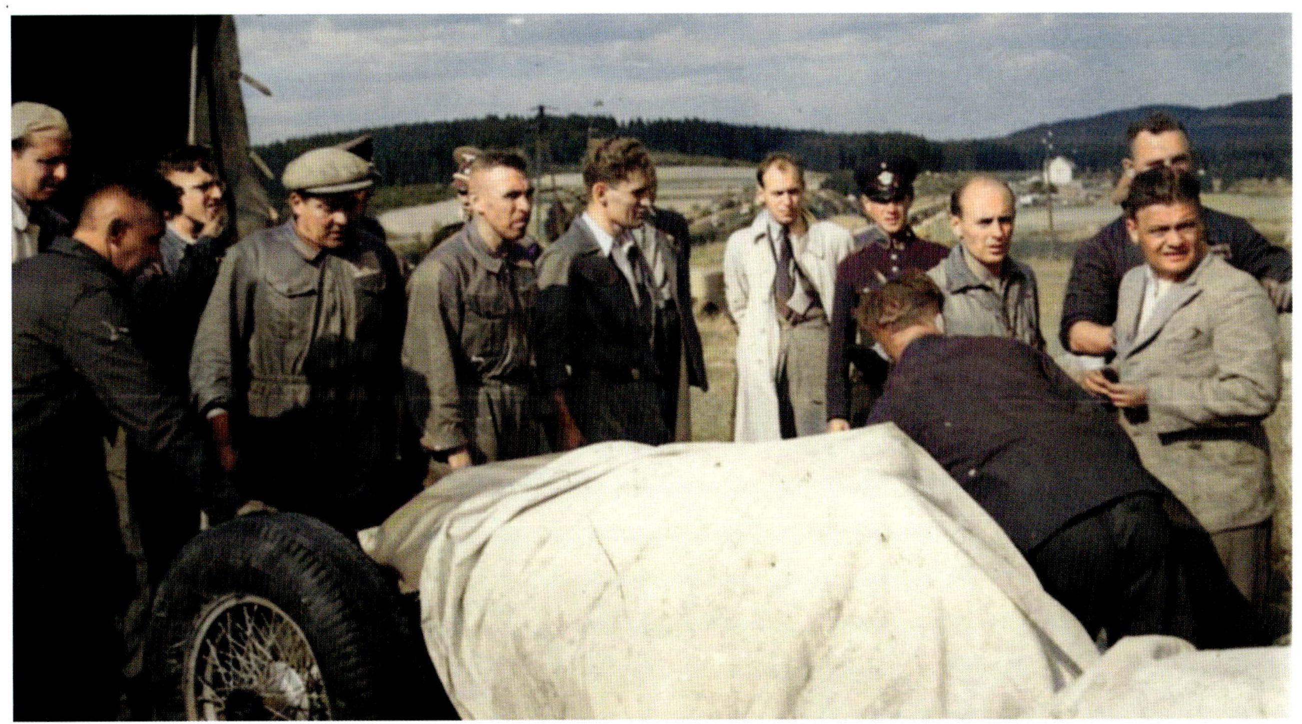

PLEITEN PECH UND SIEGE

Gnadenlos folgen die nächsten Termine alle ein bis zwei Wochen. Bernd hat mit etlichen technischen Problemen zu kämpfen. In Monaco fällt er mit Motorschaden aus, in Pescara verliert er in Führung liegend ein Rad. Es überholt Bernd und rollt zum Notdepot, während Bernd auf der Bremstrommel hinterhergerutscht kommt. Es ist aber schnell repariert und Bernd kann das Rennen sogar noch gewinnen. In der Schweiz blockieren die Bremsen, und er macht einen unfreiwilligen Ausflug auf die Wiese. In Italien bringt ihn ein Reifenschaden um jegliche Siegchancen, in Brünn liefert er sich ein heißes Duell mit Lang von MERCEDES-BENZ, bis er von der Strecke abkommt und aufgeben muss. Etwas später verunglückt Lang und rast ins Publikum.

Eine fürchterliche Tragödie, bei der zwei Zuschauer sterben und viele schwer verletzt werden. Schon eine Woche später findet das Abschlussrennen in England statt. Bernd gewinnt in Donington und damit endet die Saison für ihn einigermaßen versöhnlich. Im nächsten Jahr gilt eine geänderte Rennformel und ein komplett neuer Wagen mit mehr Leistung ist bereits in Vorbereitung.

Das wird die große Chance für Bernd, erneut aufzutrumpfen. Zuvor soll noch versucht werden, die 400 km/h Marke auf der Frankfurter Autobahn zu überschreiten.

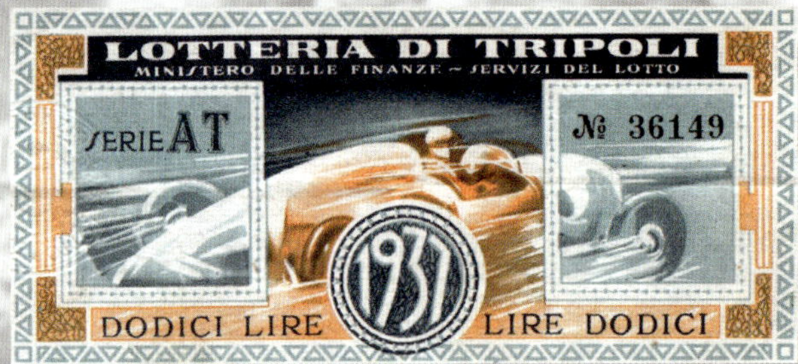

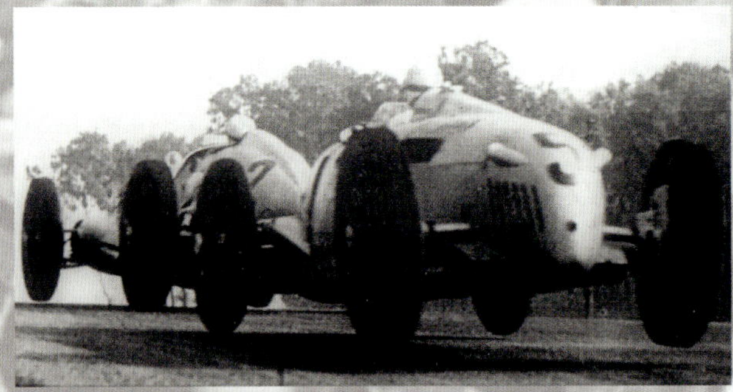

Oben: Szene aus Donington. Mitte: Lotterieschein zum Rennen in Tripolis. Unten: Bernd jagt Lang in Donington 1937. Durch große Bodenwellen kommt es zu unfreiwilligen Flugeinlagen. Rechts: „So hoch steht das Wasser“– die unvermeidliche Gymnastikübung zur deutschen Nationalhymne in Brünn. Rechte Seite: Werbeposter zu den Rekordversuchen im Juni und Oktober 1937

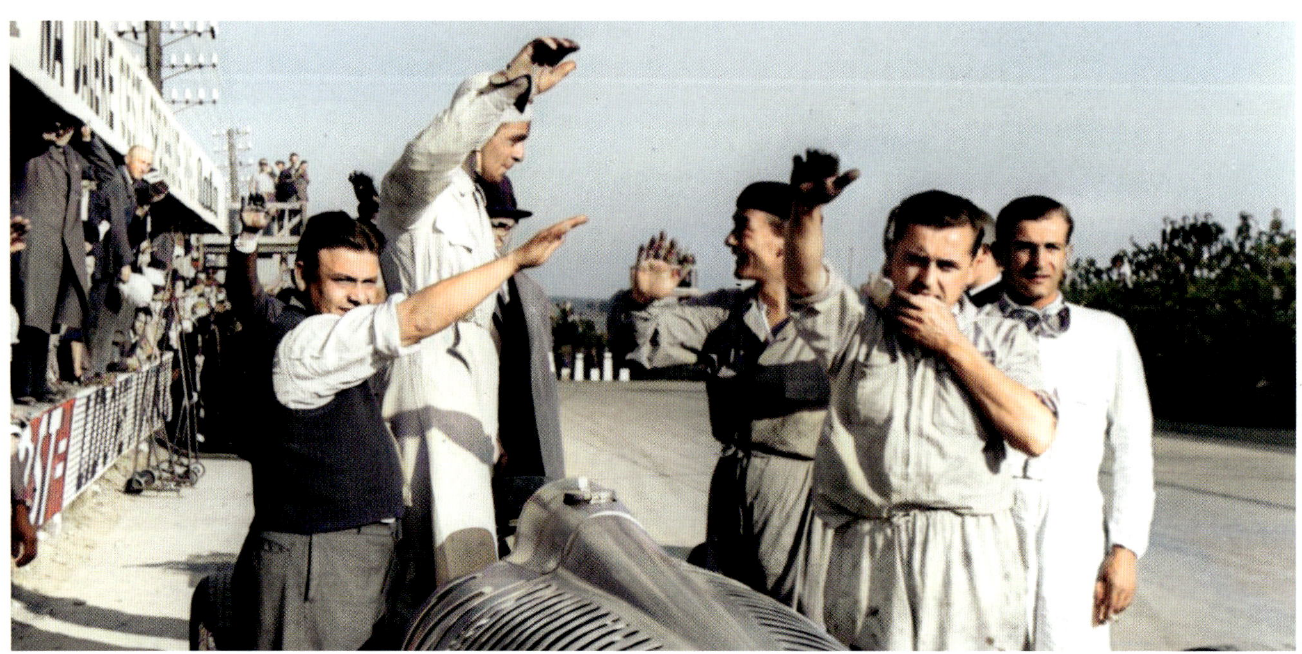

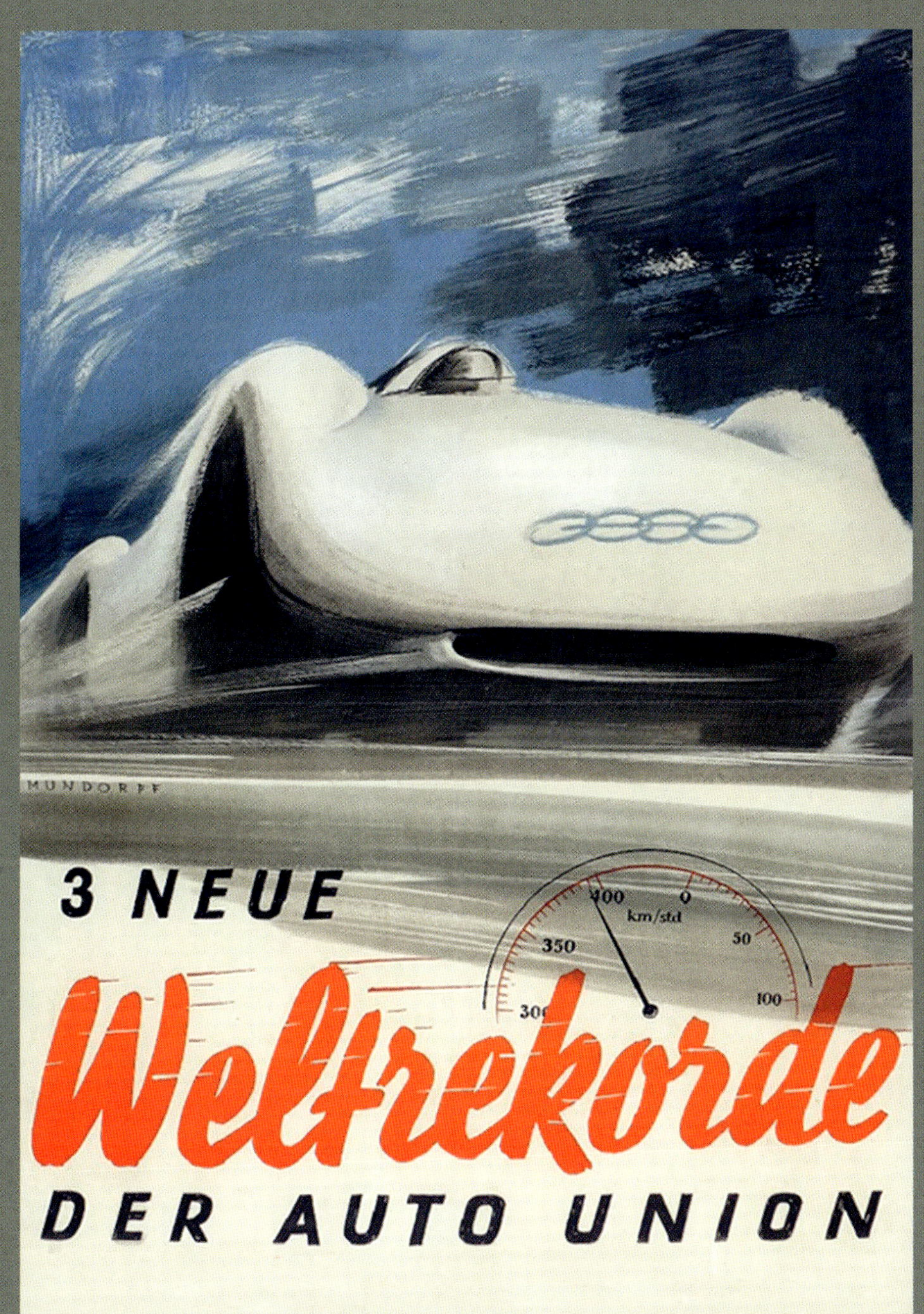

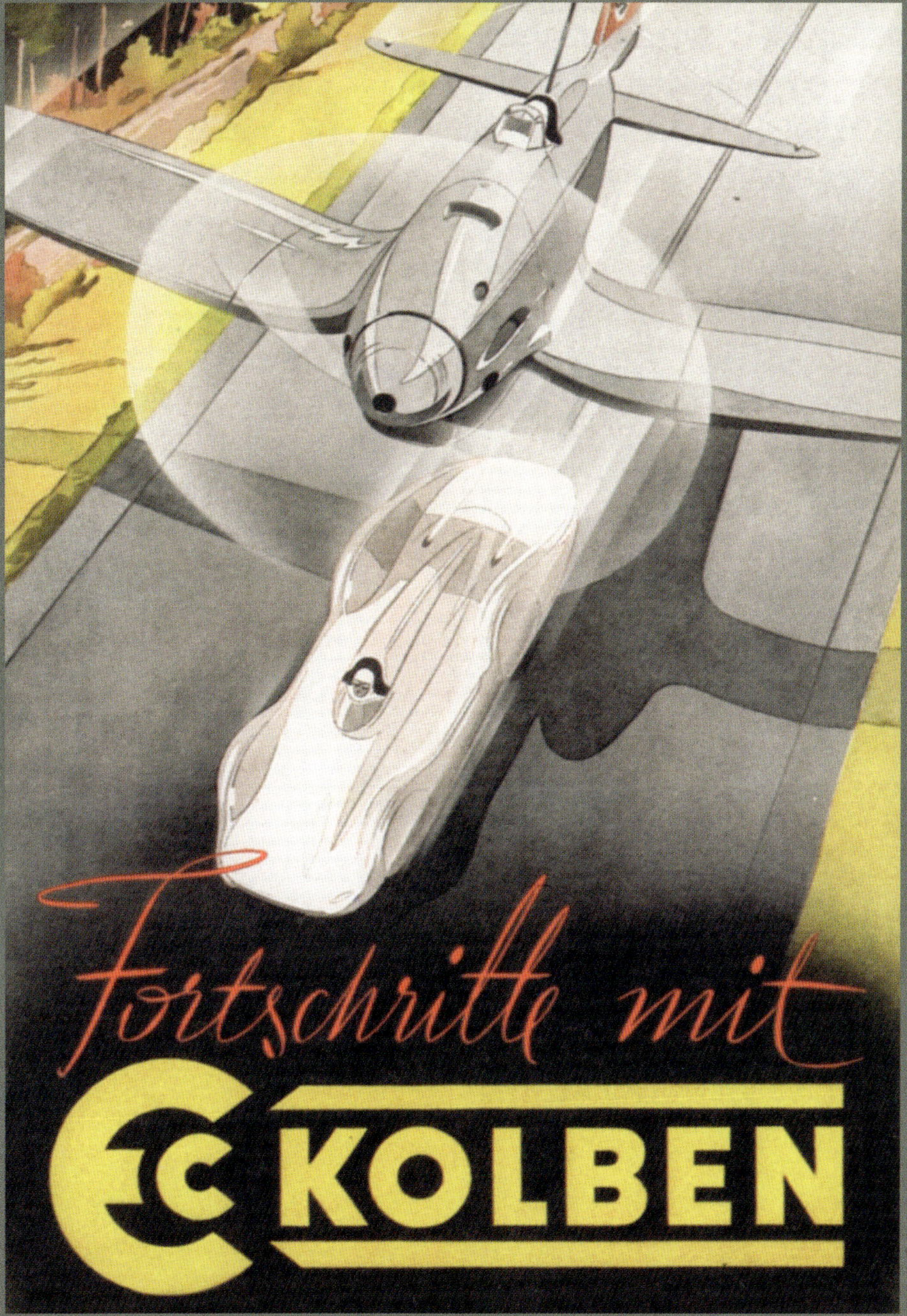

Fortschritte mit
EC KOLBEN

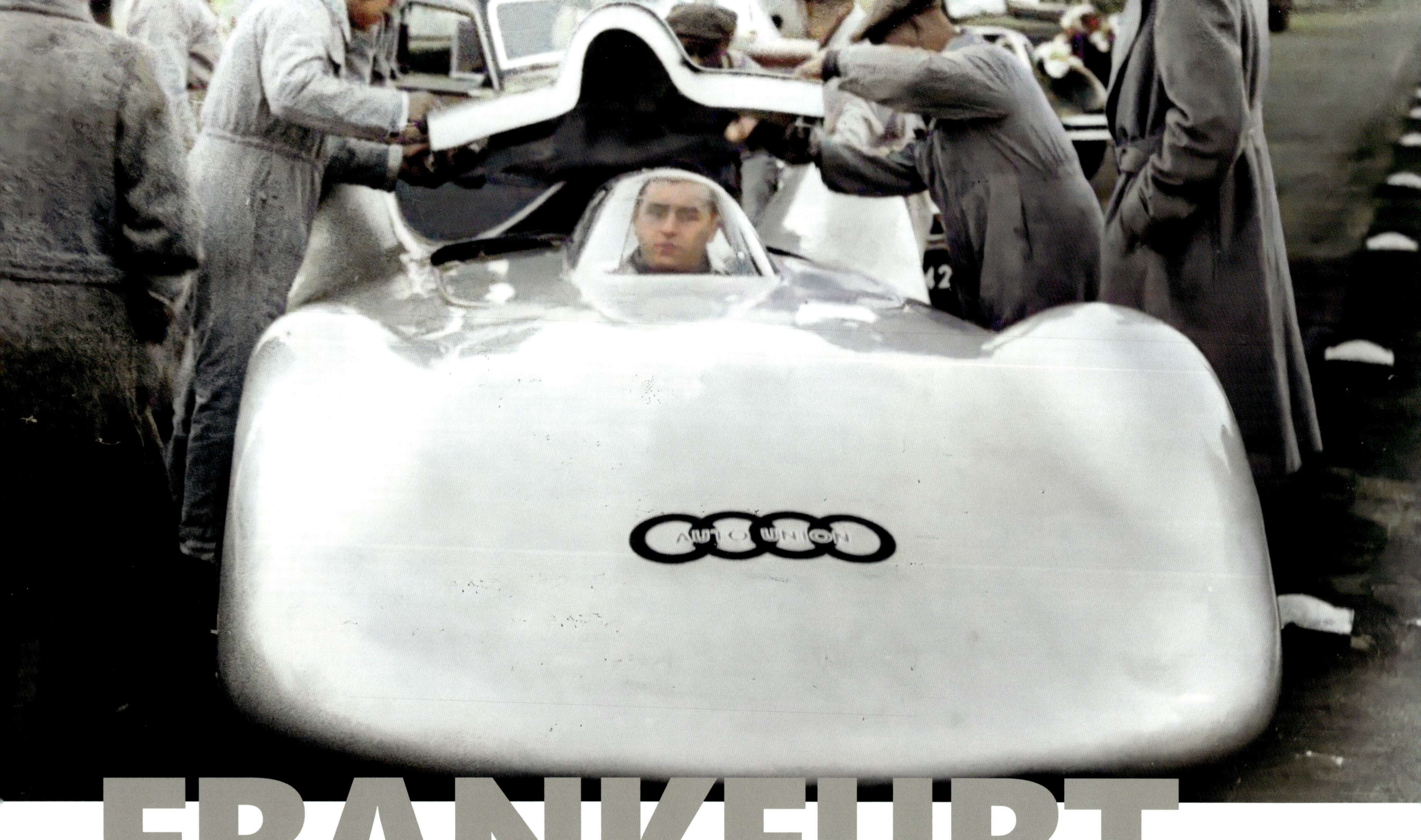

FRANKFURT 1937

Rekord-Konservendose: Ludwig beim Einfahren

ÜBER 400 KM/H AUF DER AUTOBAHN

Mit MERCEDES-BENZ gibt es die Vereinbarung, künftig nur einmal im Jahr Rekordversuche zu veranstalten, damit die Rennwagen-Entwicklung nicht allzu sehr darunter leidet. Ergebnis ist die Frankfurter Rekordwoche im Oktober 1937. Die AUTO UNION tritt mit Grand Prix- und Stromlinienfahrzeugen an. Erst im Juni hatte Bernd hier einige Rekorde aufgestellt. Seither ist vieles weiterentwickelt worden und die Tests haben gezeigt, dass weitaus höhere Geschwindigkeiten erzielt werden können. Die Autobahn zwischen Frankfurt und Darmstadt wird gesperrt und es wimmelt nur so von Verantwortlichen, Kameraleuten und Journalisten, sogar Telefonleitungen sind extra verlegt worden. Die Rennställe haben ihre Zelte nebeneinander aufgeschlagen. Der Autobahnabschnitt ist zwar kerzengerade, aber ziemlich gefährlich mit den angrenzenden Waldstücken und Autobahnbrücken. Bei den Rekordfahrten im Juni war Bernds Wagen direkt hinter einer Brücke auf den Grünstreifen versetzt worden. Er konnte sich gerade noch mit Vollgas auf die Fahrbahn retten. Wie viel einfacher haben es da die Amerikaner bei ihren Geschwindigkeitsrekorden am Strand oder auf einem topfebenen Salzsee. Ludwig soll den Stromlinienwagen einfahren, um ihn auf Temperatur zu bringen. Platzangst darf er nicht haben. Er ist eingeengt wie in einer Konservendose, wenn die Kanzel erst einmal zugeklappt ist. Selbst beim Einfahren muss man enorm aufpassen. Im Juni wäre Bernd beinahe in die Streckenabsperrung gerast, wenn die umsichtigen Helfer den Absperrungsbalken nicht rechtzeitig weggezogen hätten.

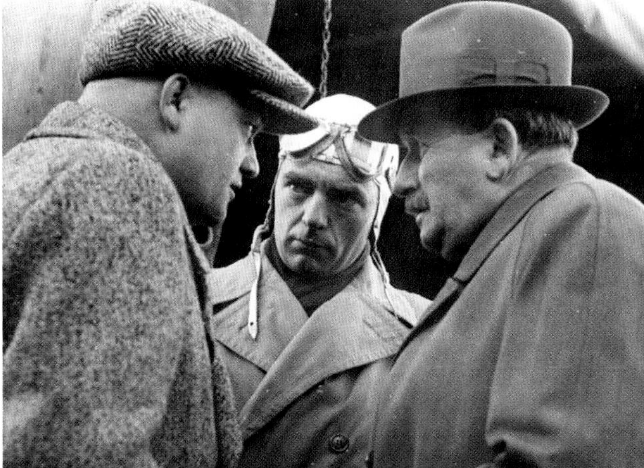

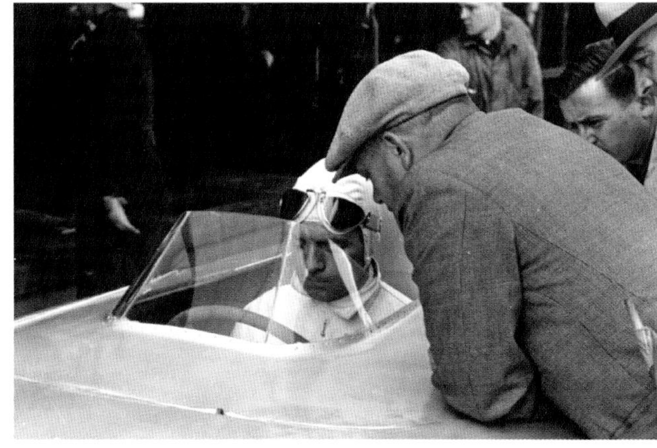

Szenen aus der Frankfurter Rekordwoche.

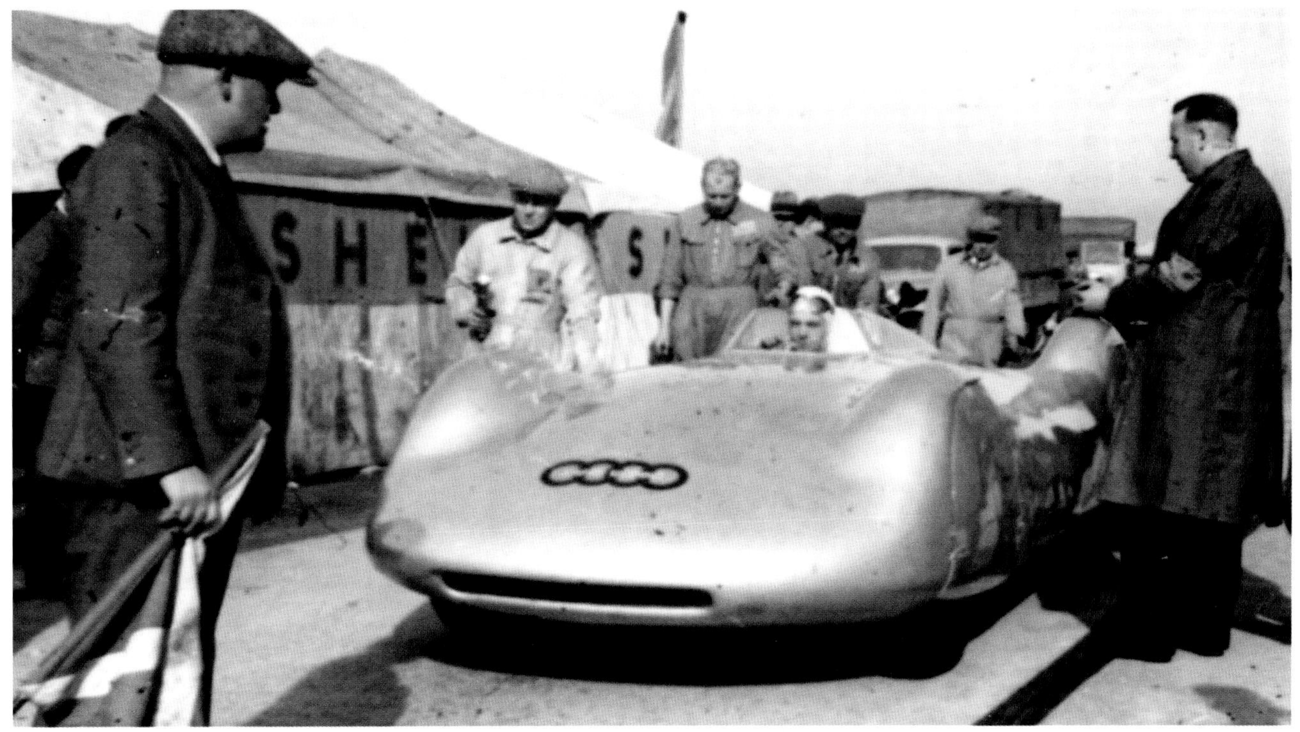

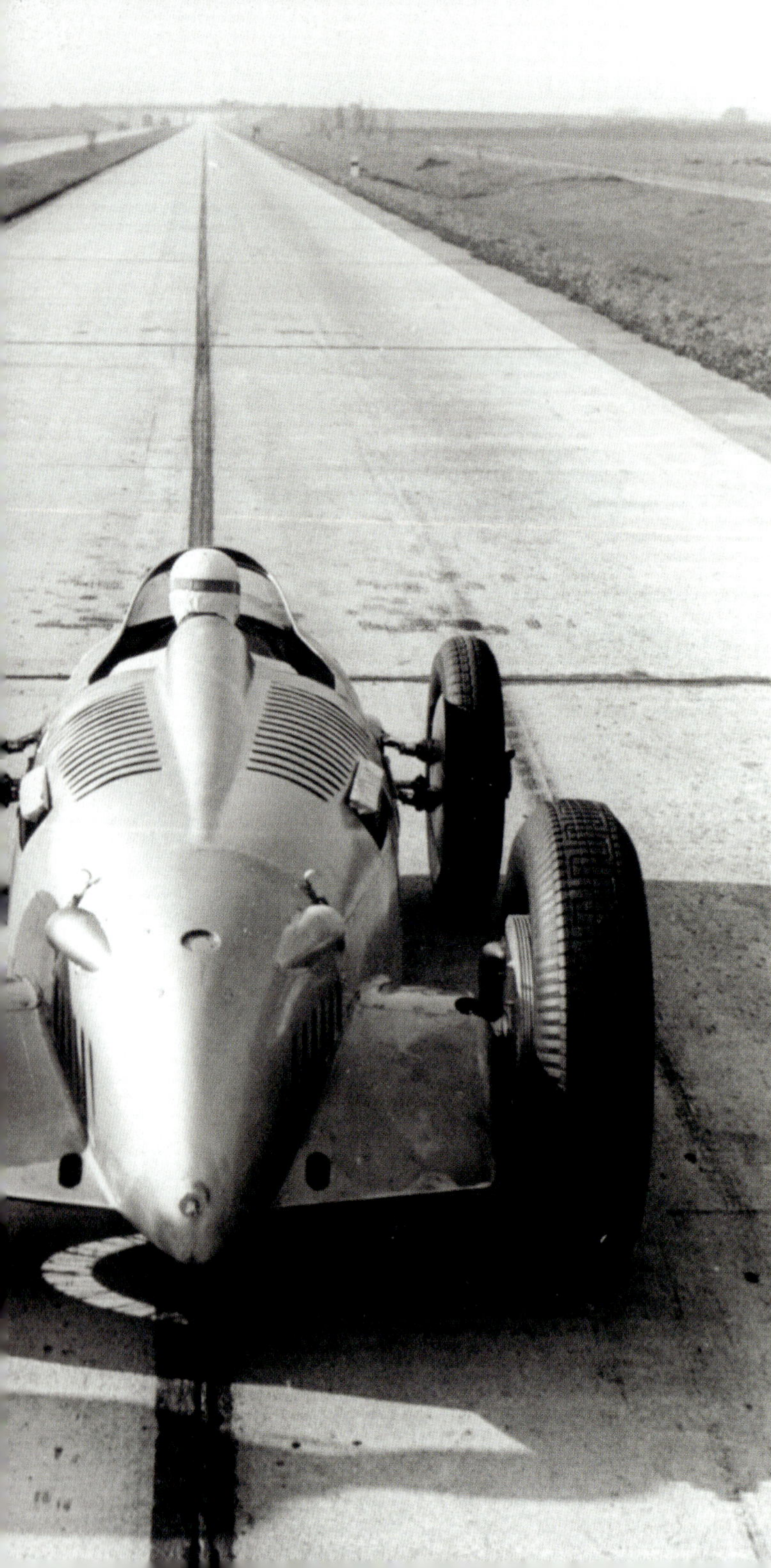

Diesmal ist die Aufwärmrunde weniger spektakulär. Ludwig kehrt wohlbehalten zurück und wird aus der Kanzel befreit. Bernd übernimmt den Wagen für die erste Rekordfahrt. Kontrollstellen bereit, Rennstrecke freigegeben, Wilhelm gibt das Zeichen zum Start. Bernd lässt den Motor kurz aufheulen und beschleunigt. Alle warten ungeduldig, bis die Meldung vom Zeitnehmerwagen kommt: Er hat tatsächlich die 400 Stundenkilometer Marke geknackt. Beim zweiten Anlauf wird es dann offiziell: Klassenrekord mit 406 km/h. Wie sich herausstellt, lief der Wagen wegen eines Kompressor-Defekts nicht einmal auf voller Leistung. Da wäre noch mehr drin gewesen.

Ganz anders beim MERCEDES-BENZ-Rennteam, das einen schrecklichen Rekordversuch erlebt. Bei großer Geschwindigkeit hebt das Vorderteil ihres neuen Rekordwagens leicht ab und der Wagen wird kurz unlenkbar. Zum Glück kommt es zu keinem Unfall. Zwei Tage später starten sie erneut mit einem überarbeiteten Wagen, aber Caracciola kommt nicht an Bernds Zeiten heran. Diese drei Rekordtage werden eine einzige große Rosemeyer-Show. Er stellt 16 Rekorde auf. Diese Serie ist fast schon ein Weltrekord für sich. Doch bei aller Freude bleibt ein bitterer Nachgeschmack. Am zweiten Tag ist Bernd fast ohnmächtig geworden nach dem 5-Kilometer Versuch. Er kann sich kaum noch erinnern, wie er über die Ziellinie gekommen ist. Fast das Gleiche war schon im Juni bei seiner 10-Meilenfahrt passiert. Es vergingen damals Minuten, bis Bernd aussteigen konnte. Er versucht das alles kleinzureden, aber man erlebt ihn immer nachdenklicher. Am letzten Tag entgeht er bei seinem 10-Meilen-Versuch nur knapp einer Katastrophe, als sein Wagen bei Höchstgeschwindigkeit ausbricht und er ihn gerade noch abfangen kann.

Bernd nimmt Ludwig bei seiner Abreise ins Vertrauen: „Nur musst du dir vorstellen, wie schmal bei einer so hohen Geschwindigkeit die Straße wird. Ich konnte das Lenkrad nur mit den Fingerspitzen halten. Jede Verkrampfung hätte am Steuerausschlag

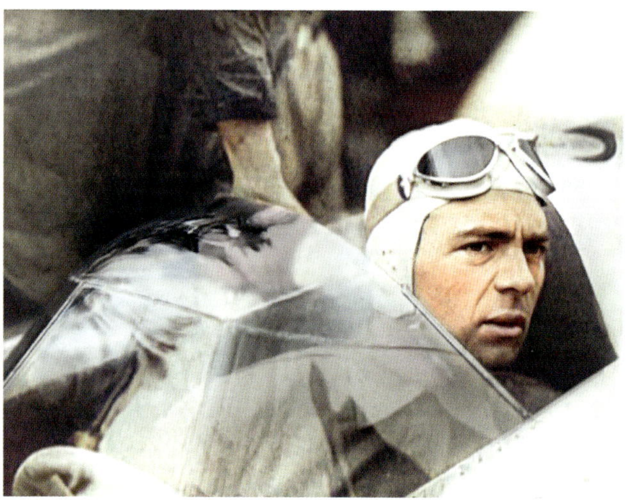

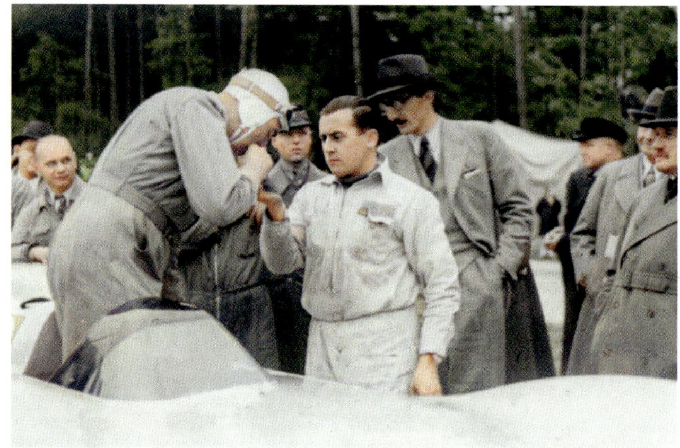

Das Zigaretten-Ritual von Bernd und Ludwig darf natürlich auch nach einer Rekordfahrt nicht fehlen.

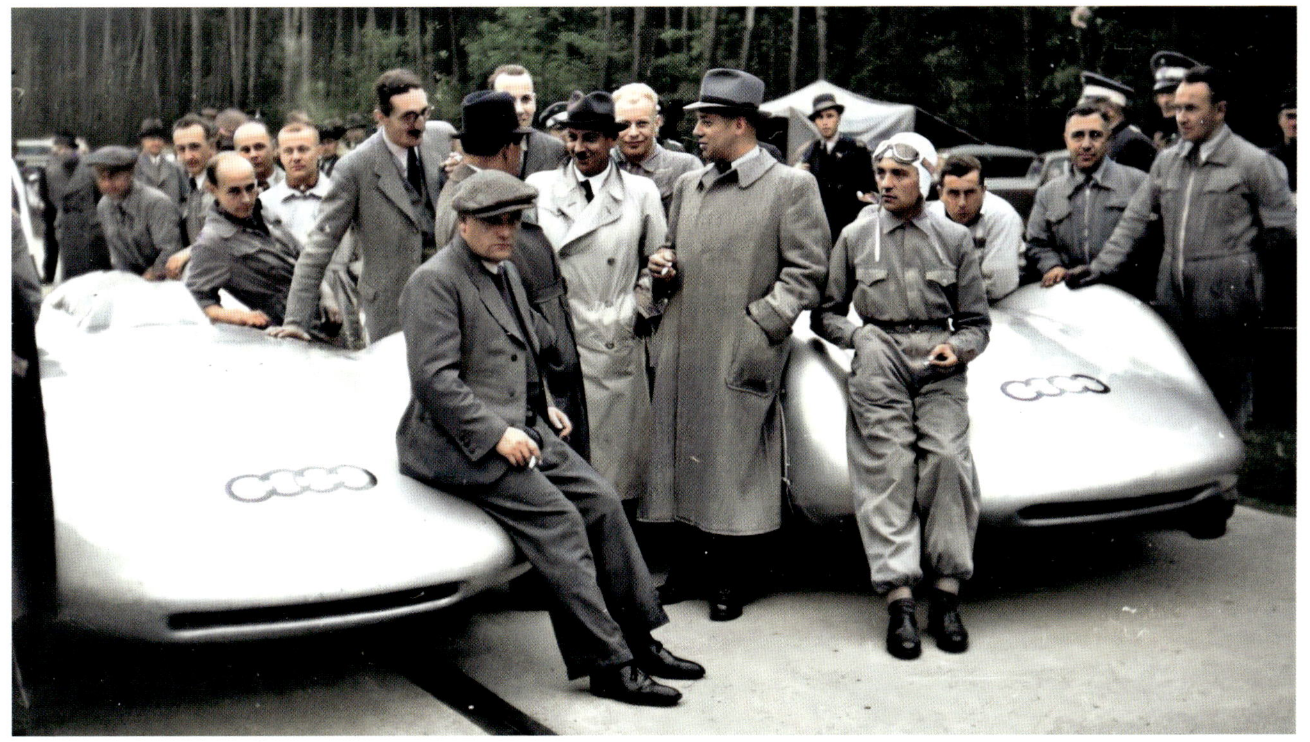

große Schwankungen ergeben. Um den Wagen genau auf dem Strich zu halten, musste ich das Lenkrad höchstens ein- bis zwei Millimeter drehen. Das Unangenehmste war das Durchfahren der Brücken, die für mich fast zu klein waren. Und es gibt jedes Mal einen furchtbaren Schlag auf die Brust. Glaube mir, die Zehnmeilenrekordfahrt strengte mich mehr an als ein Grand Prix-Rennen. Übrigens hast du ja gesehen, wie mir nachher zumute war. Ich brauche für so eine Fahrt höchste Konzentration."
Für das Team ist die Rekordwoche noch nicht zu Ende. Die Motoren müssen zerlegt werden, damit die Abnahmekommission den Zylinderinhalt prüfen kann. Dann bis nächstes Jahr, denkt man sich bei AUTO UNION, aber MERCEDES-BENZ zeigt sich als schlechter Verlierer. Sie nutzen ihre guten Kontakte zur Nazi-Führung, um die Erlaubnis für einen weiteren Rekordversuch im November zu bekommen. Man darf gespannt sein, wie die AUTO UNION-Geschäftsführung darauf reagiert. Ludwig hat damit erst einmal nichts zu tun. Er fährt zurück nach Mannheim, um endlich seine Mariele Phaind zu heiraten, die er im Clubhaus seines Vereins SV-Waldhof kennengelernt hatte. Zum Hochzeitstag bekommt das frisch vermählte Paar ein Telegramm aus Berlin: „Wir freuen uns mit euch, denn wir haben einen kleinen Bernd bekommen. Rosemeyer."

„MOTORWELT" NOVEMBER 1937

Als wir dann im Frühnebel des 26. Oktober auf der Frankfurter Autobahn erschienen, standen nicht weniger als vier Renndienstwagen der Zwickauer dort. Dazu noch ein großes Zelt, die Geheimwerkstatt der AUTO UNION! Vor ihm als großer Zauberer Wilhelm Sebastian. Wenn Bernd mit seinem Wagen unterwegs war, verschwand er im Zelt und hantierte mit seinen Leuten schnell hin und her und heraus kam ein neuer Rekordwagen. ... Und um das Zelt herum standen die anderen Leute von der AUTO UNION, Rennleiter Feuereißen, der mit Befriedigung Rekord um Rekord notierte, von Eberan, der mit dem Rechenschieber die nächste Rekordleistung bereits ausrechnete und schließlich Dr. Porsche, der überhaupt nichts sagte, der an einem Brötchen kaute und nachher stolz fragte: „Na, was hab' ich gesagt ?" – Und dabei hatte er überhaupt nichts gesagt, sondern nur zufrieden vor sich hingelächelt

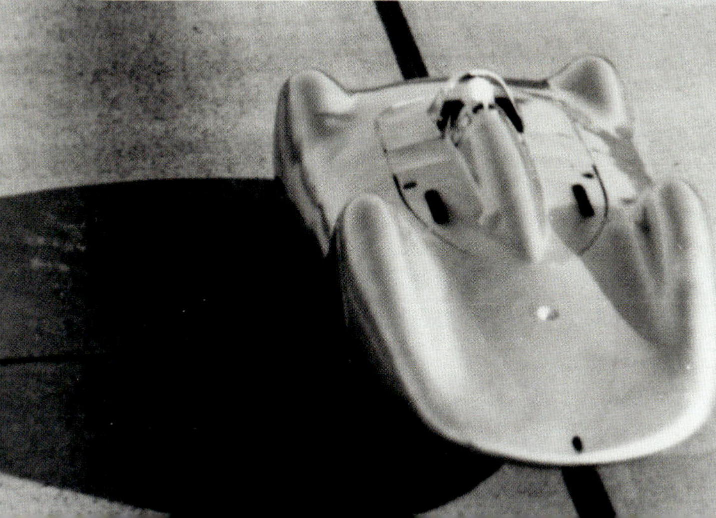

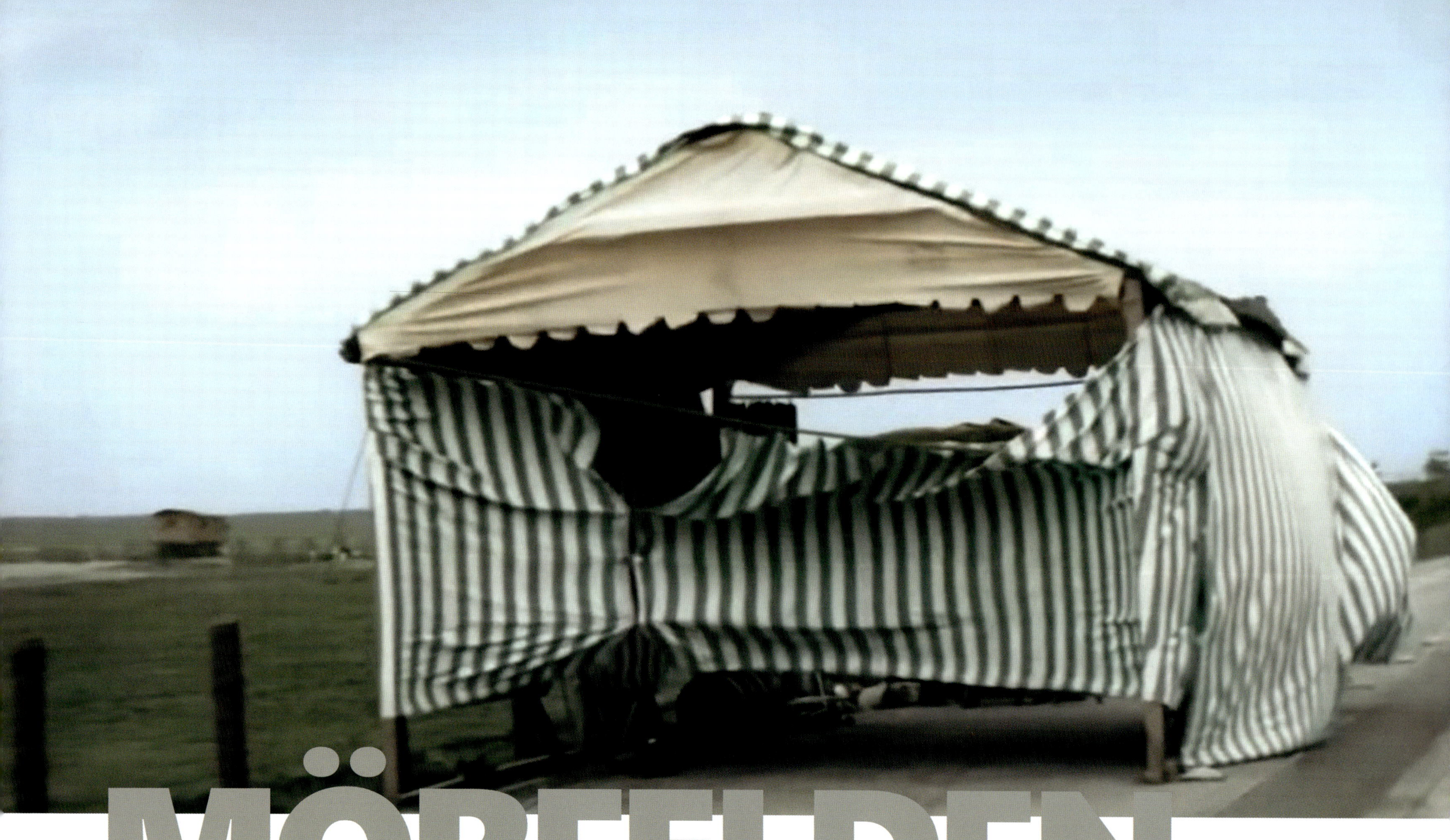

MÖRFELDEN 1937

In den Tod getrieben: Flatterndes Montagezelt als stummer Zeuge

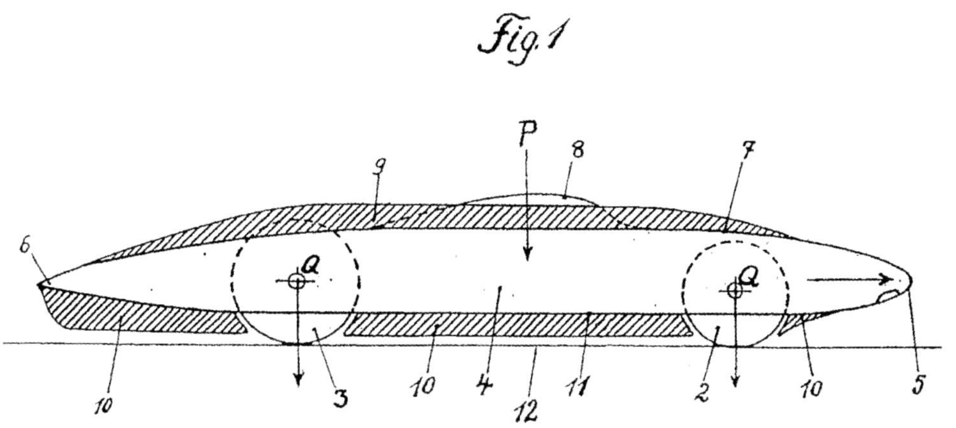

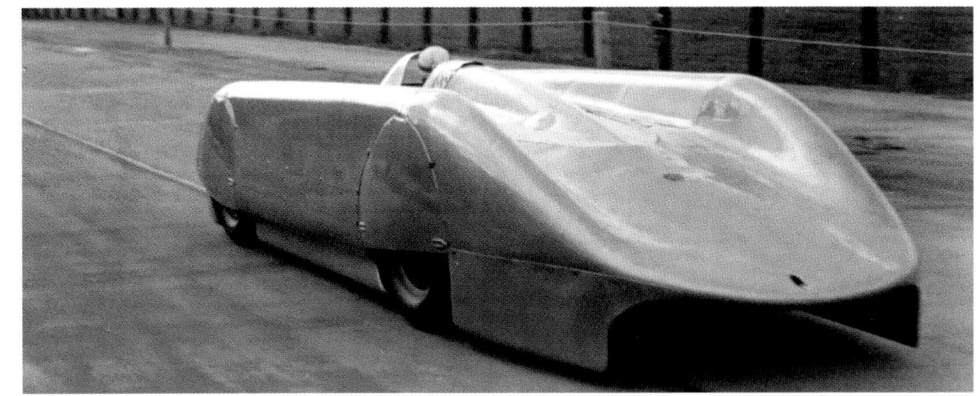

AM LIMIT

Der für November angekündigte Rekordversuch von MERCEDES-BENZ findet doch nicht statt. Die AUTO UNION-Geschäftsführung traut dem Frieden nicht und beschließt die „beschleunigte Weiterentwicklung des Rekordwagens, um jederzeit gegen Rekordangriffe von MERCEDES-BENZ gerüstet zu sein". Touché, es wird persönlich. Eigentlich müsste der Rennwagen für die neue Saison vorangebracht werden, aber stattdessen wird jetzt mit Hochdruck an dem Rekordfahrzeug gearbeitet. Die Vorgabe lautet, schnelle Lösungen zu schaffen. Der Motor kann zwar etwas verbessert werden, aber es dürften immer noch 100 PS gegenüber MERCEDES-BENZ fehlen. Es bleibt nur der Ausweg über die Karosserieform, die ins Extreme gestaltet wird. Auf eine Kühleröffnung wird weitgehend verzichtet, der Wagen bekommt einen neuen Unterboden und die Seiten werden hochgezogen mit einem langen Wulst, der sich über beide Räder zieht. Ein Modell zeigt im Windkanal, dass der Luftwiderstand dadurch um ein Viertel gesenkt wird. Das überrascht sogar die Experten. Damit wären theoretisch über 450 km/h möglich.

Einziger Nachteil ist die vergrößerte Seitenfläche, die das Risiko bei Seitenwind erheblich erhöht. Aber das wird in Kauf genommen. Eberan weiß, dass er sich in absolutem Neuland bewegt und Erfahrungen von Flugzeugen nur bedingt übertragen werden können. Aber es stört niemanden, schließlich werden schon seit vier Jahren technische Grenzen eingerissen. Über Weihnachten und Neujahr wird durchgearbeitet und wieder einmal gelingt es, das Unmögliche möglich zu machen. In der Rekordzeit von zwei Monaten wird der neue Wagen fertiggestellt und kann auf der Autobahn Leipzig-Halle getestet werden. Die Autobahn steht lediglich eineinhalb Stunden zur Verfügung. Hasse soll den Wagen bei den Probeläufen „nur" bis 330 km/h ausfahren. Trotz der nassen Fahrbahn und des leichten Seitenwinds hat er nichts Nachteiliges zu berichten. Aber das hat nur bedingt etwas zu sagen, denn bei über 400 km/h herrschen ganz andere Verhältnisse.

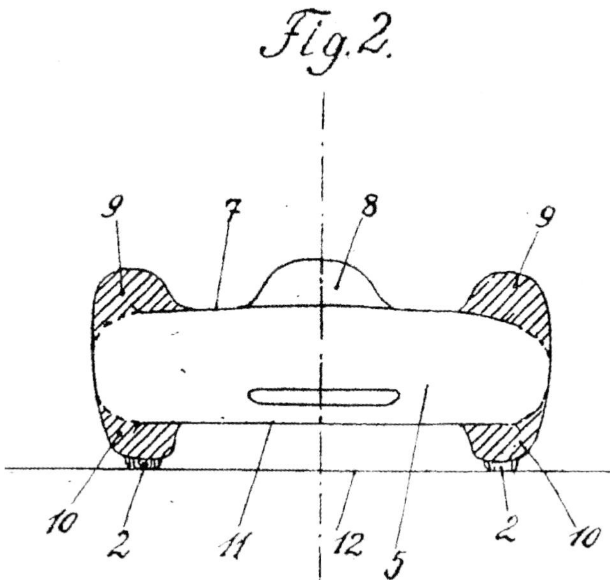

Konstruktionszeichnungen aus dem Reichspatent „Windschlüpfrige Verkleidung für Kraftfahrzeuge" der Auto Union vom Januar 1938. Sehr ungewöhnlich ist der Zusatz: „Der Erfinder hat beantragt, nicht genannt zu werden".

Da die Kühleröffnung fehlt, wird der Motor mit Eis gekühlt. Damit kann man knapp eine Minute Höchstgeschwindigkeit fahren. Dieser Trick klappt auf Anhieb. Gerade rechtzeitig, denn schon am nächsten Morgen wird bekannt, dass MERCEDES-BENZ in drei Tagen ihren Rekordversuch durchführen wird. Der kostbare AUTO UNION-Rekordwagen kommt in den Transporter und Bernd wird verständigt: Treffpunkt Frankfurt. Wieder einmal kommt er mit seinem Flugzeug und wird von Ludwig am Frankfurter Flughafen abgeholt. Bernd musste tags zuvor notlanden, da er sich bei der schlechten Witterung verflogen hatte. Auch am nächsten Tag wird das Wetter nicht besser und die Rekordfahrten müssen um einen Tag verschoben werden. Am Morgen des 28. Januar 1938 wird die Autobahn schließlich gesperrt und MERCEDES-BENZ tritt zum Versuch an. Bei ihrem überarbeiteten Wagen sind sie auch auf den Trick mit der „Eiskühlung" gekommen. Gleich beim ersten Versuch kommt Caracciola auf 432 km/h und stellt damit einen neuen Rekord über den „fliegenden Kilometer" auf. Mit der AUTO UNION-Firmenzentrale war vereinbart worden, dass nach dem Ergebnis von MERCEDES-BENZ entschieden wird, ob gestartet werden soll oder nicht. So ganz traut man der hastig entwickelten Konstruktion dann wohl doch nicht. Das Telefonat ist eindeutig: durchführen! Bernd wird im Hotel verständigt und Feuereißen lässt das Rekordfahrzeug in Frankfurt holen. Kaum angekommen, fährt Bernd die Strecke mit seinem HORCH ab, um sich ein Bild vom Zustand der Piste zu machen. Die Fahrbahn ist an manchen Stellen noch nass, aber nicht vereist.

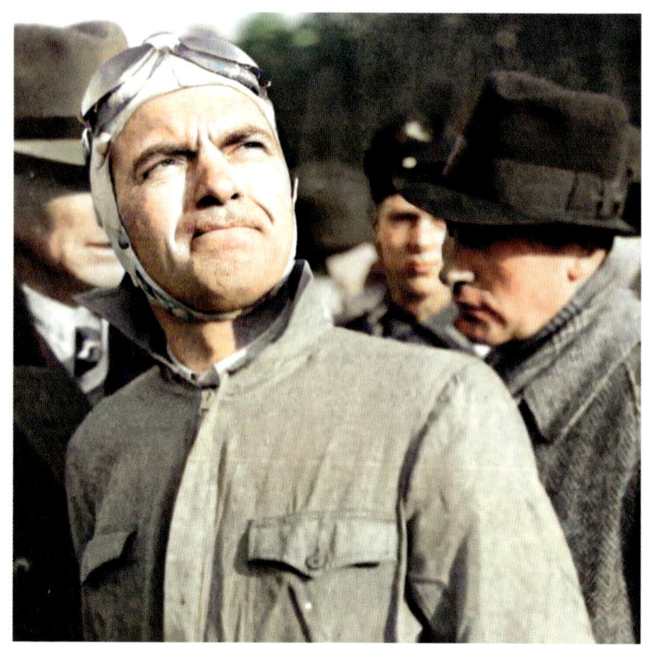

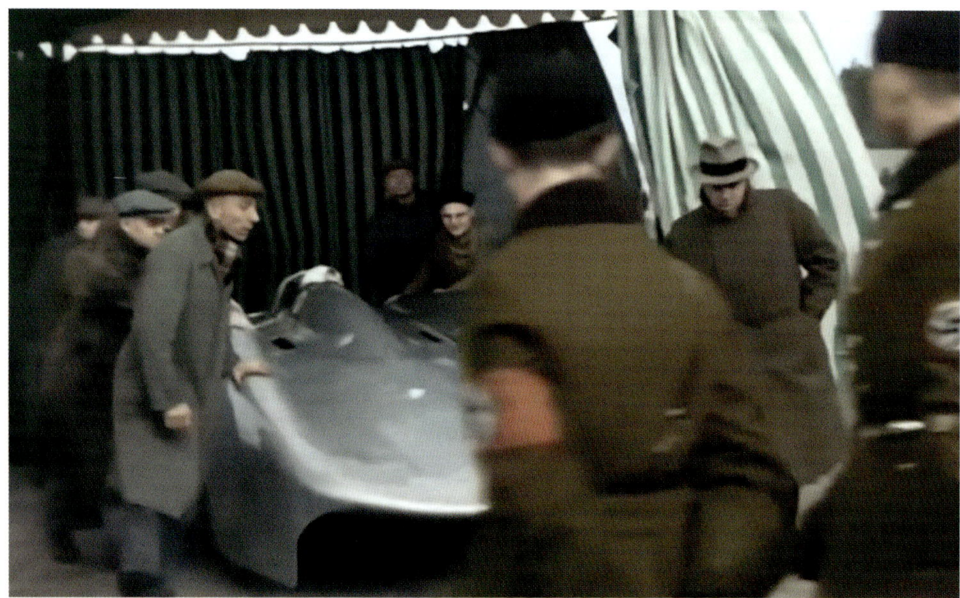

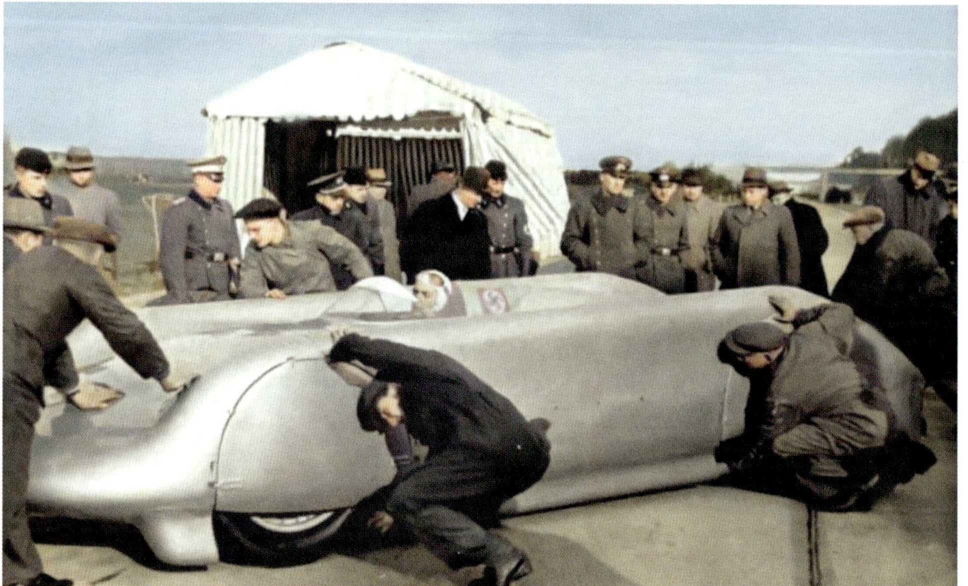

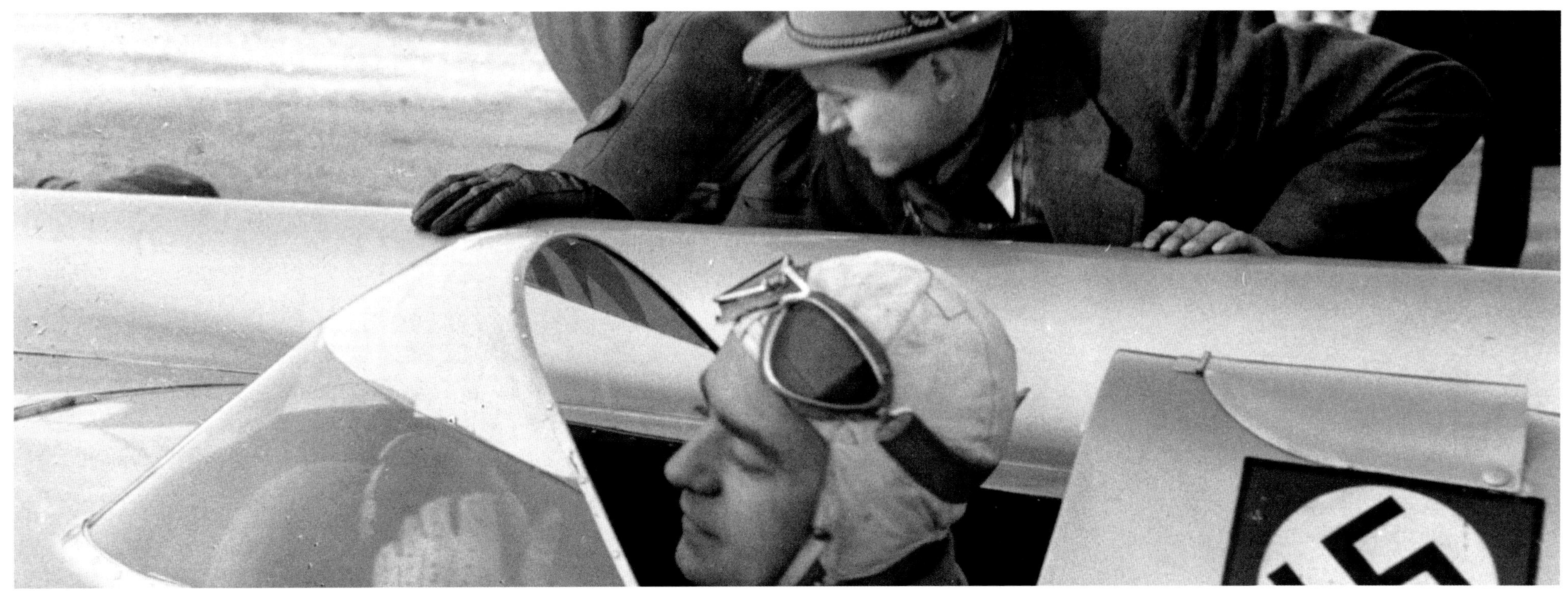

Bernd und sein Ludwig. Ein letztes Mal

Der Rekordwagen wird startklar gemacht für die Aufwärmrunde. Zündkerzen wechseln, betanken und nicht zu vergessen – die Eisfüllung. Eberan und Wilhelm geben den Wagen frei und fahren auf der Gegenfahrbahn zum Depot am Wendepunkt. Für einen Rekord werden die Zeiten auf der Hin- und Rückfahrt gemessen und daher wurde in der Nähe von Darmstadt ein weiteres Depot eingerichtet. Bernd trifft wenig später mit dem Rekordwagen dort ein. Eberan und Wilhelm prüfen den Wagen erneut und Bernd wird wieder angeschoben in Richtung Frankfurt. Eigentlich soll der Motor dabei nur auf Temperatur gebracht werden, aber Bernd kann es nicht lassen und erreicht spielend 430 km/h. Am Startplatz angekommen, berichtet er, dass ihn ein Windstoß an einer Schneise bei Mörfelden beinahe aus der Bahn getragen hätte. Als Wilhelm und Eberan zurückfahren, spüren sie, wie die Windböen immer stärker werden. Das Zelt am Startplatz flattert im Wind, als sie es betreten. Es kommt zu einer hitzigen Aussprache, als Wilhelm vorschlägt, den Rekordversuch abzubrechen. *„Bernd, scheiß doch auf die ganze Rekordfahrt, wir brauchen dich für die kommende Saison mehr als jetzt das eine Mal rauf- und runterfahren. Morgen früh ist vielleicht besseres Wetter.“* Aber Bernd ist schon in seinem Tunnel. Er beschimpft Wilhelm und hält ihm vor, dass er selbst wissen müsse, was er zu tun habe. Sie gehen im Streit auseinander. Wilhelm verlässt das Zelt und erklärt Feuereißen die Situation. Feuereißen hat ebenfalls Bedenken, bleibt aber zögerlich. Auf der Fahrt zum Wendepunkt ist Wilhelm immer noch aufgebracht. Warum geht Feuereißen nicht dazwischen? Es ist seine Entscheidung, er kann alles beenden. Von Bernd hingegen ist eigentlich nichts anderes zu erwarten. Er würde es nie zulassen, dass wegen ihm abgebrochen wird. Aber genau deswegen ist er ja auch kein Rennleiter.

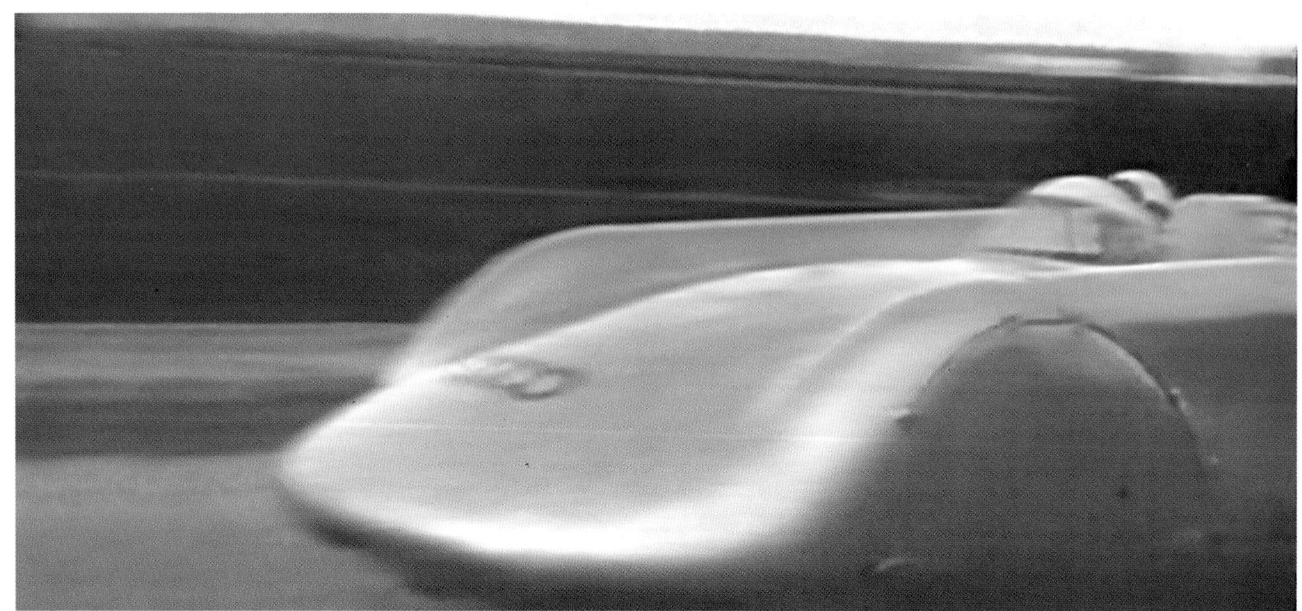

Rechte Seite: Ein Jahr nach dem Unfall lässt AUTO UNION eine Gedenksäule am Unglücksort aufstellen und die Mechaniker wohnen der Einweihungszeremonie bei (Ludwig in der Mitte). Die Stele befindet sich heute noch am Unfallort an der A 5 (auf dem ersten Rastplatz nach der Anschlussstelle Langen/Mörfelden in Richtung Darmstadt). Der Rastplatz wird 2015 ohne triftigen Grund von „Rosemeyer" in „Bornbruch-West" umbenannt. Offenbar ist der Name unerwünscht wegen Rosemeyers Mitgliedschaft bei der verbrecherischen Nazi-Organisation „SS". Historisch lässt sich bei ihm lediglich Mitläufertum festmachen. „Bornbruch-West" bekommt im Januar 2023 besonderen Besuch. Vertreter des AvD und von Audi Tradition würdigen den 85. Todestag an der Gedenkstätte. Einer darf an diesem Tag nicht fehlen: Ludwigs Sohn Bernd.

WAGEN GESTÜRZT

Am Startplatz nimmt Bernd seine Position ein. Der Rekordwagen wird angeschoben. Ludwig läuft die letzten Meter neben Bernds Cockpit her und dann fliegt Bernd am Mittelstreifen entlang, bis man ihn nicht mehr sieht. Als Eberan und Wilhelm am Wendepunkt ankommen, rufen ihnen die Mechaniker zu, dass der Wagen bei Kilometer 9 gestürzt sei. Hektisch kehren die beiden um. So richtig wollen sie nicht glauben, was sie da eben gehört haben. Hinter der Brücke bei Mörfelden bestätigen sich ihre schlimmsten Befürchtungen. Es bietet sich ein Anblick der Verwüstung. Das völlig zerstörte Chassis liegt qualmend am Brückendamm. Ein heftiger Einschlag. Überall sind Teile verstreut. Aber wo ist Bernd? Auf der anderen Seite kommen ihnen Arbeiter entgegen, die auf eine Stelle im Wald zeigen – „herausgeschleudert". Wilhelm rennt herüber und findet Bernd an einem Baum, als ob er friedlich schlafen würde. Entsetzt kniet er sich zu ihm hin. „Bernd, Bernd was ist?"
Es ist still, viel zu still.
Die Nachricht von Bernds Tod verbreitet sich in ganz Deutschland wie ein Lauffeuer. Und genauso schnell beginnt die Suche nach Schuldigen. Eberan und Wilhelm werden von der SS wegen des Verdachts auf Sabotage verhört. Es kursieren etliche Gerüchte, der Wagen sei explodiert oder mit eingedrückter Karosserie losgefahren. Dabei gibt es Zeugen, die berichten können, was tatsächlich geschehen ist.
Bernd hatte es genau an der Schneise bei Mörfelden auf den mittleren Grünstreifen gedrückt, nur dieses Mal war es ihm nicht gelungen, gegenzulenken. Der Wagen überschlug sich mehrfach und Bernd wurde herauskatapultiert. Er war auf der Stelle tot. Doch selbst jetzt lässt man ihm keine Ruhe. Seine Beerdigung wird als großes Nazi-Spektakel zelebriert. Die arme Elly spricht sich vehement dagegen aus, aber sie hat letztlich keine Wahl. Auf der Berliner Automobilausstellung wenige Wochen später spielen die Rekordfahrten fast keine Rolle mehr. Die deutschen Rennfahrer stehen stramm bei der Begrüßung durch den Führer und eine streng dreinblickende Büste, die Bernd darstellen soll, steht schweigend vor dem Stromlinienwagen.

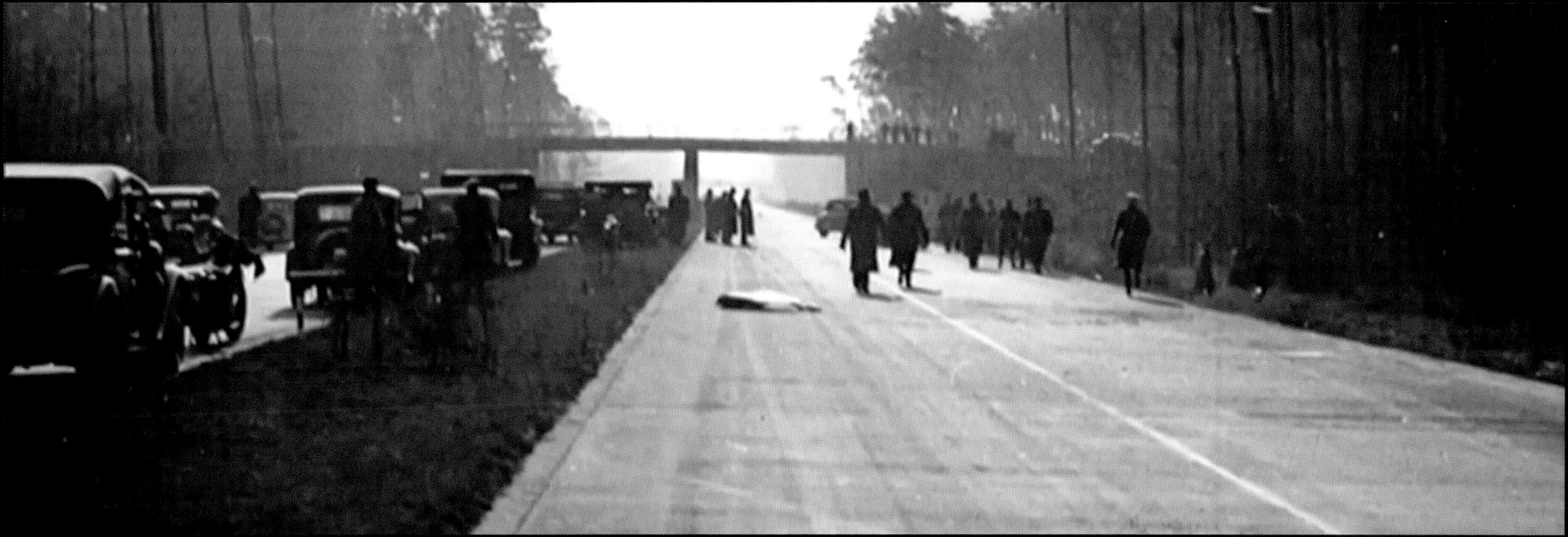

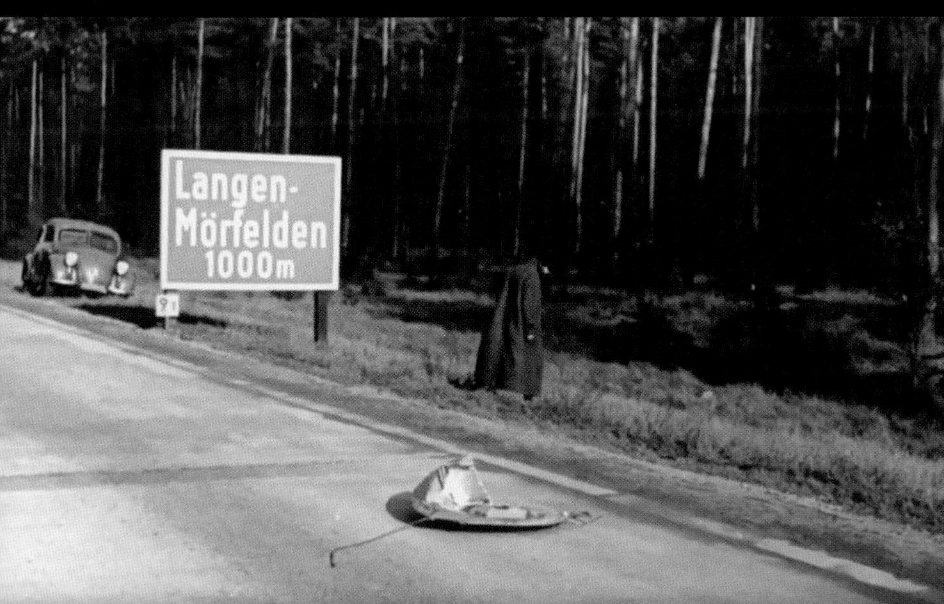
Langen-
Mörfelden
1000m

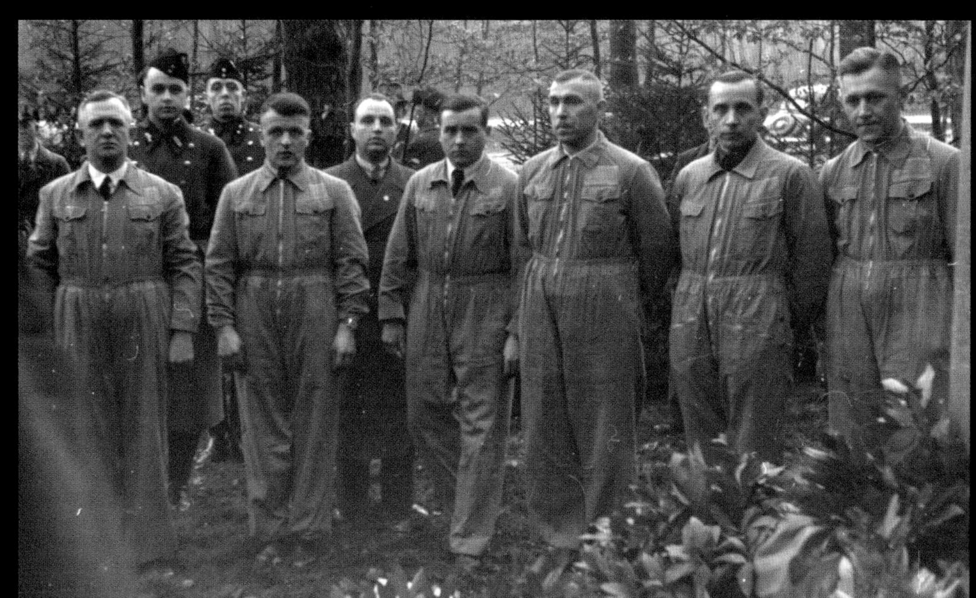

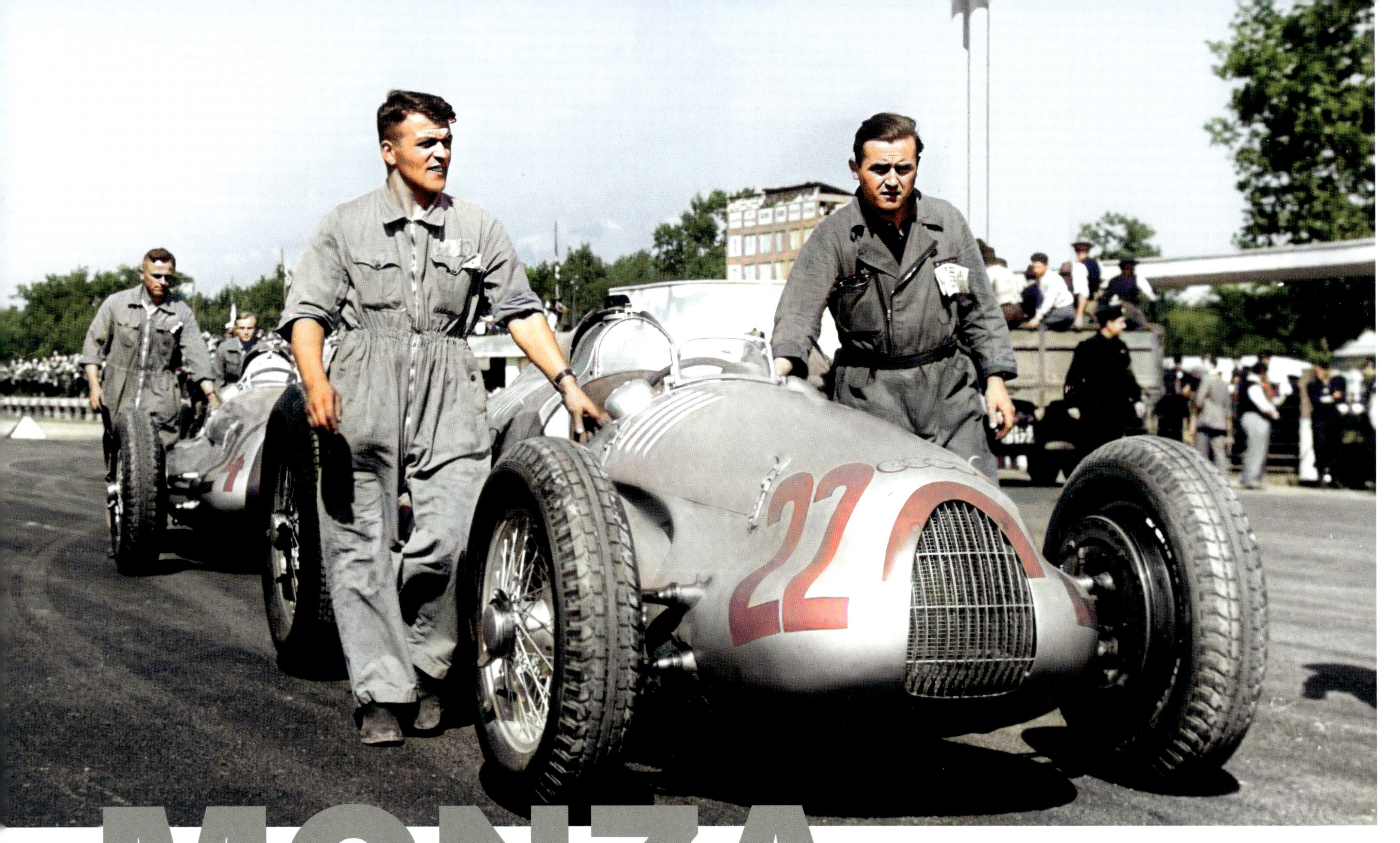

MONZA 1938

Neue Hoffnung: Start-Parade mit Ludwig und Nuvolaris Wagen

RÜCKSCHLAG

Der tödliche Unfall ist ein harter Schlag für die Rennabteilung. Die AUTO UNION steht in der Kritik und muss sich rechtfertigen. Die Firma beschließt, nie wieder an Rekordfahrten teilzunehmen und es wird ernsthaft diskutiert, das gesamte Grand Prix-Projekt aufzugeben. Auch wenn es jetzt weitergeht, die Entwicklung für die neue Rennformel ist ordentlich in Verzug geraten. Zudem ist der Vertrag mit Porsche abgelaufen, aber bei der AUTO UNION werden keine zusätzlichen Ingenieure eingestellt. Eberan schafft es dennoch, einen neuen Formelwagen zu entwickeln, nur fehlen Zeit und Mittel für die notwendigen Tests. Als ob das nicht genug wäre, mischt sich auch noch die Politik ein. Im vergangenen Jahr hatte man sich von Stuck getrennt, nachdem er seinen Wagen in Monza mitten im Rennen auf einem Parkplatz abstellte, statt an die Box zu kommen. Stuck versucht daraufhin, bei MERCEDES-BENZ unterzukommen. Als das misslingt, bringt er seine guten Freunde bei der Reichsführung SS unter Himmler in Stellung. In der Beziehung ist Stuck zwiegespalten. Seine Frau Paula ist als „nicht arisch" eingestuft. Er steht treu zu ihr und wird deshalb angefeindet bis hin zu Schmierereien mit Hassparolen an der Strecke und auf dem Werksgelände.
Dennoch versteht er es geschickt, die Nazi-Führung für sich zu gewinnen. Schließlich gilt Görings Spruch: „Wer arisch ist, bestimme ich." Stucks Kontakte zeigen bald Wirkung und die AUTO UNION wird gedrängt, ihn wieder unter Vertrag zu nehmen, mit einer großzügigen Vergütung, versteht sich. Es sickert auch durch, dass er mit MERCEDES-BENZ und Porsche an einem Super-Rekordwagen-Projekt arbeitet, das offenbar schon seit längerem in Planung ist. Nach der Todesfahrt von Bernd klingt das alles nach ziemlich absurdem Theater. Stuck ist aber nicht das größte Problem bei der AUTO UNION. Die neuen Rennwagen werden nicht rechtzeitig fertig und die ersten Rennen der Saison müssen abgesagt werden. Einziger Lichtblick ist Nuvolari, der als neuer Nummer-Eins-Fahrer verpflichtet werden kann. Ludwig wird sein Chefmechaniker. Für die italienisch-mannheimerische Verständigung sorgt ein Dolmetscher.

Rechts: Hin und wieder sieht man Wilhelm auch bei Testfahrten. Hier sitzt er jedoch Modell für eine Briefmarke während des Trainings zum Großen Preis von Deutschland. Links daneben die Meinung eines Mechanikers dazu. Ganz links: Wilhelm beim Zündkerzen-Check

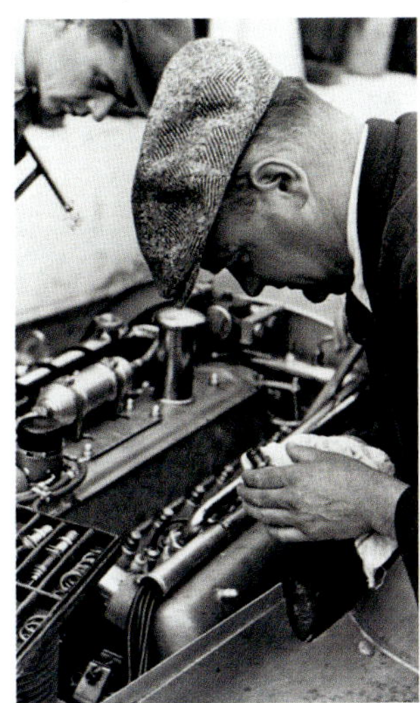

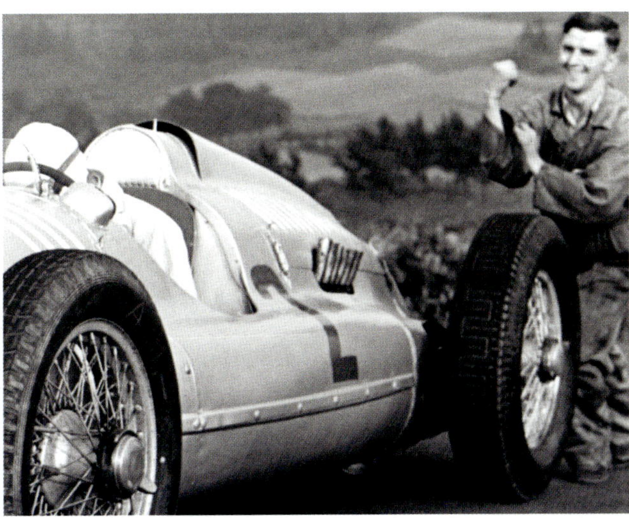

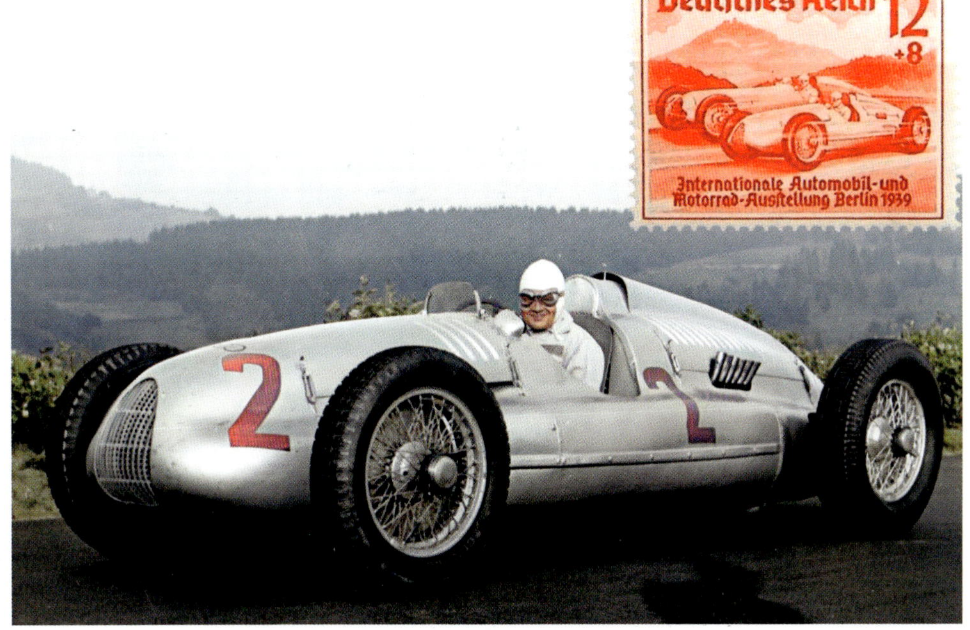

NUVOLARI

Die Saison beginnt für die AUTO UNION erst Mitte 1938 beim Großen Preis von Frankreich. Ludwig ist nicht mitgekommen. Er muss sich um seine Frau kümmern, die einen kleinen Jungen erwartet. Sein Name ist schnell gefunden: Bernd. Und Patentante wird Elly. Weniger erfreulich läuft es auf der Rennstrecke. Nuvolari hat keine Chance mit dem unausgereiften Material, das ihm zur Verfügung gestellt wird. Der Knoten löst sich erst bei seinem Heimrennen in Monza. Er fährt wie entfesselt und selbst auf den Geraden ist er mit dem neuen Wagen schneller als die MERCEDES-BENZ-Boliden. Als Nuvolari die Ziellinie überquert, gibt es für die italienischen Fans kein Halten mehr. Sie stürmen die Rennstrecke und tragen ihren Helden zur Siegerehrung. Mit diesen Eindrücken gehts zum Abschlussrennen in Donington. Kaum sind die deutschen Teams zum Training angereist, müssen sie mitten in der Nacht wieder alles verladen.

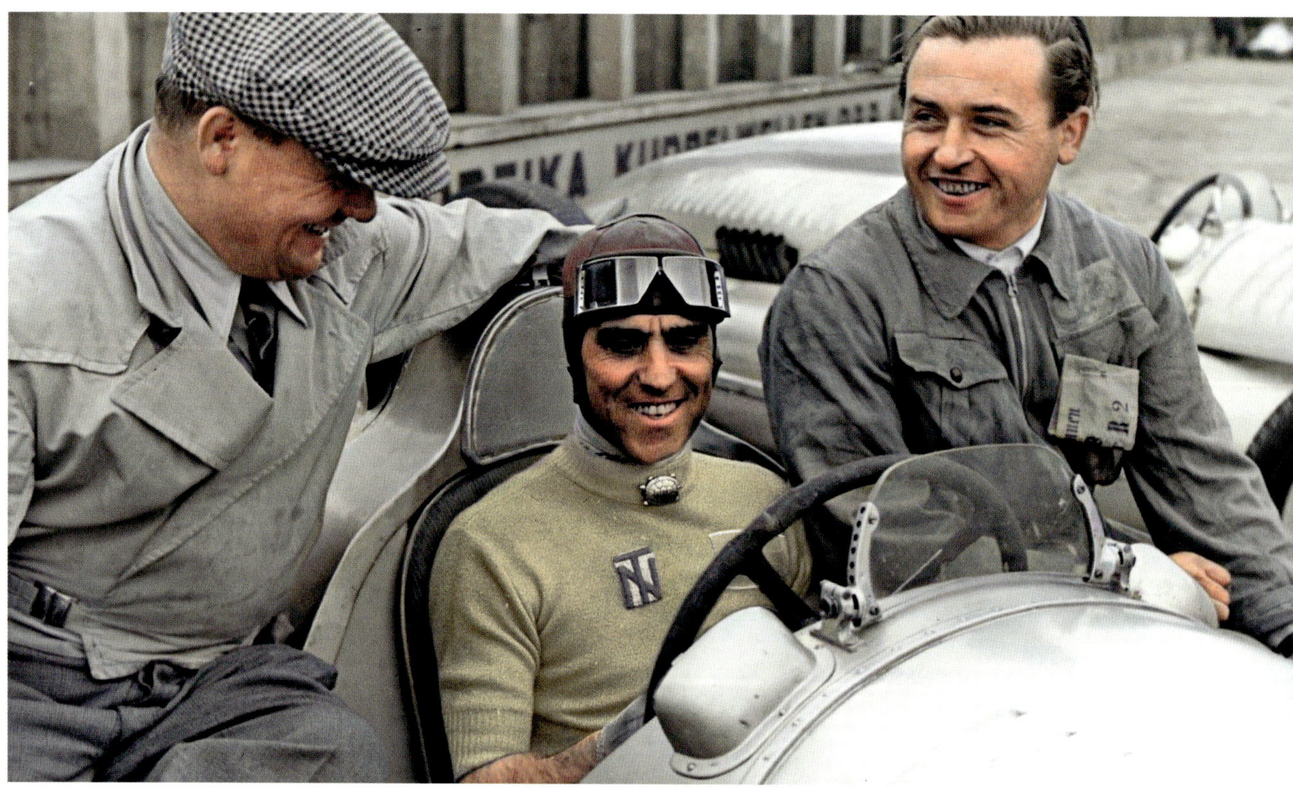

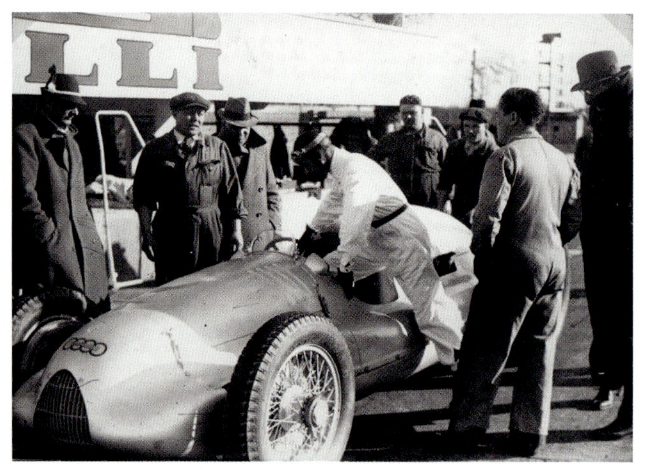

Sie werden zum Spielball der politischen Ereignisse. In der Sudetenkrise hatte es keine Einigung gegeben und man befürchtet die Beschlagnahmung der Wagen durch die Briten. Der Tross macht sich auf den Weg, um das Land schnellstmöglich zu verlassen. Unterwegs wird Entwarnung gegeben und übermüdet kehren die Teams wieder zurück zur Rennstrecke. Wenig später kommt erneut die Order, umgehend eine Fähre zu erreichen. Das Team trifft schließlich wohlbehalten in Zwickau ein.

Kaum angekommen, wird bekannt, dass das Rennen nun doch stattfindet soll. Erneut rollen die Transporter von MERCEDES-BENZ und AUTO UNION nach Großbritannien. Fast zeitgleich rollen deutsche Panzer in die Tschechoslowakei unter Billigung der französischen und britischen Regierung. Die AUTO UNION-Mannschaft hat noch ganz andere Sorgen. Die Nordsee ist sehr stürmisch und fast alle werden bei der Kanalüberquerung seekrank.

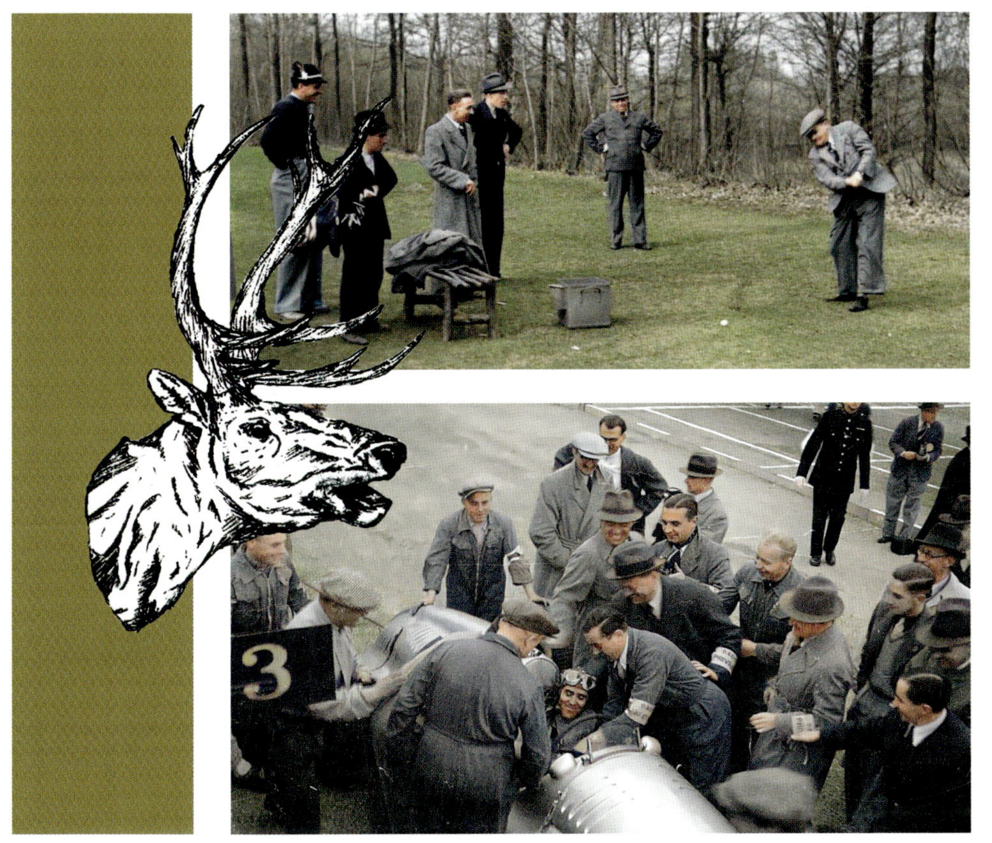

Wilhelm beim Golfen
Linke Seite:
Wilhelm, Nuvolari und Ludwig beim Training zum Eifelrennen 1939

Wilhelm (links hinter der „3") und Ludwig (rechts neben dem Cockpit) nehmen Nuvolari in Empfang.
Unten: Nuvolari führt vom Start weg.

Nuvolari hat im Training eine unfreiwillige Begegnung mit einem Hirsch, der ihm vor das Auto springt. Ergebnis ist eine außergewöhnliche Trophäe, die er mit nach Hause nimmt. Den Pokal möchte er sich auch holen und führt vom Start weg mit sicherem Abstand. Plötzlich wird er langsamer und muss außerplanmäßig an die Box. Ludwig reißt die Motorhaube herunter und kann das Problem in Sekunden beheben. Nuvolari hat dennoch einen großen Rückstand, als er wieder auf die Strecke kommt. Jetzt zeigt sich seine Erfahrung. Statt drauflos zu hetzen und einen technischen Ausfall zu riskieren, behält er die Nerven und teilt sich die Aufholjagd über die verbleibenden Runden ein. Ein Wagen nach dem andern wird einkassiert und die Menge tobt. Schließlich kann er die durchwachsene Saison mit einem Grande Finale für die AUTO UNION beenden. Genau wie Bernd im vergangen Jahr.

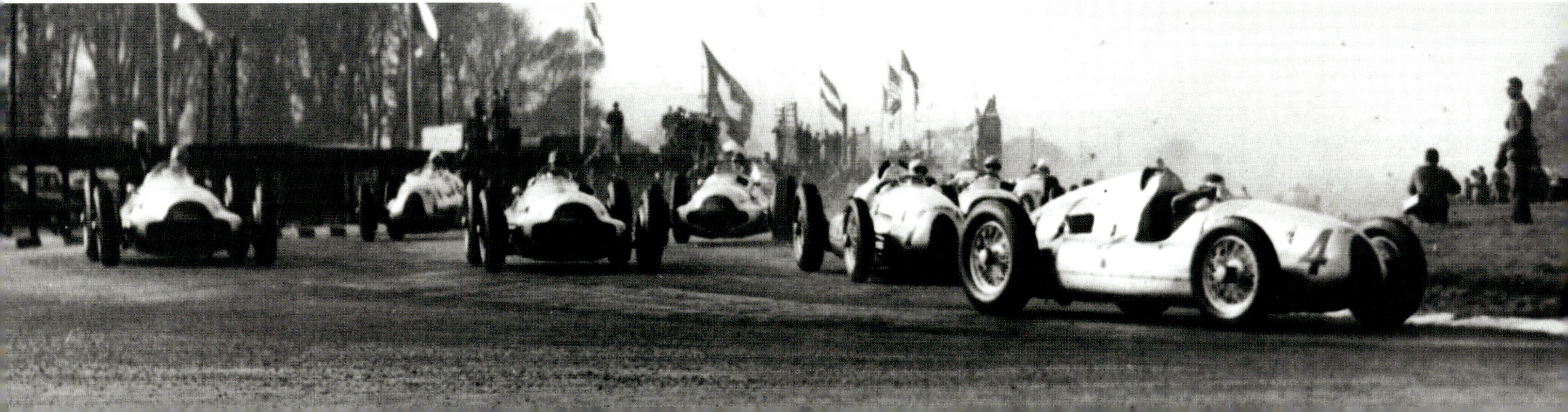

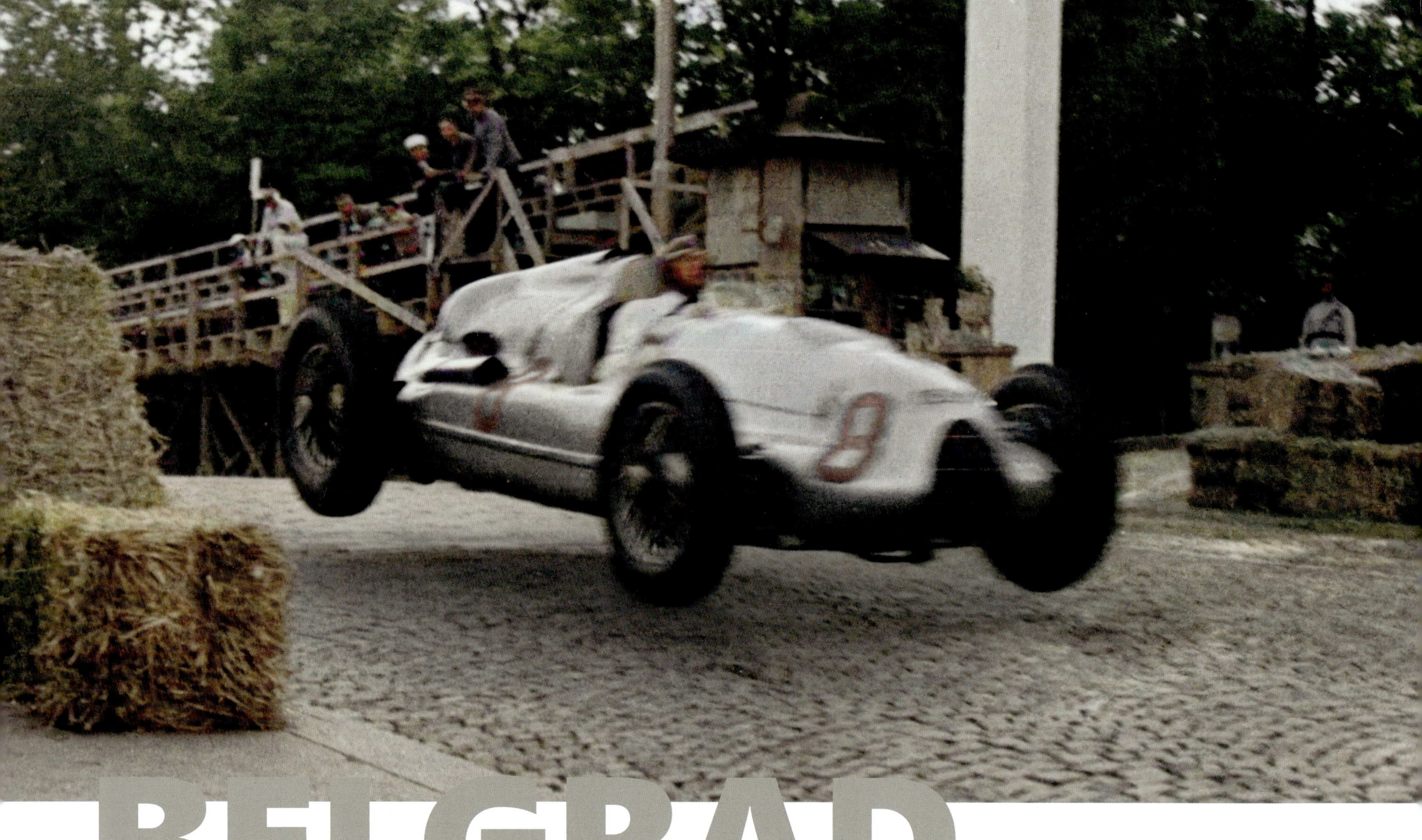

BELGRAD 1939

Das letzte Silberpfeilrennen: Nuvolari mit Flugeinlage

EUROPAMEISTER

Der Rennkalender für 1939 ist kaum wiederzuerkennen, es fehlt fast die Hälfte aller Grand Prix-Rennen. Die italienischen Teams haben sich in die Voiturette-Klasse verabschiedet, weswegen in Italien keine Grand Prix mehr stattfinden, Monaco ist abgesagt, die Tschechoslowakei ist in Alarmbereitschaft und in Spanien herrscht ein brutaler Bürgerkrieg. In Zwickau wird den ganzen Winter über unbeirrt weiterentwickelt und getestet. Die Saison beginnt für die AUTO UNION beim Eifelrennen.

Nuvolari verpasst den Sieg nur knapp, da er sich beim Reifenpoker verzockt. Im belgischen Spa überrascht Müller, als er sich lange an der Spitze halten kann. Erst als er an die Box muss, übernimmt der MERCEDES-BENZ-Pilot Seaman die Führung. Wenig später schleudert Seaman auf regennasser Fahrbahn gegen einen Baum und sein Wagen fängt sofort Feuer. Lang fährt an dem brennenden Wrack vorbei, in dem sein Teamkollege sitzt. Lang gewinnt das Rennen, Seaman erliegt in der Nacht seinen Verbrennungen. Eine Woche später drehen alle wieder ihre Runden beim französischen Grand Prix. Die AUTO UNION-Box erlebt eine Schrecksekunde, als der Wagen ihres Neuzugangs Georg Meier beim Tanken in Flammen aufgeht. Mit Brandwunden am Arm kann er das Rennen fortsetzen. Etliche Teilnehmer fallen aus und schließlich feiert die AUTO UNION einen Doppelsieg mit Müller und Meier, der sein Glück trotz Verletzung gar nicht fassen kann. Im Training zum Großen Preis von Deutschland gerät Nuvolaris Wagen in Brand. Ludwig muss wieder zaubern. Leider vergeblich, denn im Rennen tauchen weitere technische Probleme auf. Dafür kommt Müller auf einen fabelhaften zweiten Platz. Der Schweizer Grand Prix ist das letzte Rennen, das für die Europameisterschaft gewertet wird. Müller erzielt den vierten Platz und führt damit in der Gesamtwertung. Die Überraschung ist perfekt:

Müller ist Europameister 1939!

Der Erfolg wird dem Newcomer jedoch nicht gegönnt. Es gibt Vorschläge, das Punktesystem zu ändern, die aber nicht zum Beschluss kommen. Für die Nazi-Diktatur sind internationale Beschlüsse ohnehin egal. In Deutschland wird Lang einfach zum Europameister benannt. In einem Unrechtsstaat mit „alternativen Fakten“ ist das eine Kleinigkeit.

Müller wird als Sieger des französischen GP abgewunken.

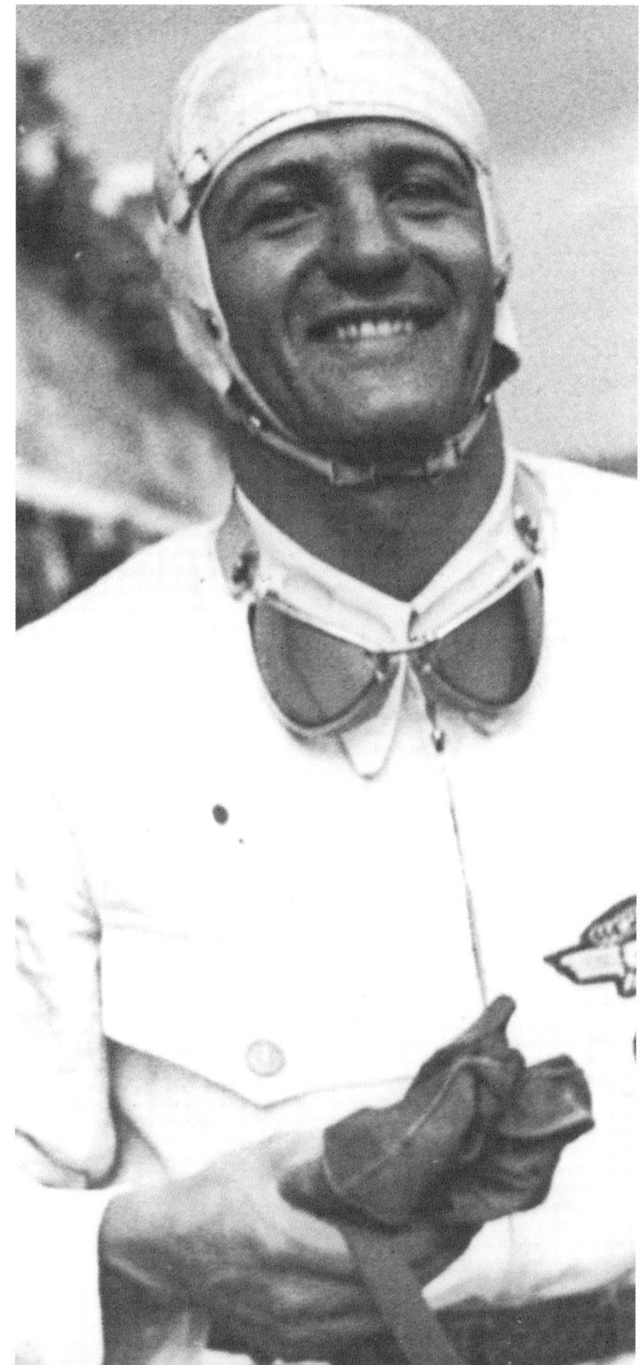

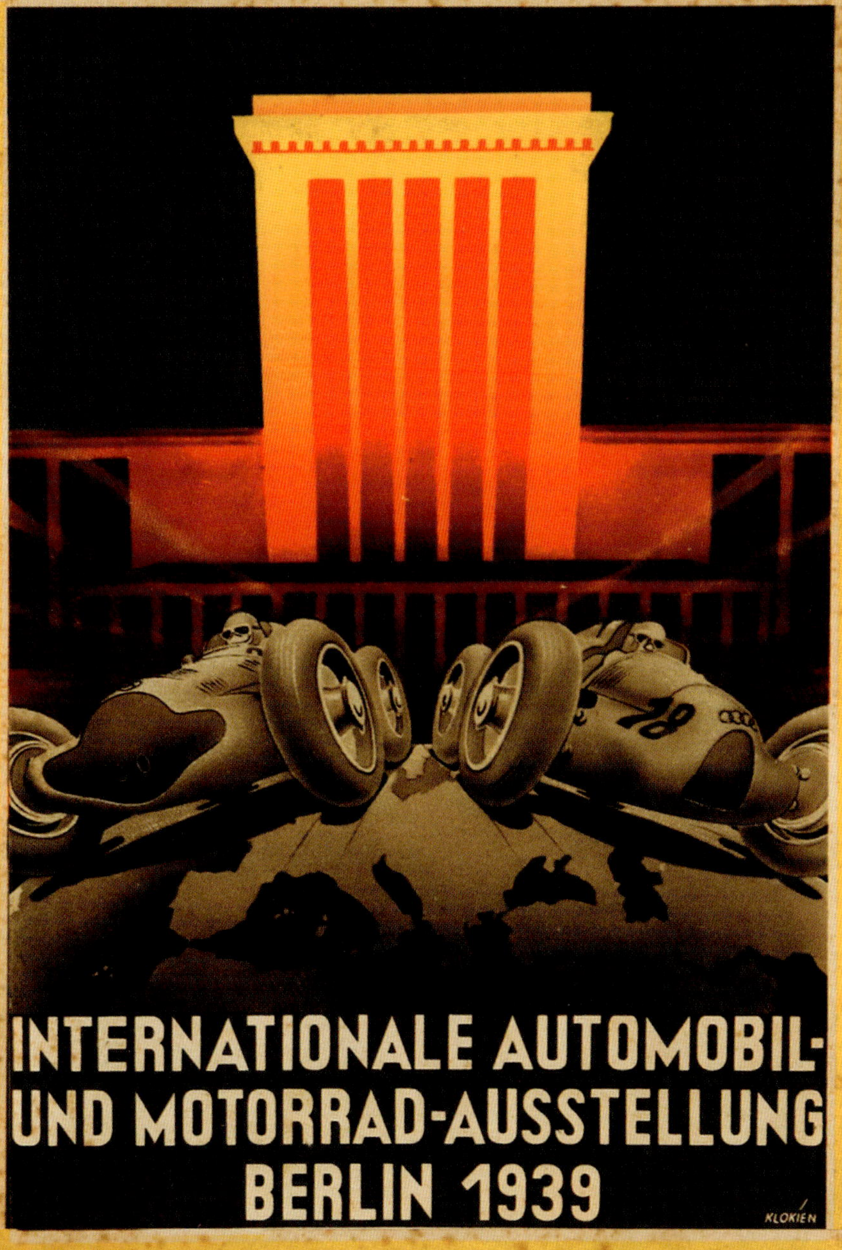

INTERNATIONALE AUTOMOBIL-
UND MOTORRAD-AUSSTELLUNG
BERLIN 1939

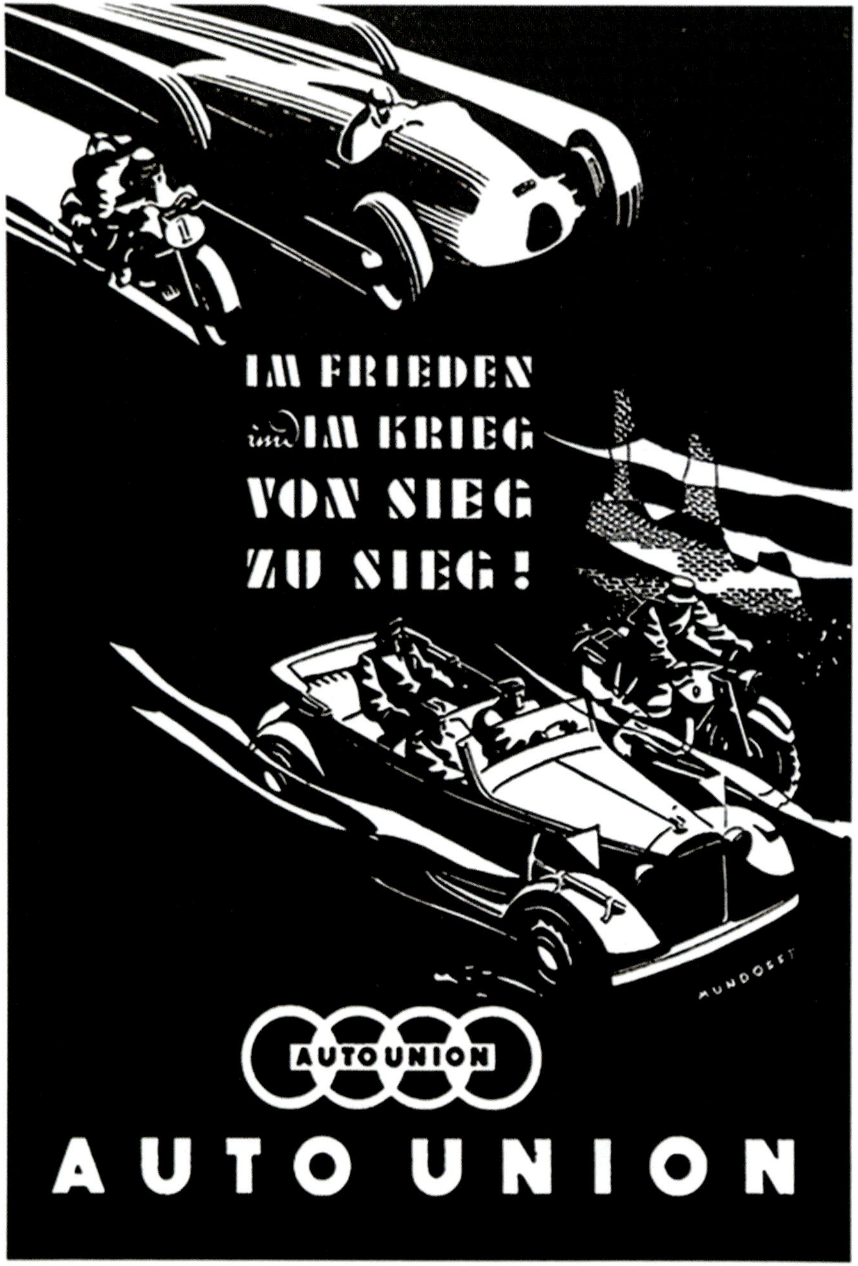

IM FRIEDEN
und IM KRIEG
VON SIEG
ZU SIEG!

AUTO UNION

AUTO UNION

KRIEG UND SIEG

Die politische Lage eskaliert Tag für Tag und die Teilnahme am Belgrader Stadtrennen steht auf der Kippe. Erst im letzten Moment wird entschieden, dass die deutschen Teams aufbrechen sollen. Caracciola ist nicht mehr dabei, er hat sich in seinen Schweizer Wohnsitz zurückgezogen. Feuereißen fehlt ebenfalls, da er zur Wehrmacht abgerufen wird. Eberan springt für ihn ein. Im Training wird bekannt, dass Deutschland in Polen einmarschiert ist: es herrscht Krieg. Das Rennen findet trotzdem statt mit insgesamt nur fünf Teilnehmern. Im MERCEDS-BENZ-Team rumort es. Brauchitsch versucht, sich in die Schweiz abzusetzen, aber Rennleiter Neubauer verhindert seinen Abflug und nötigt ihn teilzunehmen. Im Rennen fährt sich Brauchitsch die Wut von der Seele. Lang versucht ihn zu überholen, aber aufspritzende Steine zerschlagen seine Brille. Er muss mit Augenverletzungen aufgeben und wird von Nachwuchsfahrer Bäumer ersetzt, der keine Trainingsrunden absolviert hat und eigentlich gar nicht starten darf. Es dauert nicht lange, bis Bäumer von seinem Teamkollegen Brauchitsch in die Strohballen abgedrängt wird. Egal was Neubauer auch winkt an der Box, Brauchitsch dreht weiter auf, kommt ins Schleudern und fährt regelwidrig ein Stück gegen die Fahrtrichtung, um zu wenden. Bei dem Manöver schießt er beinahe den vorbeifahrenden Nuvolari ab. Müller übernimmt die Führung, bis er sie mit Reifenproblemen an Nuvolari abgeben muss, der den Sieg für die AUTO UNION dann sicher nach Hause fährt. Aber damit ist es nicht zu Ende. Neubauer brüllt mit der jugoslawischen Rennleitung herum. Er will Nuvolari und Müller disqualifizieren lassen, da sie in den Boxen angeschoben wurden. Der tobende Neubauer wird abgewiesen und beruhigt sich erst, als er von Eberan und Wilhelm auf die Regelverstöße seines Teams hingewiesen wird. So verbissen und kleinlich endet dieses letzte Rennen, bei dem es eigentlich um nichts mehr geht. Man hofft auf weitere Grand Prix in 1940. Doch die Planungen werden verworfen. In Zwickau gibt es noch Studien für einen 1,5-Liter-Motor, die aber über Tests an einem Versuchs-Einzylinder nicht hinauskommen und schließlich eingestellt werden. Für Wilhelm und viele andere endet damit eine Epoche. Eberan verlässt die AUTO UNION und wird Professor an der TH Dresden. Mechaniker und Fahrer wie Hasse sterben im Krieg. Ludwig und Wilhelm haben mehr Glück und dürfen in Zwickau bleiben. Die AUTO UNION-Rennabteilung wird noch bis 1941 subventioniert und danach als Rüstungsbetrieb umfunktioniert. Statt Rennwagen werden Strahlgebläse und Torpedo-Antriebe entwickelt. Ludwig betreut die Einlagerung der Silberpfeile in umliegende Stollen, um sie gegen Bombenangriffe zu schützen. Eine schreckliche Zeit beginnt. Auch bei HORCH werden Kriegsgefangene und Insassen aus Konzentrationslagern zur Arbeit gezwungen. Nicht selten werden sie dabei zu Tode geschunden oder ermordet. Bei einem Bombardement im Oktober 1944 wird das Zwickauer Werk stark beschädigt und die Versuchsanstalt zerstört. Ein Jahr später flieht Wilhelm mit seiner Frau vor den herannahenden russischen Truppen in den Westen.

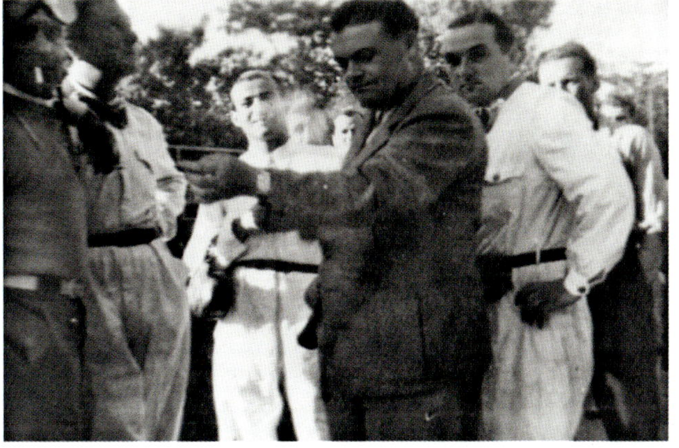

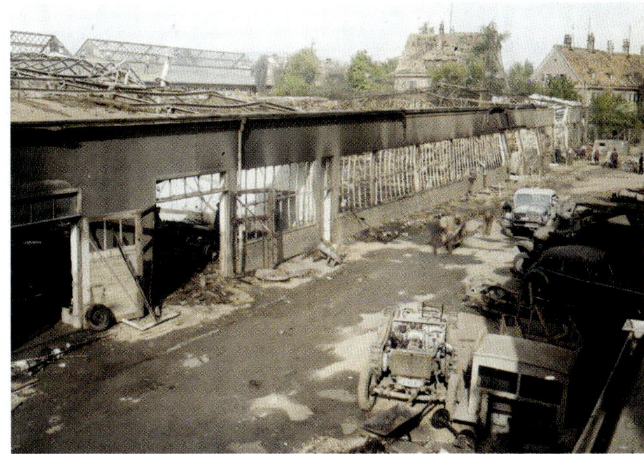

Die zerstörte Versuchsanstalt. Oben: Bedrückte Stimmung im Belgrader Training: Nuvolari, Brauchitsch, Müller, Wilhelm und Lang

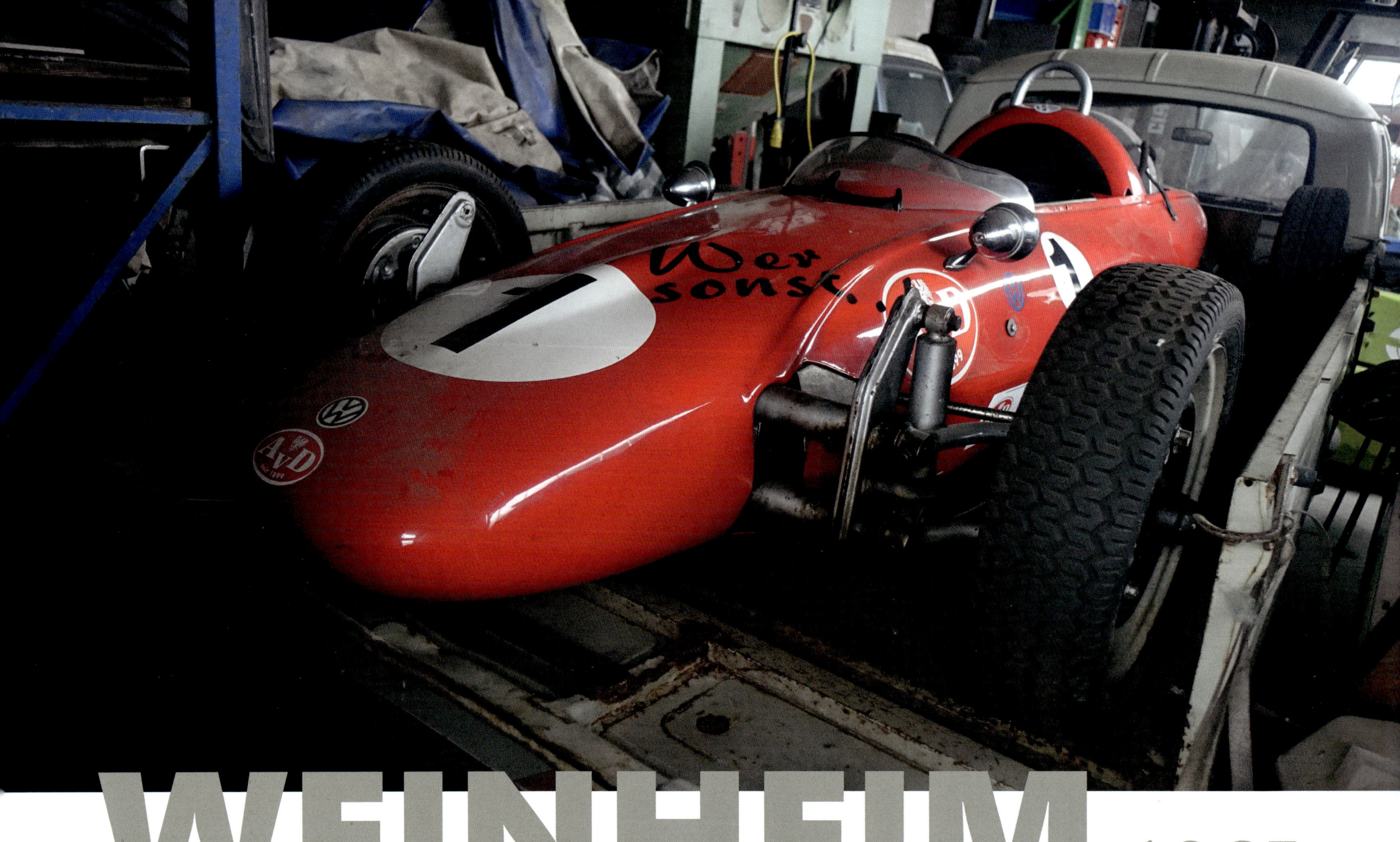

WEINHEIM 1965

Zeitsprung: Wilhelms WISEB Formelwagen auf einer VW-Pritsche

DER UNTERNEHMER

Wilhelm zieht mit seiner Frau zu deren Mutter nach Hohensachsen, in die Schulstraße 23. Das Paar adoptiert ein Kind. Wilhelm eröffnet eine Vertretung von HAHN-Anhängern in einer Baracke bei Weschnitz im Odenwald. Eigentlich möchte er wieder ins Renngeschäft zurück und bewirbt sich bei Nuvolari, was leider erfolglos bleibt. Wie viele andere in der Zeit muss sich Wilhelm neu erfinden. 1947 wird eine alte Halle in Weinheim, Viernheimer Straße 68, zu seiner Kfz-Werkstatt. Seine guten Kontakte helfen ihm jetzt enorm, wieder auf die Beine zu kommen. Und so verwundert es nicht, dass Wilhelm 1949 zum VW-Vertragshändler wird und die „Auto Sebastian-Großreparaturwerk und Anhängerbau GmbH“ gründet. Er ist mittendrin beim deutschen Wirtschaftswunder. Die Halle wird zu klein und das Unternehmen zieht 1956 um in einen großen Neubau, Mannheimer Straße 86-88. Das „Autohaus Sebastian“ an der Weinheimer Stadteinfahrt ist unübersehbar, sogar eine „Sebastian Klause“ gibt es darin. Die Firma wächst weiter. Wilhelm erwirbt die angrenzende Halle für einen weiteren Neubau, in dem seine PORSCHE-Vertretung unterkommt. Seine Firma beschäftigt 120 Mitarbeiter bei ca. 1.000 verkauften Neu- und 400 Gebrauchtwagen pro Jahr. 1962 kommen ganz besondere Kunden vorbei: das Ehepaar Robert aus den USA. Dahinter verbirgt sich niemand anderes als sein emigrierter Freund Rosenberger, der seinen Namen in Alan Arthur Robert geändert hat, und Anne Robert, geborene Junkert, ehemalige Chefsekretärin bei PORSCHE, die nach der Machtergreifung der Nazis 1933 ebenfalls nach Amerika ausgewandert war. Die beiden hatten sich unerwartet im Exil wiedergetroffen und verliebt. Man kann sich vorstellen, wie bewegend dieses Wiedersehen in Weinheim gewesen sein muss. Bei Wilhelm bestellen sie einen Volkswagen 1500. Das Fahrzeug wird im September nach Los Angeles verschifft.

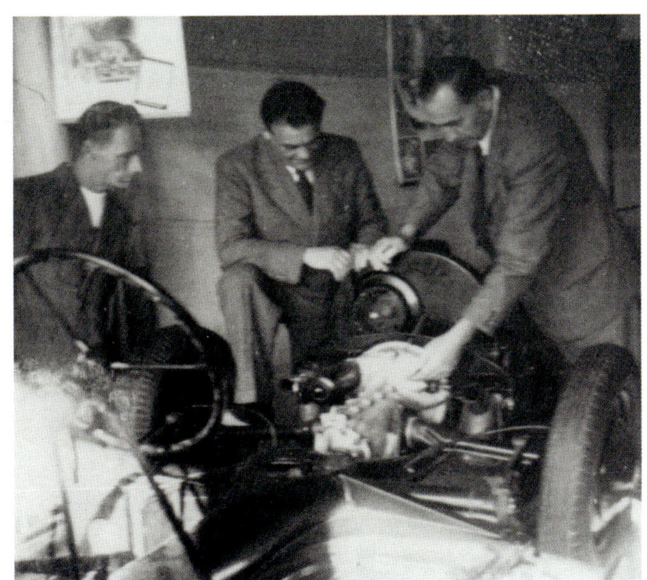

Oben: In der Weinheimer VW-Werkstatt.
Rechts: der „Auto – Sebastian“ Neubau 1956

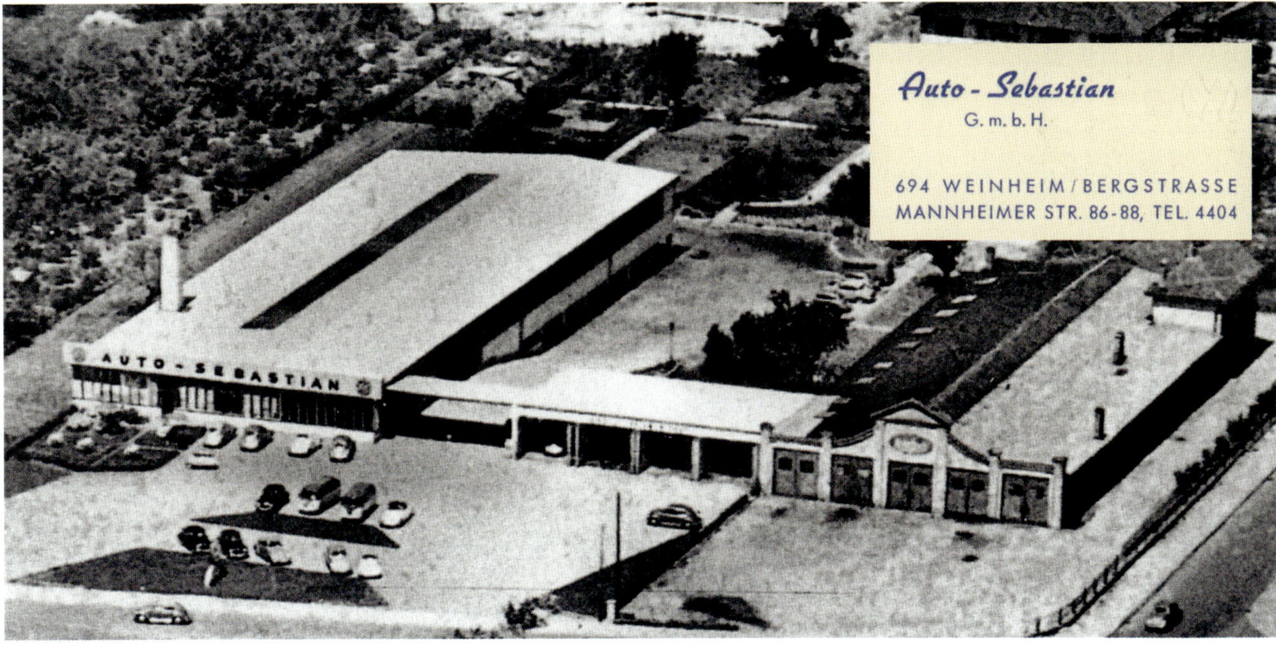

DER HOBBYIST

1950 wird Wilhelm Mitglied im altehrwürdigen Allgemeinen Schnauferl Club. Man kennt ihn dort als netten, fröhlichen „Bastl". Auf diesen Spitznamen ist er besonders stolz. Stets hat er einen guten Tipp parat, sei es für die klubeigene BENZ-Victoria oder zu aktuellen Fahrzeugen. Auch sonst ist er immer für eine Fachsimpelei zu haben, nur über seine Zeit bei AUTO UNION spricht er nie. Die meisten Mitglieder wissen daher gar nicht, welche Geschichte sich hinter Bastl verbirgt. Ganz anders bei der „Carl Benz Veteran Car Gedächtnis Rallye", dem Club-Höhepunkt des Jahres 1958. Es gibt ein Wiedersehen mit Neubauer, Caracciola, Stuck, Lang und Henne. Wilhelm fährt einen BENZ Vis-à-Vis von 1893 und schafft es damit sogar ins Ziel. Bald wird er stolzer Besitzer eines DE DION BUTON-Schnauferls, schließlich ziert ein Motor dieser Marke das Club-Wappen. Wilhelm beteiligt sich damit bei Oldtimer-Rallyes wie der Bertha-Benz-Fahrt nach Pforzheim. Seine Verbundenheit zum Club ist so stark, dass er ihm diesen prachtvollen Wagen vermacht.

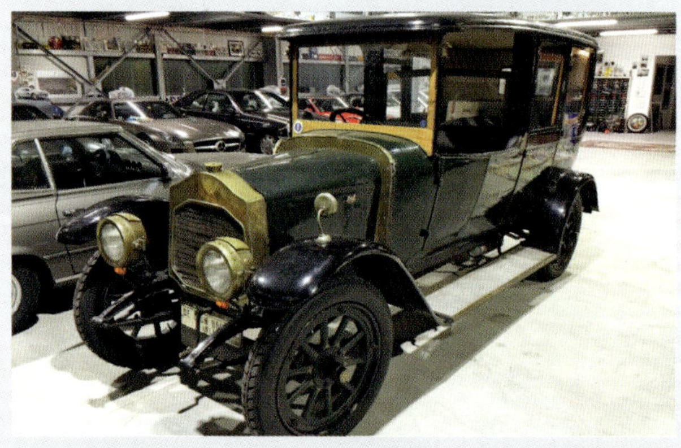

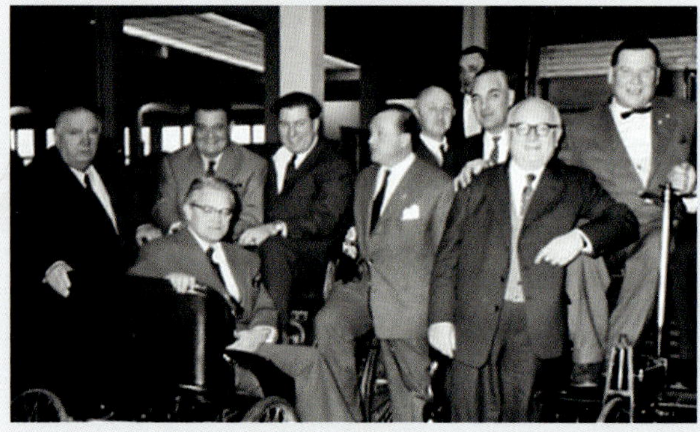

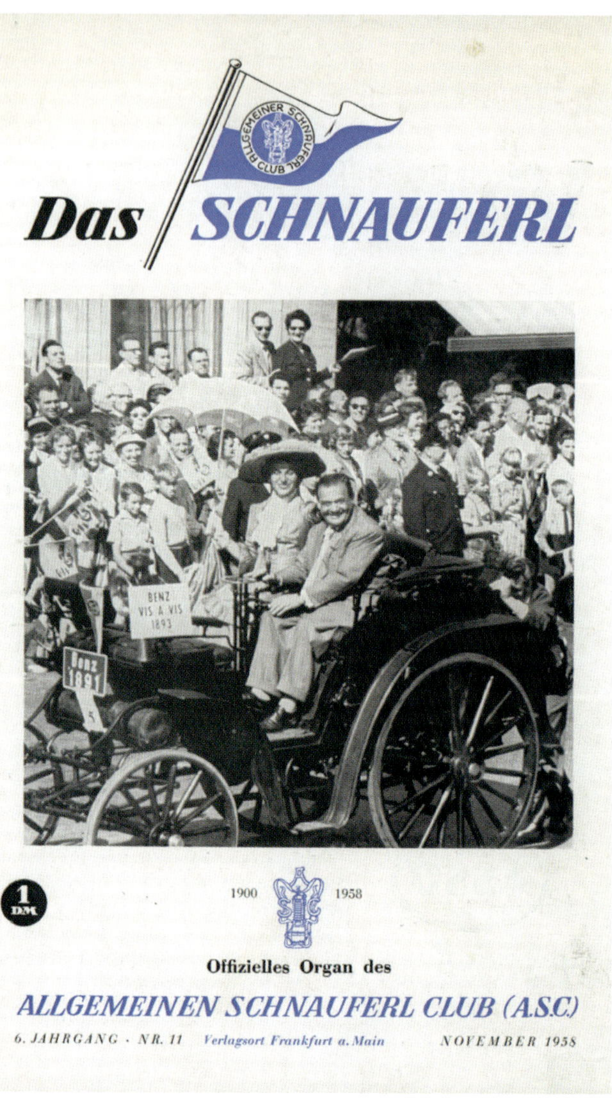

Links: Parade mit Wilhelm und Caracciola 1950 in Hockenheim. Darunter der 1911 DE DION BUTON und die „ASC-Altwagen Kommission" 1958 zu Besuch bei Neubauer. Die Idee zum Club entstand 1900 bei einem Spargelessen in Schwetzingen. Das erste Logo mit aufragendem Spargel war wohl etwas zu zweideutig und wurde bald durch einen DE DION BUTON-Einzylinder ersetzt.

WISEB

Als Wilhelm davon erfährt, dass PORSCHE die amerikanische Formel V („Volkswagen“) in Europa etablieren will, packt ihn noch einmal das Rennfieber. Die „Rennwagen für Jedermann“ sind sehr günstig, da alle Teile außer Rahmen und Karosserie von einem gewöhnlichen VW-Käfer stammen – ideale Voraussetzungen also für Wilhelm als VW-Händler. Im Mai 1965 präsentiert PORSCHE zehn Werks-Formel V beim Eberbacher Bergrennen. Zum Rennen erscheint auch PORSCHE-Mitarbeiter Heinz Fuchs mit einer Eigenentwicklung, die seinem Arbeitgeber Konkurrenz macht. Als Ergebnis darf er nicht starten und PORSCHE kündigt ihm tags drauf. Wilhelm erlebt den Eklat vor Ort und möchte den talentierten Rennwagenbauer unterstützen. Er baut mit ihm einige „WISEB (WIlhelm SEBastian)“-Rennwagen in seinem Weinheimer Betrieb. Mit 62 Jahren ist Wilhelm wieder mittendrin im Renngeschehen. Ein Rennwagen auf dem Pritschenwagen, ein weiterer auf dem Anhänger, so geht es zu den beliebten Berg- oder Flugplatzrennen in der Region. Auch Reinhold Joest, der seine Ausbildung bei Wilhelm absolviert hat, testet einen WISEB. Wilhelms Hobby-Rennstall hat nicht lange Bestand, ganz anders die Karriere von Joest. Er wird PORSCHE-Werksfahrer, -Teamchef und führt mit seinem JOEST RACING-Team aus Wald-Michelbach die AUDI-Silberpfeile der Neuzeit zu großartigen Erfolgen. Der Kreis schließt sich.

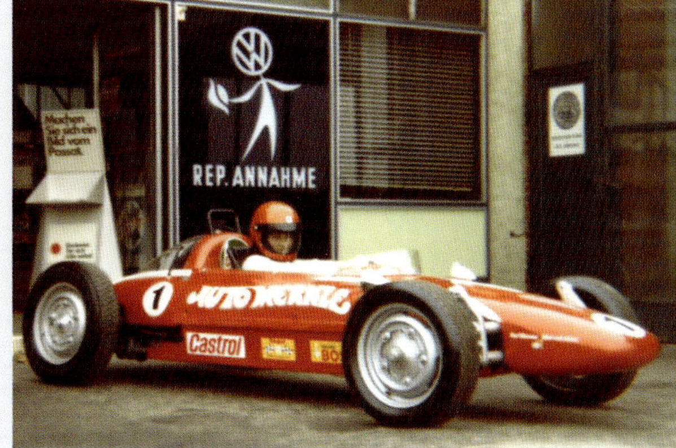

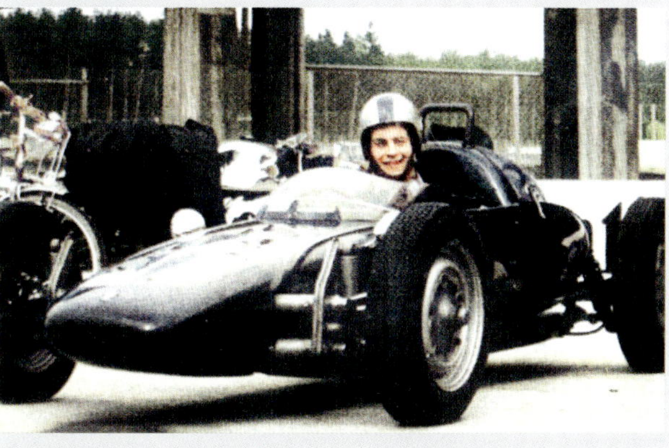

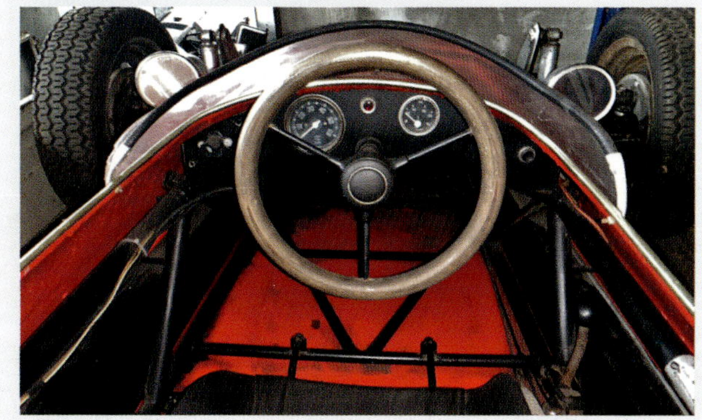

Blick in Wilhelms Werkstatt. Rechts: Den WISEB „007“ gibt es heute noch.

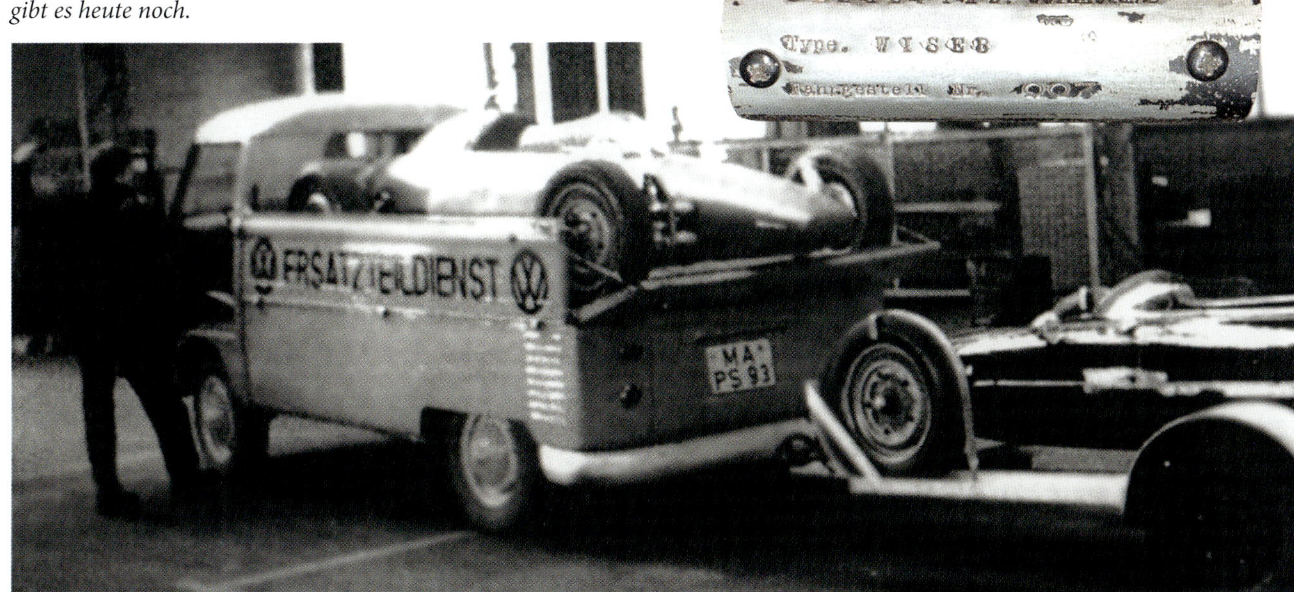

UND LUDWIG?

Ludwig kommt nach dem Krieg in einer Zwickauer Papierfabrik unter, bevor er 1947 mit seiner Familie in den Westen flüchtet. Er findet eine Anstellung als Kfz-Meister in Mannheim-Waldhof und wird wenig später von Wilhelm in der neu gegründeten Weinheimer Firma eingestellt. Er kümmert sich dort fast 10 Jahre um den Anhängerbau. In der Zeit veröffentlicht er seine Memoiren „Hinter dröhnenden Motoren – Bernd Rosemeyers Monteur erzählt“. Schließlich bekommt Ludwig die Gelegenheit, sich selbstständig zu machen. Er übernimmt 1957 eine Tankstelle in Mannheim, Waldhofstraße 80. Sieben Jahre später eröffnet er eine VW-Vertragswerkstatt im Speckweg 28-30. Es ist ein echtes Familienunternehmen, auch Sohn Bernd packt mit an. Der Apfel fällt nicht weit vom Stamm und bald wird auch Bernd vom Rennwagenbau infiziert.

Über Felgenfabrikant Günter Schmid kommt er zur Formel V. Der Mannheimer lässt sich von Bernd einen Formel-V-Kit aufbauen. Außer Fahrgestell und Karosserie ist bei so einem Kit nicht viel vorhanden. Alles andere montiert Bernd in der VW-Werkstatt seines Vaters. Die Motorentests sind so laut, dass man sie noch im angrenzenden DAIMLER-BENZ-Werk hören kann. Schmids Renn-Debut hat Folgen. Er gründet später die Formel 1-Rennteams ATS in Bad Dürkheim und RIAL in Fußgönheim. Bernd macht sich bald einen Namen in der Szene und erhält Aufträge für Kits aller möglichen Hersteller wie KAIMANN, LOTUS, LOLA oder McLAREN. Und wenn Bernd Kits bei der österreichischen AUSTRO-V-Gemeinde abholt, trifft er schon mal auf Helmut Marko oder Niki Lauda. Auch für den benachbarten Rennwagenbauer Erich Hitschfel (RSM Technik, Speckweg 55) setzt er Getriebe zusammen.

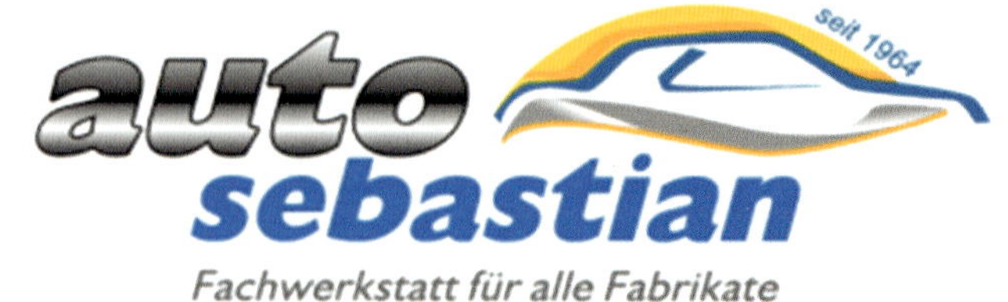

Neun Jahre lang, von 1966-73, ist Bernd Rennmechaniker beim Mannheimer WR-Racing Team (Westdeutscher Reklamedienst) von Eberhard Winkler. Ein besonderer Höhepunkt in dieser Zeit ist der Europacup-Sieg 1971 von Jochen Mass auf dem Nürburgring. Das Siegerauto, ein türkisfarbener KAIMANN, kommt natürlich von Bernd. Bis heute hat die Familie Benzin im Blut. Die Werkstatt im Speckweg wird mittlerweile schon in der vierten Generation betrieben.

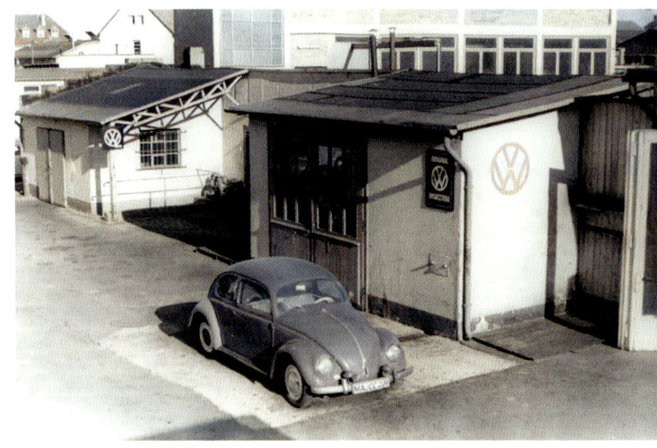

Ludwigs VW-Werkstatt in der Waldhofstraße 80 um 1960

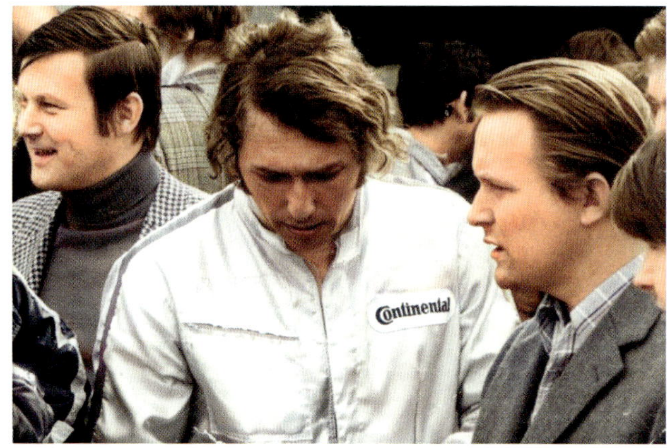

Winkler (links), Mass und Bernd 1971 auf dem Nürburgring

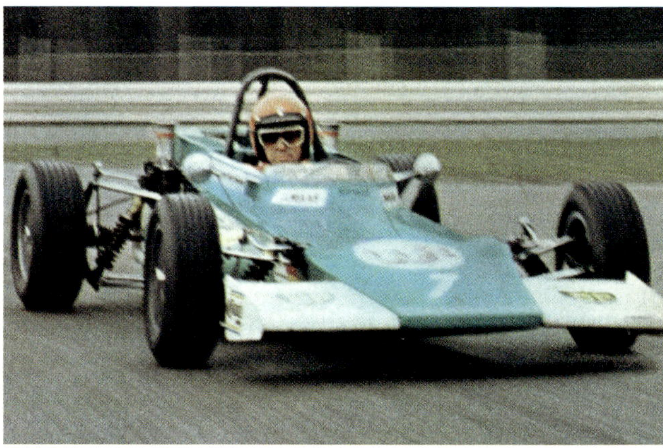

Der erfolgreiche 1600 Super V mit Jochen Mass am Steuer

ZIELGERADE

Als treuer Fan des SV-Waldhof hat Wilhelm selbstverständlich einen Stammplatz im Stadion. Er ist ein guter Netzwerker, da wundert es nicht, dass er hin und wieder vom bayerischen Ministerpräsidenten Franz-Josef Strauß eingeladen wird. Wilhelm ist gefragter Betreuer, Motorsportkommissar und Zeitzeuge. Auch Ludwig wird von seiner Zeit bei den Silberpfeilen immer wieder eingeholt. Selbst im hohen Alter wird er mit Eberan zu Rate gezogen, als ein 36er Silberpfeil für das Deutsche Museum im München restauriert wird. Ludwig wird ins „das aktuelle Sportstudio" eigeladen und es versagt ihm die Stimme, als das Thema auf Bernd Rosemeyers Schicksalsfahrt kommt. Auf Wilhelm hat dieses Kapitel offenbar einen ganz eigenen Einfluss. Wie Bernd und Elly wird auch er zum begeisterten Luftsportler. Gemeinsam mit seinem Freund Jäger macht er in Worms eine defekte Cessna wieder flugfähig und nimmt noch mit 74 Jahren an einer internationalen Flugrally teil. Großen Respekt verdient er sich, als er nach einem verheerenden Erdbeben in Griechenland spontan zwei VW-Transporter spendet. Der griechisch-orthodoxe Bischof von Paris verleiht ihm dafür Orden und Ehrentitel. Aber darum geht es Wilhelm nicht, ist es nie gegangen. Die Rennsportlegende, die immer im Stillen gewirkt hat, stirbt am 29.10.1978. Sein Bruder Ludwig folgt ihm 9 Jahre später am 31.05.1987.

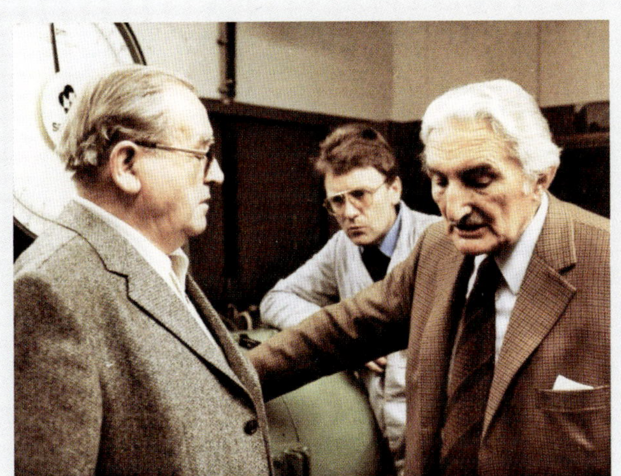

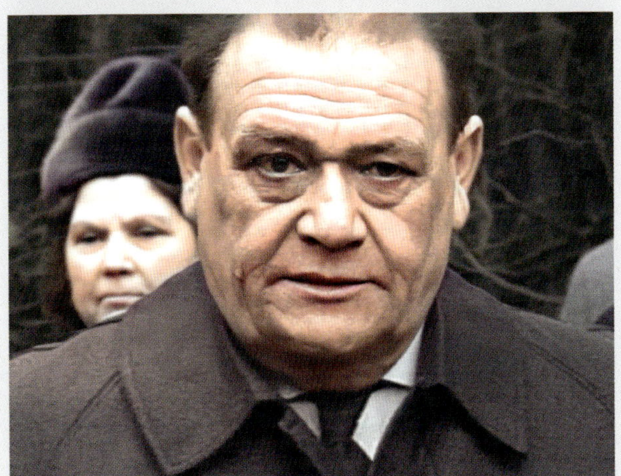

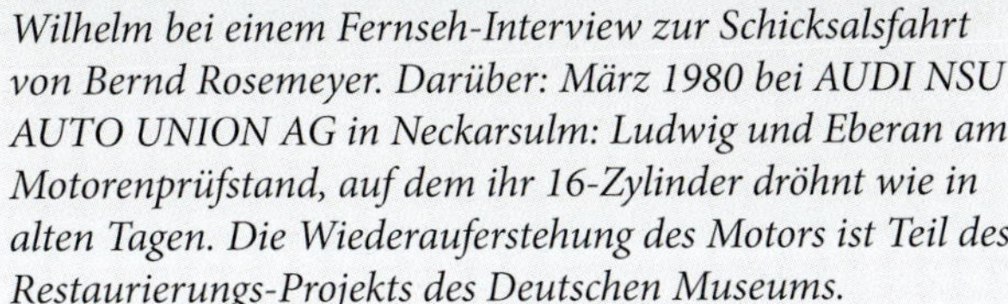

Wilhelm bei einem Fernseh-Interview zur Schicksalsfahrt von Bernd Rosemeyer. Darüber: März 1980 bei AUDI NSU AUTO UNION AG in Neckarsulm: Ludwig und Eberan am Motorenprüfstand, auf dem ihr 16-Zylinder dröhnt wie in alten Tagen. Die Wiederauferstehung des Motors ist Teil des Restaurierungs-Projekts des Deutschen Museums.

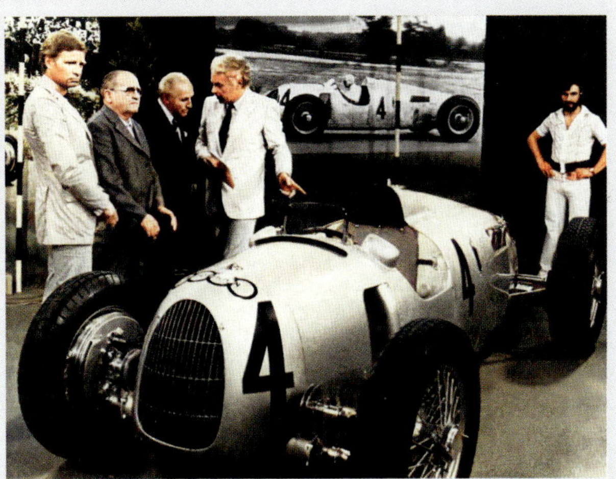

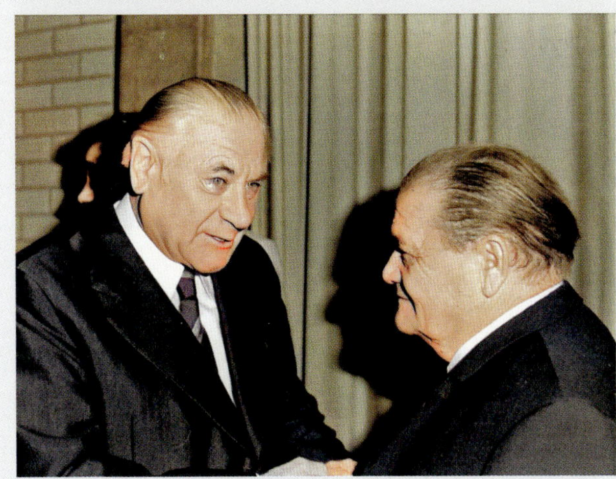

Hans Stuck gratuliert Wilhelm zu seinem 75. Geburtstag im Weinheimer Rolf- Engelbrecht-Haus am 17.01.1978. Es ist ein Abschied: Stuck stirbt 3 Wochen später. Darüber: Ludwig (zweiter von links) beim „Aktuellen Sportstudio" im August 1980 zur Präsentation des restaurierten AUTO UNION-Rennwagens.

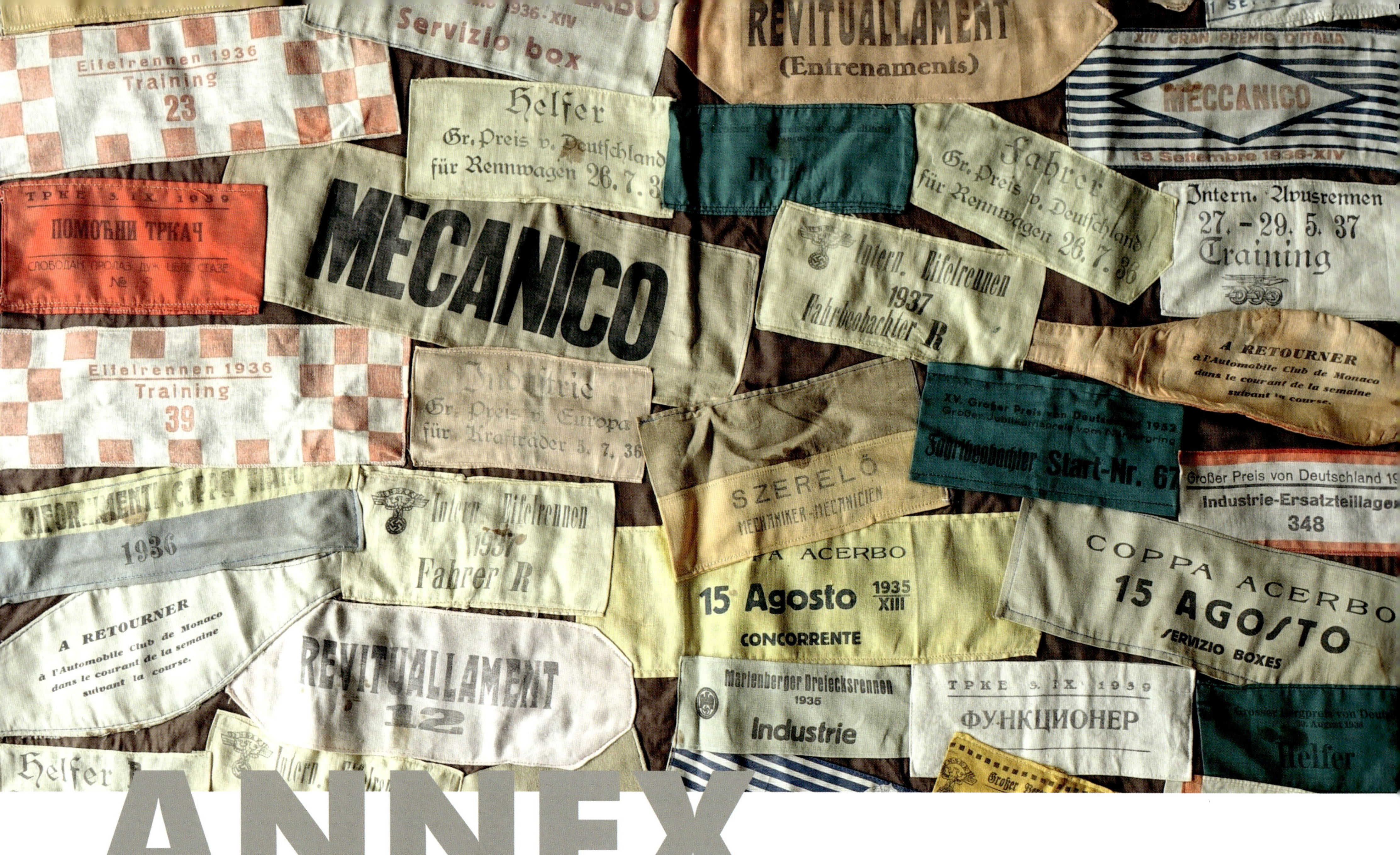

ANNEX

Die schnellste Decke der Welt: Ludwigs Grand-Prix-Armbinden-Patchwork

DANKE

Es gibt Fundstücke, die man nicht für möglich hält. Dazu muss man nicht in Ägypten graben oder nach versunkenen Galeeren tauchen, manchmal reicht es, nach Mannheim-Waldhof zu fahren. Als Lothar Gottmann und ich zum ersten Mal den Bilderschatz der Familie Sebastian sehen durften, waren wir schlicht sprachlos. Der große Silberpfeil-Mythos ist eigentlich schon zig-mal beschrieben worden. Da gibt es längst nichts mehr Neues, sollte man meinen. Und dann lagen diese Bilder auf dem Tisch und erzählten eine ganz eigene Geschichte. Gar keine Frage, das musste veröffentlicht werden und „Opa" Bernd Sebastian wusste auch wie: es soll kein trockenes Sachbuch werden, sondern die Generation seines Enkels ansprechen, die kaum noch Zugang zu diesen „alten Geschichten" hat. Apropos Geschichten: zu der Epoche gibt es zwar sehr viel Material, aber vieles ist lückenhaft, nicht richtig dargestellt oder aus Propaganda-Zwecken absichtlich verfälscht worden. Letztendlich war dann doch viel Recherchearbeit nötig und ich möchte mich an dieser Stelle bei allen bedanken, die bei dieser Puzzlerei geholfen haben: Joachim Courtin, Bernd Eberle, Markus Enzenauer, Peter Fried, Lothar Gottmann, Peter Kirchberg, Kurt Kress, Michael Müller, Wolfgang Presinger, Bernd Sebastian, Winfried Seidel, Werner Schollenberger, Thomas Ulrich, Gordian Weber, Stadtarchiv Weinheim, Frank Wollenberg, Claus Wulff und natürlich bei meiner Familie, die den Papa ein Jahr am Laptop ertragen musste.

Über jede Information zu „FORMEL SEB" freue ich mich sehr: formelseb@mannopolis.com.

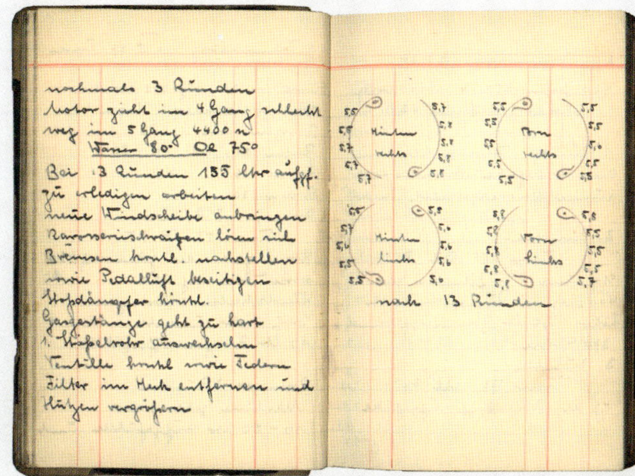

Ludwigs Notizbuch zum Eifel- und Tripolis-Rennen 1937

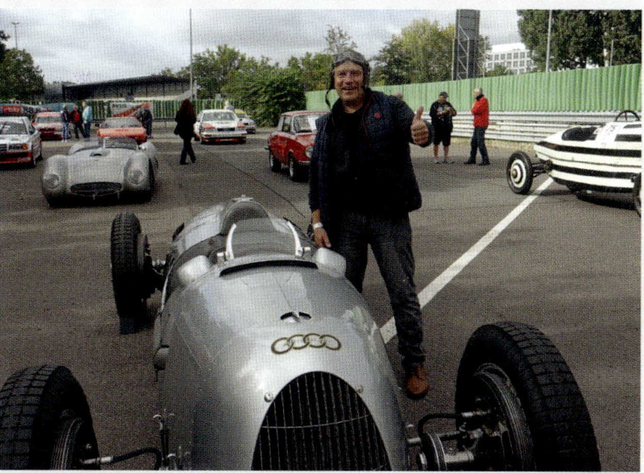

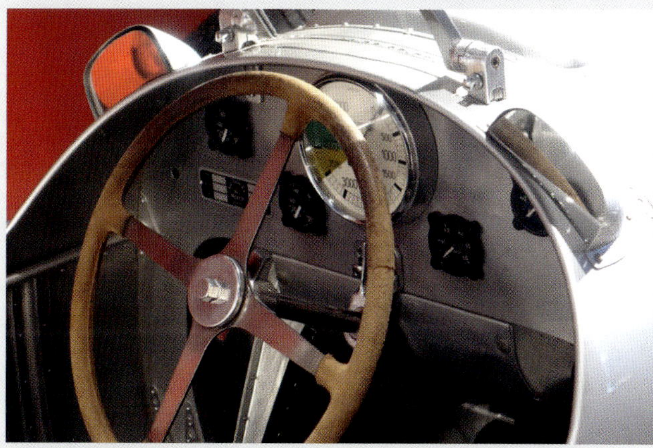

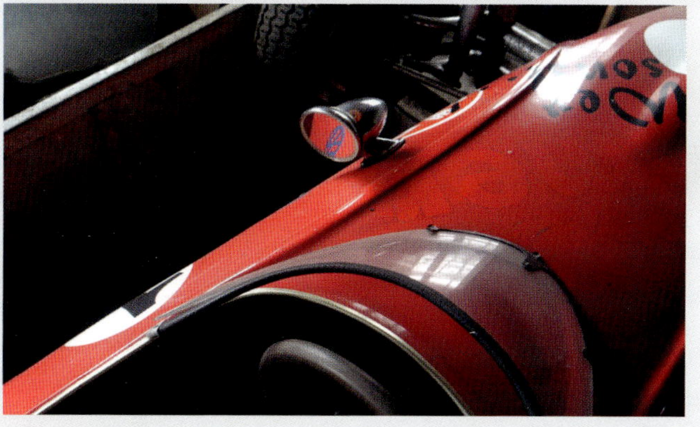

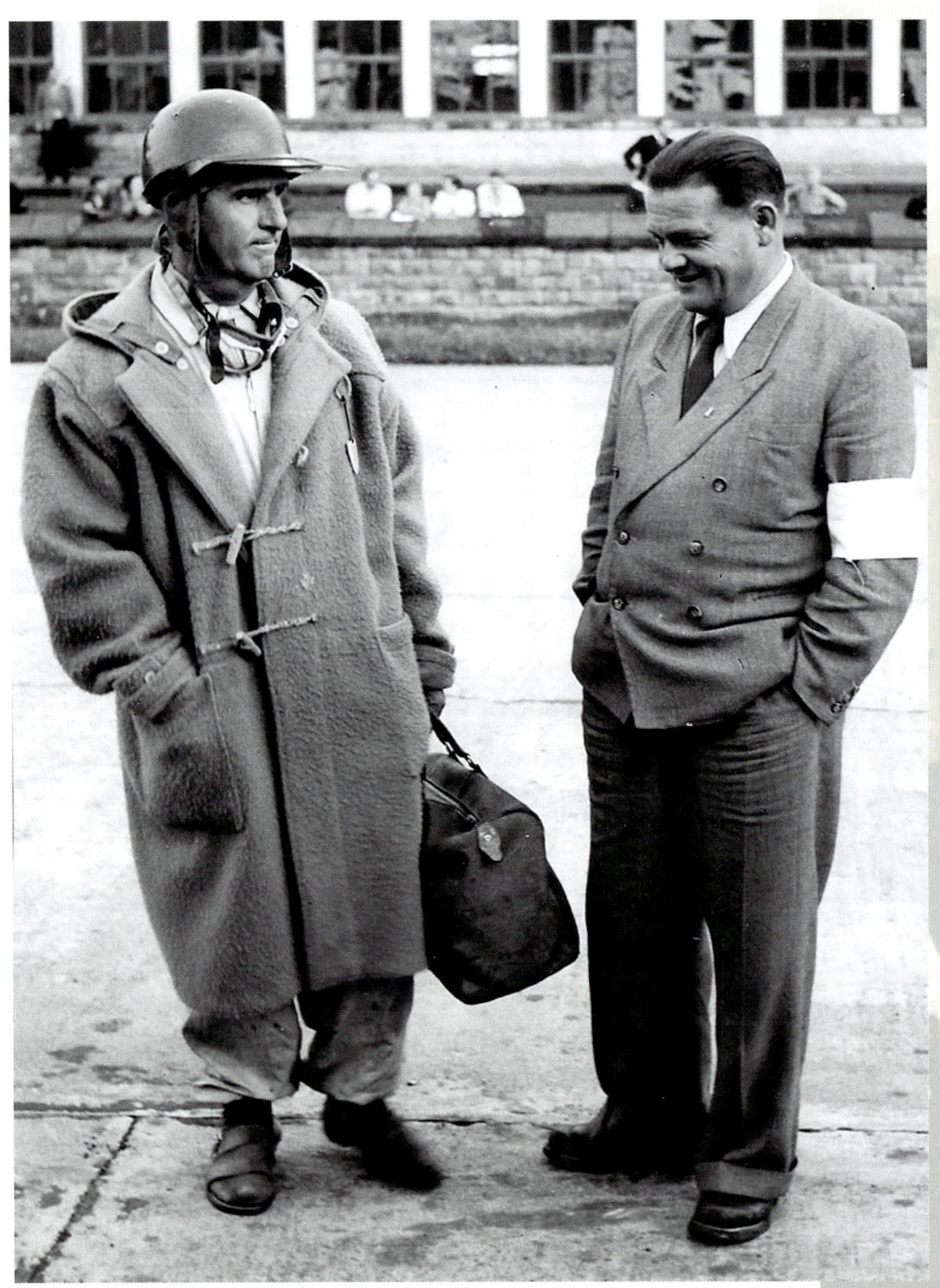

Wie in alten Tagen: Wilhelm mit Giuseppe Farina beim GP Deutschland 1953

QUELLEN

Elly Beinhorn: Mein Mann der Rennfahrer
Braun/Storz: Renntransporter
Cancelliri/DeAgostini/Schröder: Auto Union
Günter Engelen: Mercedes-Benz
Etzold/Rother/Erdmann: Im Zeichen der vier Ringe
Peter Kirchberg: Grand Prix Report; Bernd Rosemeyer
Michael Graf Wolff Metternich: Rumpler
Günter Molter: Rudolf Caracciola
Anthony Pritchard: Silberpfeile
Badische Presse/Rolf Marben: Im Donner der Motoren
Eberhard Reuß: Grand Prix; Hitlers Rennschlachten
Michael Schmitt: Geschichte der Krähbergrennen
Ludwig Sebastian: Hinter dröhnenden Motoren
Christian Suhr: Wanderer
Stuck/Burggaller: Das Autobuch
Allgemeine Automobilzeitung
Automobil Revue
Profile Publications Nr. 59
Motorwelt
Motor und Sport
Motor-Kritik 1930 Nr. 13

BILDNACHWEIS

Alleinflug (ZDF)
Allgemeiner Schnauferl-Club
Audi AG
Auto Motor Sport
Mercedes-Benz Classic
Österreichische Nationalbibliothek
Stadtarchiv Weinheim
Privatarchive: Bernhard Brägger, Dietrich Conrad, Lothar Gottmann, Michael Müller, Jürgen Pönisch, Bernd Reuters-Archiv W. Schollenberger, Familie Sebastian
Kolorierung: Dietrich Conrad, Zeichnung S. 115: Lea Conrad